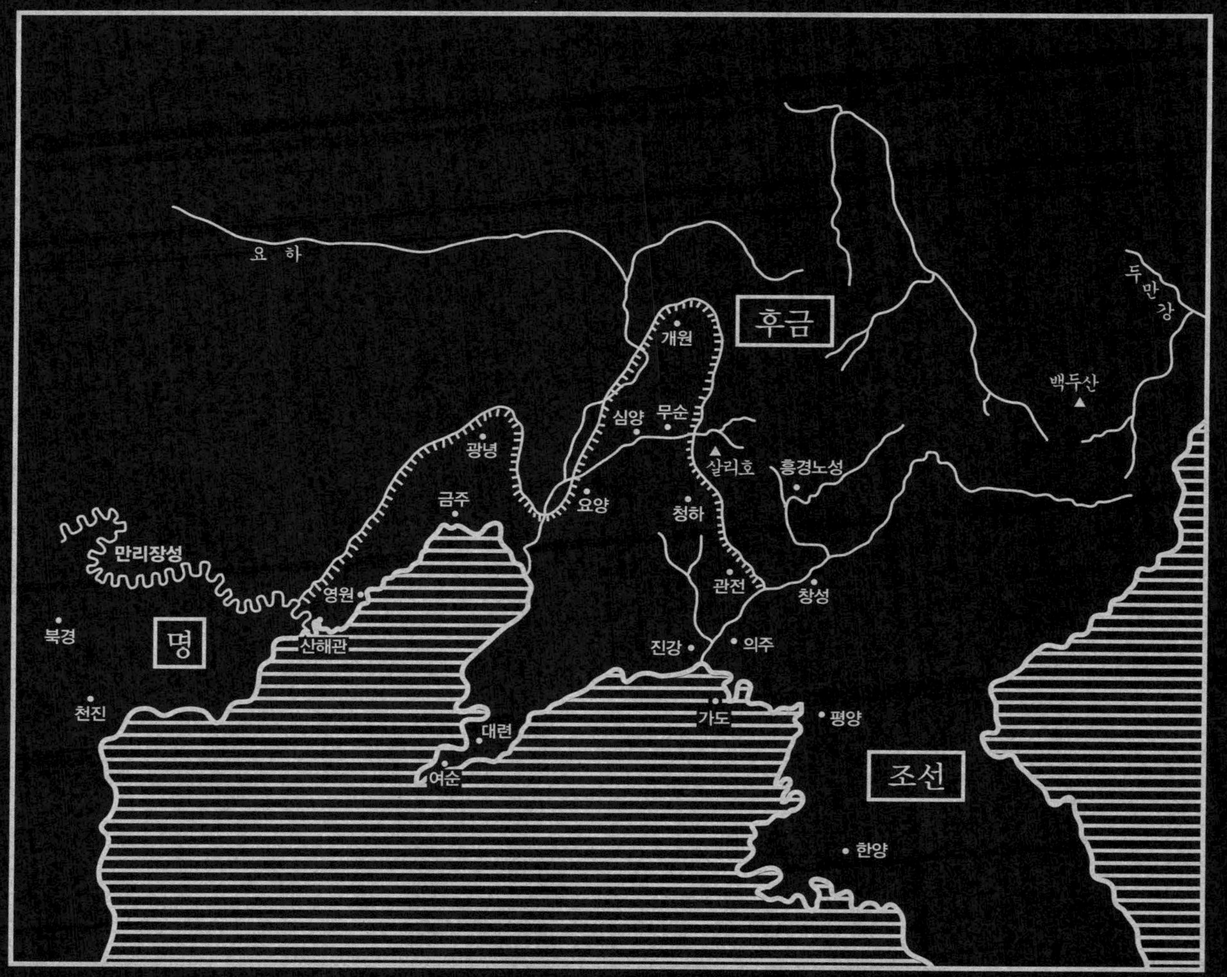
요하
후금
두만강
백두산
개원
심양
무순
살리호
흥경노성
광녕
요양
청하
금주
만리장성
영원
관전
창성
진강
의주
북경
명
산해관
천진
가도
평양
대련
조선
여순
한양

요서·명 북부 약도

북
독석구
거용관
창평
북경
통주
영정하
대청하
천진
보정
하성북아
하비석협아
하해도
소청하
제남
승덕
장성
희봉구
준화
산해관
낙하
백하
발해만
산동
거주
변장
의주
금주
송산
행산
광녕
영원
신민
무순
심양(봉천)
요양
여순
대련

1629년 10월
홍타이지(후금)의 명 황성
기습 경로

0   50   100   150   200km

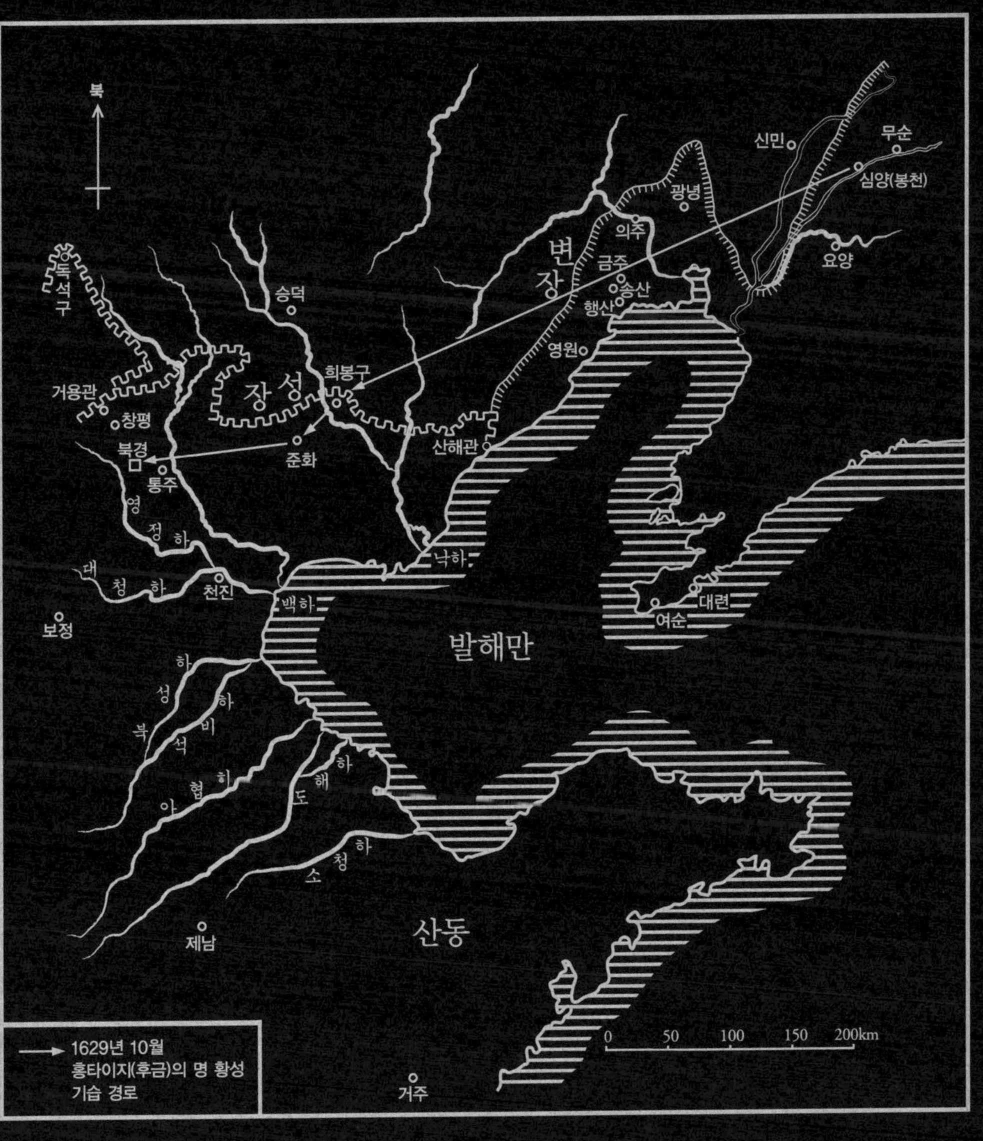

역사평설

병자호란

1

푸른역사

'G2시대의 비망록', 병자호란

1675년(숙종 1) 봄, 만주 벌판을 달려온 한 사내가 압록강의 중강中江에 도착했다. 사내의 이름은 안단安端. 청나라를 탈출하여 조선으로 향하던 도망자였다. 그의 역정은 기구했다. 병자호란이 일어났던 1636년, 안단은 청군에게 붙잡혀 심양으로 끌려가 노비가 된다. 그리고 1644년, 청이 북경을 차지하자 자신의 주인을 따라 그곳으로 이주한다.

1674년, 오매불망 고국으로의 귀환을 열망하던 안단에게 기회가 찾아왔다. 주인이 북경을 비웠던 것이다. 1673년 오삼계吳三桂 등이 반란을 일으켜 강남이 혼란에 빠지자, 안단의 주인은 진압군으로 차출되어 강남으로 떠나게 되었다.

주인이 돌아올 기미를 보이지 않자 안단은 탈출을 감행한다. 물경 38년 만의 시도였다. 북경을 출발하여 산해관을 통과하고 심양을 거쳐 만주 벌판까지 무사히 가로질렀다. 탈출의 성공을 눈앞에 둔 안단은 의주의 조선 관리들에게 입국을 허용해달라고 호소했다.

절체절명의 순간 행운은 안단을 외면한다. 공교롭게도 의주에는 마침 청나라 칙사들이 입국해 있었다. 의주부윤 조성보趙聖輔는 안단의 사연을 칙사들에게 알렸고, 칙사들은 안단을 묶어 봉황성으로 압송해버린다. 참으로 허망한 결말이었다. 끌려가면서 안단은 절규했다. '고국을 그리는 정이 늙을수록 더욱 간절한데 왜 나를 죽을 곳으로 내모느냐?'고 말이다.

38년 만에 탈출을 시도했던 안단은 어찌 되었을까? 십중팔구 처형되었을 것이다. 의주부윤 조성보는 이 불쌍한 궁조窮鳥를 보듬어줄 수는 없었던 것일까? 안단의 기막힌 사연을 떠올릴 때마다 병자호란이 남긴 고통의 그림자가 길고도 길었음을 새삼 절감한다.

병자호란은 명과 청, 두 강대국의 패권 다툼에서 비롯된 전쟁이었다. 그런데 비극은 1592년 임진왜란이 일어나면서부터 이미 싹트고 있었다.

15세기까지 명은 분명 동아시아의 패권국이자 '슈퍼 파워'였다. 조신은 그런 명에 사대하여 중화질서 속에서 국가의 위상을 유지할 수 있었다. 하지만 16세기 중반 이후 동아시아의 질서는 흔들렸다. 명의 쇠퇴 조짐이 확연해지고 일본이 신흥 강국으로 굴기崛起했다. 일본은 '명나라 정복'을 내세우며 조선을 침략한다. 임진왜란이 일어난 것이다. 명은 일본군을 조선에서 저지하기 위해 전쟁에 뛰어든다. 명의 참전으로 임진왜란은 동아시아판 세계대전이 되었다.

　임진왜란 이후 동아시아는 더 격렬한 소용돌이 속으로 휘말린다. 누르하치가 이끄는 만주가 명에 도전하기 시작했던 것이다. 임진왜란 참전으로 쇠망의 기미가 더 뚜렷해진 노대국 명은 계속 수세로 내몰린다. 위기에 처한 명은 조선을 이용하여 만주를 견제하려는 이이제이책以夷制夷策을 구사한다. '임진왜란 때문에 망해가던 조선을 다시 살렸다'는 '은혜'를 내세워 만주와의 싸움에 조선을 계속 끌어들이려 했다.

　명을 위해 만주와 싸울 것인가? 만주가 뜨고 있는 현실을 직시하여 '중립'을 지킬 것인가? 양단의 선택 앞에서 조선은 분열되었다. 1623년의 인조반정은 전자를 주장하는 세력들이 일으킨 쿠데타였다. '망해가던 명'을 선택한 직후인 1627년 만주는 조선을 침략했다. 정묘호란丁卯胡亂이었다. 전쟁을 감당할 수 없었던 조선은 만주와 '형제관계'를 맺어 위기를 봉합한다.

　정묘호란 이후 조선은 명과 만주, 두 나라 모두와의 관계를 우호적으로 유지하려고 노력했다. '황제의 나라' 명도 잘 섬기고 '형의 나라' 만주와도 잘 지내려고 애썼다. 하지만 쉽지 않았다. 명과 만주가 계속 싸웠기 때문이다. 그 틈바구니에서 '끼여 있는' 조선은 결국 선택의 기로로 내몰릴 수밖에 없었다. 정묘호란 이후 명과의 전쟁에서 연전연승하고 더욱 강해진 만주는 조선으로부터 명과 똑같은 대접을 받고 싶은 유혹에 빠진다. 그리고 1636년, 만주는 마침내 '제국'이 되기로 결심한다. 나라 이름도 대청大淸으로 바꾸었다. 이윽고 조선이 명을 의식하여 자신을 '제국'으로 인정하려 들지 않자 다시 침략했다. 병자호란이었다.

병자호란이 일어나기 직전 조선은 다시 분열되었다. '중화국 명을 섬기고 오랑캐 청에게 맞서는 것'을 국시로 내세웠던 척화파斥和派와 '명을 위해 조선의 존망까지 걸 수는 없다'고 했던 주화파主和派 간의 논쟁이 격렬했다.

그런데 분명한 것이 하나 있었다. 조선은 청의 침략을 감당할 역량이 없었다는 사실이다. 병력의 수, 군사들의 훈련 상태와 전투 경험, 군량 등 군수 지원 역량, 지휘관의 작전 능력과 책임감 등 전쟁의 승패를 가르는 요소 가운데 어느 것 하나 청보다 나은 점이 없었다. 거기에 임진왜란 때와는 달리 명 또한 조선을 도울 수 있는 처지가 아니었다. 청군의 침략에 수시로 유린되면서 자국을 지키기에도 급급했기 때문이다.

서로 싸우던 강국 사이에 끼인 채 자위 능력마저 없던 조선은 어떻게 했어야 하는가? 내정과 외교 양면에서 극히 전략적으로 사고하고 행동했어야 했다. 하지만 인조 정권은 전혀 그렇지 못했다. 집권 직후에는 논공행상의 난맥상에서 비롯된 이괄의 난 때문에, 반란 진압 뒤에는 오로지 '정권 보위'에 급급하다가 정묘호란을 만났다. 집권하면서 제시했던 공약과 개혁 구상은 그 와중에 날아가 버렸다.

정묘호란을 겪은 1627년부터 병자호란을 다시 겪는 1636년까지는 정말 중요한 시간이었다. 하지만 결과적으로 '잃어버린 10년'이 되고 말았다. '왕권 보위'에만 골몰하며 안팎의 대국大局을 볼 줄 몰랐던 인조, 과거 정권의 실정을 한껏 성토했지만 집권 이후 권력과 부에 취해

버렸던 반정공신들, 명분과 의리를 소리 높여 외쳤지만 그것을 지킬 대안은 제시하지 못했던 언관들. 이들 집권층의 한계와 아집, 불협화음 속에서 내정과 외교는 임기응변과 즉흥적인 미봉책으로 점철되었다.

　준비 없이 맞이한 전쟁의 결과는 처참했다. 인조는 '오랑캐 추장'에게 무릎을 꿇고 큰절을 올렸다. 수많은 백성들이 죽거나 다쳤다. 포로로 잡혀 끌려간 백성도 수십만이었다. 끌려가는 도중 얼어 죽고, 굶어 죽고, 맞아죽었다. 탈출하려다 실패하여 발뒤꿈치를 잘리기도 했다. 수많은 여성 포로들이 청군의 첩으로 전락했다. 첩이 된 여성들 중에는 청군 본처로부터 끓는 물세례를 받은 사람도 있었다. 몸값을 치르고 돌아왔던 여성 포로들은 고국에서 다시 버림받았다. 안단의 경우처럼 망향의 한을 삼키며 수십 년 동안 억류되었던 사람도 있었다.

오늘의 우리 또한 국제 정세가 격변하고 있는 시대에 살고 있다. 격변의 핵심은 중국의 부상이다. 그리고 그것을 웅변하는 용어가 바로 'G2'다. 급속한 경제 성장을 바탕으로 정치, 군사적으로도 미국에 버금가는 존재로 떠오르고 있는 중국은 한반도와 동아시아의 미래를 좌우할 태풍의 눈이다. 그래서 일본은 부산하다. "떠오르는 중국의 행보를 제대로 예측하지 못하면 일본의 미래는 없다"고 아우성을 친다. 그리고 지금 중일관계는 소용돌이 속에 휘말려 있다. 이른바 센카쿠 열도尖閣列島와 댜오위다오釣魚島의 영유권을 놓고 벌이고 있는 양국 간의 첨예한 갈등은 동아시아를 긴장 속으로 몰아넣고 있다.

가까운 장래에 중국이 미국에 버금가는 초강대국이 된다면? 또 그 중국과 미국의 관계가 원만하지 않고 사사건건 부딪힌다면? 그 와중에 일본이 '보통국가'를 넘어 '자유롭게 전쟁할 수 있는 국가'가 된다면? 여전히 '끼여 있는' 우리는 어떻게 해야 할까?

"한국은 중국 덕분에 먹고살면서 왜 미국만 바라보며 우리에게 모욕감을 주는가?" '천안함 사건' 이후 중국이 드러냈던 속내의 일단이다. 떠오르는 거대 중국에 제대로 대응하지 못하면 우리의 미래는 피곤하다. '기존의 제국'이 쇠퇴하고 '새로운 제국'이 떠오르는 전환기마다 한반도는 늘 위기를 맞았다. 지혜롭게 대응하지 않는다면 'G2 시대' 또한 예외일 수 없다.

어떻게 해야 할까? 병자호란 무렵처럼 국제질서의 판이 바뀌던 시기, 우리 선조들이 보였던 대응의 실상을 찬찬히 돌아보는 것이 중요하다. 강대국들의 파워 게임에 일방적으로 휘둘리지 않기 위해, 나아가 '선택의 기로'로 내몰리지 않으려면 무엇이 필요한지를 성찰하기 위해서 말이다. 필자가 이 책을 쓴 까닭이다.

병자호란은 '과거'가 아니다. 어쩌면 지금도 서서히 진행되고 있는 '현재'일 수 있으며, 결코 '오래된 미래'가 되지 않도록 우리가 반추해야 할 'G2시대의 비망록'이다.

2013년 9월
한명기

권력을
쥐고
자신감이
높아지다

숙부와 조카의 숙원宿怨 | '반정反正'
이 성공하다 | "금수의 땅이 다시 사
람 사는 세상이 되었노라" | 숭명배
금崇明排金의 열기가 고조되다 | 명,
이이제이以夷制夷의 호기를 잡다

오늘날 이 의거가 성공한 것은
경들의 힘 덕분이다.
금수禽獸의 땅에서 다시 사람의 세상이 되었으니
뭐라 형언할 수 없다.

숙부와 조카의 숙원宿怨

1623년 3월 13일, 두 사람의 운명이 극과 극으로 갈렸다. 한 사람은 조선의 15대 임금 광해군光海君(1575~1641), 다른 한 사람은 그의 조카 능양군綾陽君(1595~1648)이다. 조카는 이날 숙부를 왕좌에서 끌어내리고 자신이 그 자리에 올랐다. 이후 역사는 숙부를 '폐주廢主' 또는 '혼주昏主'라고 기록했다. '쫓겨난 임금', '어리석은 임금'이라는 뜻이다. 조카는 일약 '폐주가 저지른 난정을 바로 잡은 중흥의 군주'가 되고 능양군이 아닌 인조仁祖로 역사에 이름을 올렸다.

조카는 왜 숙부를 몰아내는 정변을 감행했을까? 그것은 두 집안 사이에 얽힌 갈등과 원한에서 비롯되었다. 그 연원은 선조宣祖대로 거슬러 올라간다. 선조는 아홉 명의 후궁과의 사이에 열세 명의 아들을 두었다. 광해군은 선조와 공빈恭嬪 김씨 사이에서 난 둘째아들이다. 인조는 선조와 인빈仁嬪 김씨 사이에서 난 정원군定遠君의 맏아들이다. 공빈과 인빈은 선조의 총애를 놓고 경쟁

인조별서유기비仁祖別墅遺基碑

인조가 즉위 전에 머물렀던 별서別墅 자리에 세운 비석(서울 은평구 역촌동 소재).
숙종肅宗의 어필로 '인조대왕용잠지시별서유기비仁祖大王龍潛之時別墅遺基碑'라고 쓰고
뒷면 음기 또한 숙종이 지은 것을 동평군東平君 이항李杭이 쓴 것이다.
자료제공처: 서울특별시 은평구 문화관광과.

했다. 승자는 인빈이었다. 공빈은 광해군을 낳고 2년 만에 세상을 떠났고, 이후 인빈이 선조의 사랑을 독차지했다. 선조는 인빈이 낳은 신성군信城君을 각별히 아꼈다. 인빈에 대한 선조의 총애를 등에 업고 인빈의 오빠 김공량金公諒의 위세가 대단했다. 임진왜란壬辰倭亂을 맞아 선조가 파천播遷할 때, 신료들 사이에서 "외척 김공량 때문에 전란이 빚어졌다"거나 "김공량을 처단해야만 민심을 수습할 수 있다"는 이야기가 나올 정도였다.

임진왜란은 반전의 계기였다. 선조는 파천하기 직전 광해군을 왕세자로 지명했고, 피난길에 올랐던 신성군은 죽고 말았다. 광해군은 왜란 당시 분조分朝 활동을 통해 왕세자로서 입지를 굳혔다. 분조란 '나뉘진 조정'이자 '임시정부'였다. 당시 선조는 최악의 경우 압록강을 건너 명으로 귀순하려 했다. 이에 왕세자 광해군에게 인사권 등 권력을 일부 떼어주고 각지를 순행하면서 전쟁을 지휘하고 민심을 수습하도록 했다. 광해군은 함경도, 강원도, 황해도, 평안도 등을 주유하며 전투를 독려하고 의병을 모집하는 등 분조의 임무를 훌륭하게 수행했다. 무엇보다 그의 활약을 통해 조정이 아직 건재하다는 사실을 사서士庶들에게 알림으로써 민심을 수습하는 데 공을 세웠다.

하지만 선조가 1602년 인목 왕후仁穆王后와 재혼하고 1606년 영창대군永昌大君이 태어나자 상황은 복잡해진다. 임진왜란의 1등 공신 정곤수鄭崑壽는 1600년, 선조에게 재혼하지 말라고 호소한 바 있다. 정비正妃를 다시 들일 경우 왕세자 광해군의 입지가 흔들릴 수 있다는 우려 때문이었다. 선조가 혼인을 강행하고 영창대군이 태어나면서 정곤수의 우려는 현실로 나타난다. 당장 적자 영창대군의 존재 자체가 광해군에게 부담이 되었다. 뿐만 아니라 명나라가 첩자妾子이자 차자次子라는 이유를 들며 광해군을 왕세자로 승인해주지 않자 그의 입지는 흔들렸다. 일부 신료들은 선조가 왕세자를 교체할지도 모른다는 기대 섞인 전망까지 하고 있었다. 1608년 선조가 승하하면서 광해군은 우여곡절 끝에 보위에 올랐다.

광해군 즉위 이후 인조 집안은 숨죽이며 지내야만 했다. 첩자이자 차자라는 콤플렉스에, 즉위하기까지 숱한 우여곡절을 겪었던 광해군은 자신의 권좌가 흔들릴까봐 전전긍긍했다. 1613년 이른바 계축옥사癸丑獄事가 터지고 영창대군이 먼저 희생되었다. 은상銀商을 살해한 혐의로 체포되었던 박응서朴應犀가 '대궐을 습격하여 광해군을 제거하고 인목대비에게 수렴청정을 맡긴 뒤 영창대군을 추대하려 했다'고 진술했기 때문이다. 1615년 신경희申景禧의 옥사를 계기로 인조의 아우 능창군綾昌君이 죽었다. "신경희가 정원군의 삼남 능창군을 추대하려는 모반을 꾀하고 있다"는 고변에서 비롯된 비극이었다. 일찍이 "능창군의 관상이 특이하다", "정원군의 새문안 저택과 인빈의 무덤에 왕기가 서려 있다"는 풍문에 신경을 곤두세우고 있던 광해군이었다.

아들 능창군의 죽음 때문에, 자신에게 쏠리는 광해군의 의심 때문에 정원군 또한 오래 살지 못했다. 정원군은 1619년 세상을 떠난다. 동생과 부친의 잇따른 죽음을 지켜보며 능양군이 광해군에게 어떤 감정을 품었을지는 짐작하기 어렵지 않다.

능양군은 부친의 상중이던 1620년(광해군 12) 무렵부터 사람들을 규합하여 거사를 모의했다. 신경진申景禛, 구굉具宏, 구인후具仁垕 등 모두 인척이자 무인들이었다. 구굉은 인조의 외숙이고, 구인후는 외종

형이었다. 신경진은 신립申砬의 아들이자 인조의 숙모(신성군의 처)의
동생이었다. 또한 능창군 옥사 때 죽은 신경희의 종제이기도 했다. 이
들 신씨와 구씨들도 능창군 옥사를 계기로 광해군에 대한 원한이 높
아진 데다 동시에 광해군 정권의 '요시찰 대상'이 될 수밖에 없는 처
지였다.

인척관계에 있는 무인들만으로는 부족했다. 다른 무인들과 명망 있
는 문사들을 끌어들이는 것이 필요했다. 마침 광해군 정권을 뒤집어
엎을 분위기가 무르익고 있었다. 광해군과 밀착해 있던 이이첨李爾瞻
등 대북파大北派는, 영창대군의 죽음을 계기로 광해군에 대한 원한이
극에 달한 인목대비까지 손보려고 했다. 그녀를 '화근'으로 여겨 대비
자리에서 끌어내리려 했다. 그 과정에서 인목대비를 서궁西宮(경운궁慶
運宮, 덕수궁德壽宮)으로 옮겨 유폐시키고 폐모廢母 논의가 일어났다.
'모후를 폐한다'는 것이다. 이이첨 등은 "대비는 임금의 어머니이기
이전에 임금의 신하"라는 명분을 내세우고, 인목대비가 광해군에게
원한을 품는 것은 '불충不忠'이라고 강변했다. 대북파는 조정 신료들
에게 인목대비를 몰아내는 데 동참하라고 강요했다. 서인西人과 남인
南人의 중신들이 폐모 논의에 반대하다가 '불충'의 낙인이 찍힌 채 유
배되거나 조정에서 쫓겨났다. 대북파는 폐모 논의를 계기로 '공안 정
국'을 조성했고 권력을 독점하게 되었다. 하지만 '폐모'를 운운한 것
은 효孝를 가장 중요한 강상윤리로 여기던 조선 사회에서 역풍을 맞
을 수밖에 없는 실책이었다. 급기야 '서인이 원망을 품고, 남인이 이
를 갈고, 소북小北이 비웃는' 형세가 조성되고 있었다.

'반정反正'이 성공하다

능양군은 전 동지同知 김류金瑬를 직접 찾아갔다. 김류는 김여물金汝吻의 아들이다. 김여물은 임진왜란 당시 탄금대 전투에서 전사한 신립의 참모를 지냈다. 둘은 의기투합했다. 신경진은 전 부사 이귀李貴를 찾아가 협조를 요청했다. 이귀 또한 광해군 정권의 실세인 정인홍 등에게 깊은 원한을 품고 있던 터라 흔쾌히 가담했다. 이귀의 두 아들인 이시백李時白과 이시방李時昉은 물론이고 최명길崔鳴吉, 장유張維, 무신 이서李曙도 끌어들였다. 서생 신분인 심기원沈器遠과 김자점金自點 등도 동참했다. 대부분 폐모 논의 이후 조정에서 쫓겨나거나 물러나 있던 서인들이었다. 거사 준비는 일사천리로 진행되는 듯이 보였다.

1622년 가을, 기회와 위기가 동시에 찾아왔다. 오랫동안 귀양살이를 하던 이귀가 풀려나 황해도 평산부사에 임명되었다. 누구보다도 거사에 적극적이었던 이귀가 병력을 부릴 수 있는 위치에 오른 것이다. 1년 전에는 이서가 이미 장단부사로 부임해 있었다. 도성에서 지척의 거리에 있는 장단, 그리고 장단과 가까운 평산에서 거사를 준비할 수 있게 되었다. 그런데 문제가 발생했다. 대북파 대간들이 이귀와 김자점이 역모를 꾀하고 있다면서 들고 일어났다. 두 사람이 당시 유폐되어 있던 인목대비를 원상회복시키기 위해 역적질을 벌이고 있다고 광해군에게 상소한 것이다. 이귀와 김자점은 체포될 위기에 처했다. 그때 광해군의 총애를 받던 후궁 김개시金介屎가 두 사람을 구했다. 김자점이 일찍부터 뇌물을 쓰면서 김개시에게 연줄을 대고 있던 덕분이었다. 결국 두 사람에 대한 수사는 흐지부지되었다.

이시방李時昉

이시방(1594~1660)은 이귀李貴(1557~1633)의 차남이자 이시백李時白(1581~1660)의 동생이다.
30세 때 인조반정에 참여하여 정사공신靖社功臣 2등으로 연성군延城君에 봉해졌다.
광해군이 죽었을 때 제주목사로서 염을 담당했다.
자료제공처: 대전역사박물관.

능양군과 주모자들은 놀란 가슴을 쓸어내렸다. 당시 거사에 동원할 병력은 이서가 주도적으로 조련하고 있었다. 장단의 덕진德津이라는 곳에 산성을 쌓고 있었는데 그곳에서 군졸들을 훈련시켰던 것이다. 하지만 일개 고을의 얼마 되지 않는 병력만으로 쿠데타를 감행하는 것은 모험이나 다름없었다. 당장 쿠데타군 진압에 투입될 훈련도감訓鍊都監의 정예 병력을 당해내기란 불가능했다. 그 때문에 훈련도감의 수장이자 국왕의 경호실장 격인 훈련대장을 포섭해야 한다는 주장이 제기되었다. 능양군과 주모자들은 억세게 운이 좋았다. 마침 장유의 아우 장신張紳이 훈련대장 이흥립李興立의 사위였던 것이다. 《인조실록》에는 장유가 이흥립을 만나 대의로써 설득하자 이흥립이 즉석에서 내응할 것을 약속했다고 한다. 광해군 정권의 몰락을 알리는 결정타였다.

하늘이 광해군에게 마지막 기회를 주었던 것일까? 장유 등이 이흥립을 만났던 직후 밀고가 들어갔다. 1623년 3월, 이이반李而攽이라는 자가 이흥립과 쿠데타 주모자들이 만났다는 사실을 김신국金藎國에게 알렸고, 영의정 박승종朴承宗에게까지 보고되었다. 당장 이흥립을 체포해 목을 쳐야 한다는 주장이 나왔다. 박승종은 광해군과 사돈이었다. 3월 12일 저녁, 박승종은 추국청推鞫廳을 설치했다. 수사본부를 차린 것이다. 잡아들일 역적들의 명단까지 작성했다. 문제는 광해군이었다. 그는 후궁들과 잔치판을 벌이고 있었다. 역적들을 잡아들이자고 요청했지만 미적대며 재가를 미루었다. 무엇에 정신이 팔렸던 것일까? 광해군이 끝내 결정을 미루자 박승종은 이흥립을 불러다가 물었다. "그대가 김류, 이귀와 함께 모반했는가?" 이흥립은 "제가 어찌 공을 배반하겠습니까?"라고 시치미를 뗐고 박승종은 그를 풀어주었다.

이날 밤 3경 무렵, 1천 4백여 명의 반란군이 창덕궁으로 들이닥쳤다. 이서 휘하의 장단 군사 7백여 명을 주축으로 김류와 이귀 등이 동원한 병력 또한 6~7백여 명쯤 되었다. 반란군을 진압해야 할 이흥립은 훈련도감의 병력을 단속하여 움직이지 못하도록 했다. 함성이 퍼지고 불길이 치솟는 와중에 광해군은 내시의 부축을 받아 허겁지겁 궁궐의 담을 넘었다. 담을 넘는 순간 그는 더 이상 임금이 아니었다. 광해군은 안국방에 있는 의관 안국신의 집으로 숨어들었다.

광해군이 사라지자 상황은 싱겁게 종료되었다. 능양군은 인정전으로 진입하여 호상에 걸터앉았다. 이어 새벽까지 대대적인 숙청을 벌였다. 쿠데타군 지휘부는 국왕의 명령을 상징하는 명패命牌를 내어 광해군 정권의 신료들을 불러들였다. 허겁지겁 달려왔던 병조참판 박정길朴鼎吉이 가장 먼저 참수되었다. 김개시도 잡아다가 죽였다. 이어 창덕궁에 속속 도착했던 광해군의 다른 신료들 또한 지휘부의 판단에 따라 생사가 결정되었다.

3월 13일 아침이 밝았다. 의관 안국신의 밀고로 광해군이 잡혀왔다. 능양군은 광해군을 이끌고 인목대비가 유폐되어 있던 서궁(경운궁, 덕수궁)으로 향했다. 인목대비는 능양군에게 할머니뻘이었다. 능양군은 인목대비에게 두 번 절하고 통곡했다. 인목대비는 한참 동안 뜸을 들이다가 발을 드리우고 능양군을 안으로 불러들였다. 잠시나마 인목대비의 수렴청정이 시작되었다.

인목대비는 이윽고 능양군에게 옥새를 넘겨주었다. 능양군이 주도한 '쿠데타'가 '인조반정仁祖反正'이 되는 순간이었다. 인목대비는 광해군에 대한 원한과 증오를 쏟아내기 시작했다. 그를 '역적의 괴수逆魁'라며 죽이겠다고 나섰다. 도승지 이덕형李德泂이, 중종반정 당시 연산군燕山君을 살려준 고사를 들어 말리자 인목대비는 폭발했다. "역괴는 부왕을 시해하고 형을 죽였으며, 부왕의 첩과 간통하고 그 서모를 죽였으며, 적모嫡母를 유폐하여 온갖 악행을 구비했다. 어찌 연산과 비교할 수 있겠는가"라며 절규했다. 광해군의 목을 쳐서 원한을 풀고야 말겠다며 능양군과 거사 지휘부를 채근했다. 능양군과 신료들이 결사적으로 막아선 뒤에야 대비의 고집이 한풀 꺾였다.

능양군은 옥새를 넘겨받은 직후 경운궁 별당에서 즉위했다. 임진왜란 당시 선조가 의주에서 돌아와 머물며 집무하던 곳이었다. 신료들과 장졸들의 삼엄한 경호 속에 밤을 지새우며 광해군 잔당의 색출과 숙청을 지휘했다.

이윽고 능양군의 즉위와 광해군의 폐위를 알리는 인목대비의 교서가 반포되었다. 대비는 '광해군의 죄악' 열 가지를 열거했다. '이복동생 영창대군을 죽이고 모후를 폐한' '폐모살제廢母殺弟'를 가장 먼저 거론했다. 이어 '궁궐 공사를 대대적으로 일으켜 백성들에게 고통을 준 것', '선 왕조의 구신舊臣들을 모두 쫓아낸 것', '뇌물로 인사를 단행하여 혼암昏暗한 자들이 조정에 넘치게 한 것' 등이 차례로 거론되었다.

외교 문제도 언급했다. "선조는 임진왜란 당시 명이 도와준 '재조지은再造之恩'을 잊지 못해 죽을 때까지 명이 있는 서쪽을 등지고 앉은 적이 없었다. 광해는 배은망덕하여 천명을 두려워하지 않고 오랑캐에게 성의를 베풀었으며, 심하深河 전투 때에는 전군을 오랑캐에게 투항시켰고, 황제가 칙서를 내려도 구원병을 파견하지 않아 예의의 나라

경운궁의 즉조당卽祚堂과 석어당昔御堂

즉조당(왼쪽)은 광해군과 인조가 즉위했던 곳으로 알려져 있다.
석어당은 임진왜란 이후 선조가 거처했던 곳이자 광해군 시절 인목대비가 유폐되어 있던 곳이다.
반정 성공 직후 인목대비는 이곳의 앞뜰에 광해군을 꿇어앉히고 문책했다고 한다.

조선을 오랑캐와 금수로 만들었다"고 성토했다.

'재조지은'이란 '조선이 임진왜란으로 망할 뻔했는데 명이 원군을
보내줌으로써 다시 살려주었다'는 '은공恩功'을 가리킨다. '심하 전투'
란 1619년 명이 누르하치를 정벌할 때, 조선도 강홍립姜弘立이 이끄는
1만 5천 명의 원군을 보내 후금군과 싸웠던 전투를 가리킨다. 광해군
이 오랑캐(후금)와 밀통하여 명이 베푼 재조지은을 배신했기 때문에
폐위할 수밖에 없다는 선언이었다.

광해군 정권의 붕괴를 공식적으로 선포한 이후에도 구정권 인물들
에 대한 숙청은 계속되었다. 이이첨과 정인홍을 비롯한 대북파의 핵심
인물들은 처형되거나 조정으로부터 영구히 축출되었다. 주목되는 것
은 인조가 도원수 한준겸韓浚謙에게 평안감사 박엽朴燁과 의주부윤 정
준鄭遵을 처형하라는 명령을 내렸던 점이다. 박엽과 정준은 각각 평양
과 의주에 머물며, 광해군의 지시대로 명, 후금과의 외교 교섭을 전담
해온 인물들이었다. 두 사람의 처형은 새 정권의 대외 정책의 방향이
바뀔 것임을 암시하는 조처였다. 인조반정의 성공과 함께 조선과 명,
조선과 후금의 관계 또한 변화의 소용돌이 속으로 빠져들고 있었다.

"금수의 땅이 다시 사람 사는 세상이 되었노라"

지난 10여 년 동안 적신賊臣 이이첨이 임금의 마음을 현혹하고 국권을 제
멋대로 하여 모자 사이를 이간시켜 끝내는 윤리의 변고를 자아냈다. 모후
를 내쳐 별궁에 유폐하는 등 갖은 수치와 모욕을 가했다 …… 하물며 부모

와 같은 중국 조정의 은혜를 배신하고 동방의 예의 풍속을 무너뜨려 삼강이 땅에 떨어진 것을 어찌 차마 말로 다할 수 있겠는가. 사치가 도를 넘고 형정이 문란하여 백성이 곤궁하고 재정이 고갈되며 안팎이 무너짐에 이르러서는 나라를 망치고 종사를 전복하기에 충분했다…….

1623년 3월 14일, 인조 명의로 팔도에 반포했던 조서의 내용이다. 광해군 정권을 무력으로 쫓아낸 명분을 거론하고 있다. 주목되는 것은 폐정弊政의 원흉으로 광해군이 아닌 이이첨을 지목하고 있는 점이다. '이이첨이 국정을 제멋대로 하여 인목대비와 광해군을 이간시켜 백성과 나라를 망쳤'는 것이다.

나라를 망친 내용은 크게 세 가지였다. 첫째, 모자 사이를 이간하여 일으킨 윤리적 변고. 영창대군을 살해하고 인목대비를 서궁에 유폐한 것을 뜻한다. 둘째, 부모와 같은 중국 조정을 배신한 것. 후금과 화친하여 명의 군사 원조 요청을 받아들이지 않았던 것을 의미한다. 셋째, 백성을 곤궁하게 하고 재정을 고갈시킨 것. 궁궐 건설을 비롯한 많은 토목공사를 벌였던 것을 가리킨다.

인조는 이어 개혁정치를 펼치겠다는 공약을 내걸었다. 광해군 정권에서 죄를 얻었던 사람들을 모두 석방한다는 것, 광해군대에 벌어진 토목공사와 관련된 부역과 수탈을 일체 폐지한다는 것, 광해군이 척신과 권세가들에게 베풀었던 면세 조치를 철회한다는 것, 내수사內需司(왕의 재산을 관리하는 관서)와 대군방大君房(대군과 왕자들의 궁과 저택)에서 강탈했던 백성들의 토지를 돌려준다는 것 등이 그것이었다. 또 3월 13일 새벽 이전까지 잡혀 들어온 죄인들 가운데 사형에 해당하는 죄를 지은 사람 외에는 모두 풀어준다는 사면령을 내렸다. 인조는 조서의 끝부분에서 유신의 정치를 펼치겠다는 다짐을 분명히 밝혔다.

새 정권을 이끌어 나갈 인물들에 대한 관직 임명도 이어졌다. 반정을 주도하여 성공시키는 데 공을 세운 공신들과 폐모 논의 등 광해군 정권의 실정에 저항하다가 쫓겨났던 인물들이 우선적으로 등용되었다. 그 가운데서도 새 정권의 군사권과 인사권, 국가 재정을 담당하는 핵심 요직은 반정공신들의 몫이었다. 반정군의 대장이자 원훈인 김류를 병조참판으로, 또 다른 원훈 이귀를 이조참판으로, 거사를 일으키던 당일 주력군을 이끌었던 이서를 호조판서로 삼았다. 정권을 사실상 움직이는 이조, 병조, 호조 등을 인조를 추대하는 데 앞장섰던 서인 원훈들에게 맡긴 것이다. 역시 반정에 참여한 공신 홍서봉洪瑞鳳은 병조참의에, 최명길은 이조좌랑에 임명되었다.

남인들에 대해서도 배려했다. 무엇보다 주목되는 부분은 남인의 원로 이원익李元翼을 영의정에 임명한 사실이다. 이원익은 1608년 광해군이 즉위했던 직후에도 영의정에 임명되어 정국을 이끌었던 인물이다. 비록 폐모론에 반대하다가 유배되었지만, 광해군 또한 함부로 하지 못했던 명망과 경륜을 지닌 원로였다. 인조는 오랜 유배 생활 끝에 돌아온 이원익에게 등용할 만한 인재를 추천하라고 주문했다. 이원익은 "지금 등용하신 사람들이 전부 현자賢者이자 능자能者라고 알고 있다"고 화답했다. 그러면서 인조에게 학문을 부지런히 닦아 마음을 맑게 하고 사私가 없는 공정한 처사로 상대를 감복시키라고 권유했다. 인품과 경륜에서 타의 추종을 불허하던 이원익을 영의정에 앉힌 조치에 대한 반향은 컸다. 신활申活(1576~1643)은 "이원익을 등용하자 조

이원익 李元翼

광해군 집권 직후에도 영의정이 되었던 이원익은 두 정권의 초대 재상을 지냈다.
인조는 인품과 경륜이 탁월한 이원익을 통해 집권 직후의 정국을 수습하려 했다. 하지만 이원익은 정권의 실세였던
반정공신들에 밀려 '얼굴 마담' 이상의 역할을 할 수 없었다.
자료제공처: 국립중앙박물관.

야의 사람들이 눈을 씻고 쳐다보게 되었다"고 찬양한 바 있다.

또 남인 이광정李光庭을 이조판서로, 정경세鄭經世를 홍문관 부제학으로 삼았다. 하지만 이광정은 곧 낙마하고 만다. 새 정권에서 벼슬을 줄 때 중요한 기준은 과거의 행적이었다. 그 가운데서도 폐모 논의에 참여했느냐의 여부가 가장 중요했다. 이광정은 평소 청렴결백하다는 찬사를 들었지만 폐모 정청庭請(논의의 결말을 짓기 위한 회의)에 참여했던 하자가 있었다. 이광정이 이조판서에 임명된 직후 정사에 참여하려 하자 김자점은 과거의 행적을 거론하며 면전에서 질책했다. "폐모 정청에 참여한 사람이 어찌 이조판서가 될 수 있겠는가"라고 면박을 준 것이다. 결국 이광정은 물러날 수밖에 없었다.

광해군대 정치의 주역이었던 북인들 대부분이 처형되거나 쫓겨난 와중에도 극소수는 등용되었다. 가장 상징적인 인물은 정온鄭蘊이었다. 북인 중에서 드물게 폐모 논의에 반대하다가 쫓겨났던 그는 절의를 인정받아 등용되었다. 정온을 제외한 나머지 북인 출신들 가운데 정치색이 옅으면서 실무 능력이 뛰어난 인물들도 구제되었다. 김신국, 심열沈悅 등이 대표적인 인물들이었다. 평안감사에 임명된 김신국은 '명민하고 재주가 있다'는 평가를 받았는데 정치 이력이 복잡했다. 선조 말년에는 유영경柳永慶에게, 광해군대에는 유희분柳希奮과 박승종과 결탁하여 폐모 논의에 참여했던 '하자'가 있었다. 하지만 과거 평안도에 근무하면서 민심을 얻은 점이 참작되어 다시 평안감사가 되었다. 심열은 광해군 정권에서도 손꼽히는 재정 전문가였다.

비록 과거의 행적에는 문제가 있었지만 권력 실세인 반정공신들과의 친분관계 때문에 구제된 인물도 적지 않았다. 대표적인 인물이 윤

정온鄭蘊 가옥 사랑채

본래 정인홍의 문인이던 정온은 폐모 논의에 반대했다가 장기간 제주에서 유배생활을 했다.
인조반정 이후 등용된 북인의 대표적 인물인 그는 반정공신들의 비리를 맹렬히 비판했던 척화신이기도 했다.
사진은 경상남도 거창군 위천면에 있는 정온 가옥 사랑채.
자료제공처: 한국학중앙연구원.

휘尹暉와 오숙吳翿이었다. 윤휘는 광해군의 대외 정책에 적극적으로 동조했던 터라 새 정권에서 받아들이기 어려운 대상이었지만 살아남았다. 김류가 그를 감싼 덕분이었다. 오숙 또한 광해군 시절 박승종 부자와 가까웠기 때문에 배제될 상황이었지만 평소 심기원과 친분이 있었기에 정언에 제수되었다.

정치적 안배 차원에서 남인과 소수의 북인들을 등용했지만, 인조 정권에서 서인 반정공신 출신이 아닌 인물들은 정치적으로 거의 힘을 쓸 수 없었다. 실제로 이중환李重煥의 《택리지擇里志》에 따르면 반정공신들은 이조판서 이상의 관직은 남인들에게 절대로 넘겨주지 말자고 밀약했다고 한다. 물론 이원익을 영의정에 임명한 것은 의미 있는 일이었지만 그는 사실상 새 정권의 '얼굴마담'일 뿐이었다. 서인 반정공신들의 견제가 심하여 자신의 주장을 관철시키기 어려웠던 것이다. 권력의 실세로 떠오른 서인 공신들은 이원익의 명망과 경륜을 인정하면서도 인조가 그에게 힘을 실어주는 것은 몹시 경계했다.

남인들조차 이렇게 견제받고 있던 상황에서 북인들의 정치적 위상은 보잘 것이 없었다. 인조반정 이후 등용된 북인들은 그야말로 '정권의 들러리'였다. 폐모론에 반대하여 유배되었던 전력을 가진 정온만이 삼사의 고위직을 역임하며 어느 정도 자기 목소리를 낼 수 있었을 뿐 나머지 인물들은 전혀 그렇지 못했다. 오죽했으면 심열은 당시 자신의 처지를 가리켜 '도필지임刀筆之任'이라고 자조하기까지 했다. '도필'이란 서기書記를 가리키는 말이다. 심열은 또한 다른 신료들이 자신을 공장工匠처럼 여기고 있다고 한탄하기도 했다. 조정에서 살아남기는 했지만 정치적 힘이나 존재감은 없는 것이나 마찬가지인 상태였던 것이다.

아무튼 새로운 조정의 진용이 어느 정도 갖춰지자 인조는 고무되었다. 3월 17일 인조는 반정공신들을 불러 모았다. 이괄李适, 이서, 한교韓嶠, 심기원, 김자점 등에게 인조가 했던 첫 발언은 자부심이 한껏 넘치는 내용이었다. "오늘날 이 의거가 성공한 것은 경들의 힘 덕분이다. 금수禽獸의 땅에서 다시 사람의 세상이 되었으니 뭐라 형언할 수 없다." 주목되는 것은 광해군대의 조선을 '금수의 땅'이라고 규정한 점이다. 아무튼 '금수의 땅'을 끝장내고 '사람의 세상'을 복구했으니 그 상황을 계속 지켜나가는 것이 당면 과제로 다가올 수밖에 없었다.

숭명배금崇明排金의 열기가 고조되다

인조반정이 성공하고 광해군이 폐위되던 당일, 명나라에서는 무슨 일이 있었을까? 1623년 3월 13일자 명의 《희종실록熹宗實錄》에는 조명관계를 고려할 때 눈에 확 띄는 내용이 보인다. 바로 호부시랑戶部侍郎 필자엄畢自嚴이 모문룡毛文龍(1576~1629)에게 군량을 공급하기 위한 대책을 황제에게 건의하고 있는 대목이다. 핵심은 이러했다.

바다를 통해 모문룡의 진영으로 군량을 수송하는 데는 한계가 있으니 모문룡 스스로 둔전屯田을 경작하도록 하는 것이 절실합니다.

'모문룡 진영'이란 평안도 철산鐵山 앞바다에 있는 가도椵島의 동강진東江鎮을 가리킨다. 모문룡의 고향인 절강성 동강東江이라는 곳에서

가도椵島

모문룡이 동강진을 설치했던 가도는
17세기 초 조선과 만주, 명 사이에 위치한 전략적 요충이었다.

따다가 붙인 이름이다. 가도는 조선과 만주의 지척에 있는 데다 요동 반도와 발해만, 그리고 산동 등지로 연결되는 지리적 요충이었다. 1622년 가도로 들어온 모문룡은 '요동 수복'을 표방하며 동강진을 배후에서 후금을 견제하는 전진 기지로 삼았다. 후금 입장에서는 적잖이 신경이 쓰일 수밖에 없었다. 가도가 바로 코앞에 있지만 수군이 없는 상황에서 어떻게 해볼 도리가 없었기 때문이다. 후금에게 모문룡과 동강진은 '목에 걸린 가시'였다.

명나라 장수 모문룡은 어떤 연유로 조선 영토인 가도로 들어왔을까? 그것은 광해군대로 거슬러 올라간다. 1618년 이래 명은 누르하치奴兒哈赤(1559~1626)의 후금군에게 연전연패했다. 1619년 사르후薩爾滸에서 참패한 직후 개원開原이 무너졌고, 1621년에는 요양遼陽이, 1622년에는 광녕廣寧마저 넘어갔다. 정치·군사적 요충인 요양과 광녕을 빼앗긴 이후 명은 요하 동쪽 지역에 대한 지배권을 상실했다. 그것은 명과 조선을 잇는 육로가 사라졌음을 의미했다. 이제 양국 사신들은 평안도 선사포宣沙浦에서 요동반도 연해를 거쳐 산동 반도의 등주登州로 이어지는 해로로 왕래해야 했다. 그러나 해로는 위험했다. 난파 사고가 심심치 않게 일어났다. 양국 신료들은 험악한 해로를 두려워하여 사행使行을 꺼리게 되있다. 1626년(인조 4), 명의 한림원 편수編修 강왈광姜曰廣은 해로를 통해 조선을 왕래하는 것을 '커다란 고래 아가리에 목숨을 맡기는 격'이라고 비유한 바 있다.

육로의 단절로 명의 조선에 대한 영향력과 '통제력'이 약화될 위기를 맞았다. 그때 혜성처럼 나타난 인물이 바로 모문룡이다. 모문룡은 요양이 후금군에게 함락되자 요동을 떠나 조선의 의주, 용천 지역을 떠돌았다. 그런데 요동순무 왕화정王化貞이 진강鎭江(오늘날의 단둥)을 탈취하라고 지시하자 모문룡은 1621년 7월, 220여 명의 병력을 이끌고 조선의 미곶을 통해 진강으로 잠입했다. 모문룡은 기습 작전을 통해 후금에 귀순했던 한인 동양진佟養眞 등을 처단하고 진강을 탈취했다. 비록 일시적인 승리였지만 명 조정은 그것을 진강기첩鎭江奇捷이라 불렀다. '기이한 승리', '기적 같은 승리'라는 뜻이다. 후금에게 연전연패하여 자존심이 상했던 명은 모문룡의 활약에 고무되었다. 하지만 후금군이 반격에 나서자 모문룡 부대는 오래 버틸 수 없었다. 같은해 7월, 모문룡은 진강을 탈출하여 조선으로 다시 들어왔다.

광해군은 모문룡을 화근으로 여겼다. 모문룡이 진강을 휘저어놓은데다 조선에 다시 들어와서도 '요동 수복'을 떠벌리며 후금을 계속 자극했기 때문이다. 실제 모문룡 때문에 격앙된 후금은 조선을 협박했다. 모문룡을 내놓으라고 했고, 요동에서 조선으로 건너오는 한인들을 받아들이지 말라고 요구했다. 급기야 1621년 12월, 후금군은 압록강을 건너 쳐들어와 가산嘉山 부근의 임반林畔이라는 곳에 있던 모문룡 부대를 기습했다. 모문룡은 변장하고 달아나 목숨을 겨우 부지했지만, 6백 명 가까운 한인들이 피살되는 참사가 일어났다. 후금군은 가산, 용천, 의주 등지를 약탈한 뒤 철군했다. 모문룡의 존재가 후금의 침략을 부르는 화근임을 입증한 사건이었다.

'임반의 변'이 일어날 무렵부터 광해군은 신료들을 보내 모문룡에게 섬으로 들어가라고 권고했다. 섬이 싫으면 산속으로라도 대피하라고 촉구했다. 섬에 머물면 당시까지 아직 수군이 없었던 후금이 모문룡을 어쩌지 못할 것이라는 판단에서 비롯된 조처였다. 조선 또한 후금의 침략 위협으로부터 벗어나려는 목적이었다. 광해군의 끈질긴 설득에 밀려 모문룡은 1622년 가도로 들어간다.

모문룡이 가도로 들어가자 명 조정은 고민에 빠졌다. 그에게 군수물자를 공급하는 것이 여의치 않았기 때문이다. 명의 산동에서 가도에 이르는 바닷길이 험해 수송이 쉽지 않았다. 필자엄이 모문룡에게 둔전을 경작시키라고 했던 것은 이런 배경에서 비롯된 것이었다.

그렇다면 모문룡은 둔전을 어디에 설치할 것인가? 좁고 척박한 가도 안에는 둔전을 설치할 만한 곳이 별로 없었다. 당연히 가도 건너편에 있는 평안도의 철산 등지가 대상이 될 수밖에 없었다. 평안도에 둔전을 설치하려면 조선의 협조가 절실했다. 하지만 광해군은 모문룡의 요구에 고분고분하지 않았다. 모문룡을 경솔하고 위험한 인물로 여겨 섬으로 밀어 넣으려 했고, 그가 가도로 들어간 뒤에는 이런저런 원조 요청을 거의 받아들이지 않았다. 모문룡을 '찬밥' 취급했던 것이다. 모문룡은 광해군에 대해 앙앙불락할 수밖에 없었다.

'인조반정'으로 정권이 바뀌자 모문룡은 반색했다. 자신을 푸대접하던 광해군이 폐위되었기 때문이다. 실제 새 정권의 모문룡에 대한 태도는 달라졌다. 인조는 즉위하자마자 남이공南以恭을 모문룡의 문안사로 삼았다. 남이공을 가도로 보내 '조선은 마음을 같이하여 협력할 준비가 되었다', '새 정부는 둔전과 염전鹽田 설치 등을 허용하고 성의껏 돕겠다'고 약속했다. 모문룡에게는 희소식이 아닐 수 없었다.

1623년 3월 22일, 모문룡이 보낸 응시태應時泰라는 인물을 접견했을 때 인조는 더 적극적으로 모문룡에게 '구애'했다. 인조는 '광해군이 명의 은덕을 배신하고 모문룡의 간청을 하나도 들어주지 않았다'

고 비판하면서 자신은 모문룡과 협력하여 기어이 오랑캐를 섬멸하겠다고 다짐했다. 응시태는 "광해군의 허다한 죄과야 이루 말할 수 없다"며 맞장구를 친 뒤 인조의 현명함과 충성심을 명 조정에 알리겠다고 약속했다.

4월 8일, 명나라 신료 맹양지孟養志를 만났을 때도 마찬가지였다. 인조는 '용렬한 광해군이 사대의 정성과 재조지은을 망각하고 강홍립을 사주하여 기밀을 누설함으로써 명의 후금 정벌을 그르쳤다'고 비난했다. 또 명에서 출병 기일을 알려주면 병력을 동원하여 후금 토벌에 동참하겠다고 약속했다. 맹양지는 본래 1622년 군사 원조를 요청하려고 조선에 왔었다. 그런데 광해군은 병을 핑계로 그를 만나 주지도 않았다. 이에 맹양지는 광해군을 만나려고 귀국하지 않고 버틴다. 그러다가 인조반정을 맞았던 것이다. 인조는 정변을 일으켜 권좌에 오른 만큼 명에 대해 충성을 다짐함으로써 광해군과 차별성을 부각시키고 싶었을 것이다. 하지만 맹양지가 꺼내지도 않은 병력 동원 문제까지 먼저 거론한 것은 '오버'였다고 할 수밖에 없다.

숭명의 분위기, 모문룡에 대한 찬양의 열기가 높았던 것은 신료들 사이에서도 마찬가지였다. 영의정 이원익은 '백성들이 군신의 대의는 잘 몰라도 임진년에 명이 베푼 재조지은에는 감격하고 있다'면서 후금을 치는 데 동참해야 한다고 했다. 반정공신 이귀는 한술 더 떴다. 그는 "모문룡과 합세해야만 민심을 수습할 수 있다"며 자신이 직접 가도로 가겠다고 나섰다. 모문룡을 감동시켜 서울로 초청하여 인조와 만나도록 주선하겠다고 했다.

이윽고 조선은 명 조정에 올리는 주문奏文을 가도로 보냈다. 인목대비 명의로 작성된 것으로, 모문룡을 통해 명 조정에 전달하려는 목적이었다. 명의《희종실록》1623년 4월 29일자에 그 내용이 실려 있다.

조선 국왕 이혼李琿이 그 조카 이종李倧에게 찬탈당했다. 그런데 그 나라 왕대비를 칭하는 사람이 신민들의 뜻에 따라 혼군昏君을 폐위하고 명군明君을 세웠다고 했다. 의정부 좌의정 박홍구朴弘耉 등에게 명하여 총병 모문룡에게 이문移文하여 조정에 전달해주기를 간청했다 …… "우리 선왕들은 천조를 섬기는 데 정성을 다해 감히 태만했던 적이 없습니다. 그런데 광해군은 배은망덕하여 천위天威를 두려워하지 않았습니다. 독부督府(모문룡)가 왔음에도 그를 접대하는 데 성의를 보이지 않고 마음을 합쳐 원수를 갚으려 하지 않았으므로 신과 하늘의 분노가 극에 달했습니다" …… 박홍구 등은 또한 "광해군은 도의를 잃고 패덕하여 나라와 백성을 맡길 수 없었습니다. 능양군은 소경왕(선조宣祖)의 적손으로 어려서부터 총명하고 인효하여 비범한 자질이 있었습니다. 소경왕이 기특히 여겨 궁중에서 길렀고 여러 손자들 가운데 중하게 여겼습니다. 이제 인망이 그에게 쏠리니, 왕대비가 그로 하여금 선왕의 유지를 잇게 했습니다"라고 했다.

위의 주문 가운데 핵심은 '광해군이 배은망덕하여 모문룡을 돕지 않고 후금과 싸우려 하지 않았다'는 내용이다. 심지어 '그 때문에 신과 하늘의 분노가 극에 이르렀다'고 했다. 새 정권은 '모문룡을 적극적으로 도와 명에 충성하고 후금과 싸우겠다'고 다짐했던 것이다.

이처럼 친명, 숭명의 열기가 한껏 높아가고 있던 분위기 속에 후금에 대한 적개심과 자신감 또한 고조되었다. 인조는 서북변의 방어를

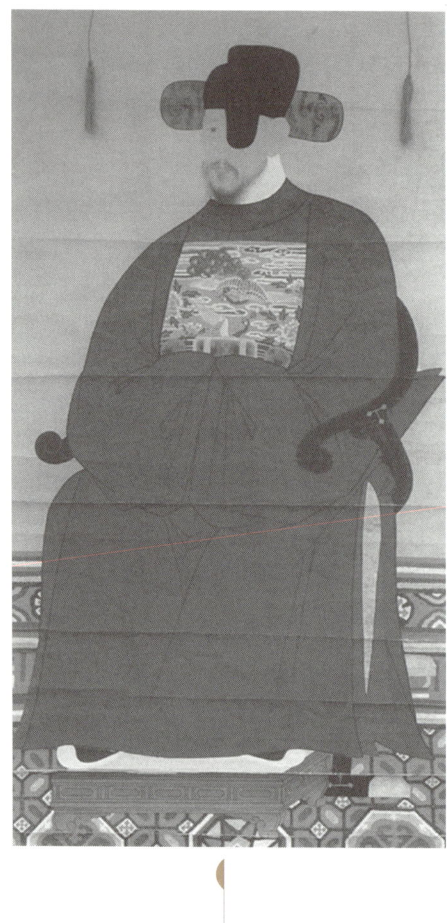

무장 장만(1566~1629)은 1624년 이괄의 난을 평정한 공으로 진무振武 1등 공신에 봉해졌다.
시호는 '충정'이다. 영정은 1625년(인조 3)에 도화서 화원에 의해 그려졌다.
자료제공처: 인동장씨태상경파충정종친회.

책임질 도원수에 장만張晩을 임명했다. 또 "유사시 장만은 선봉을 이끌고, 자신은 뒤에서 삼군을 거느리고 후금을 친히 정벌하겠다"고 다짐했다. 1623년 4월 24일 도원수 장만이 임지인 안주安州로 부임하던 날, 인조는 모화관까지 거둥하여 그를 환송했다. 인조는 융복戎服 차림이었다. 모화관에는 조정 백관들과 종친들이 모두 도열해 있었다. 인조는 장만에게 상방검尚方劍을 하사하고 "군령을 어기는 자는 처단하라"고 지시했다. 반정 성공 직후, 명을 도와 후금을 정벌하겠다는 의지는 결연했다.

이윽고 6월 1일, 명의 신료 손원화孫元化가 군사 원조를 요청하는 자문咨文을 보내왔다. 비변사는 "우리는 지금 군사를 징발하고 양식을 마련해 명령을 기다리고 있다"며 "모문룡과 합세하여 요동을 수복하겠다"는 내용의 답신을 보냈다. 과거 비슷한 요청을 받았을 때 광해군이 취했던 태도와는 영 딴판이었다.

정권을 잡은 직후에는 매사에 자신감이 넘치기 마련이다. '오랑캐와 화친하고 명을 배신했기 때문에 광해군을 폐위시켰다'는 것을 명분으로 내세운 이상, 그것을 지키기 위해서도 친명의 분위기를 띄울 필요가 있었다. '친명'의 실천은 곧 후금과 대결의 길로 가는 것을 의미했다. 하지만 조선은 후금과 맞설 군사적 준비가 되어 있지 않았다. 장만은 조선이 명을 도와 후금을 치러면 10만의 병력이 필요하다고 추산한 바 있다. 하지만 10만 병력을 양성하는 것은 불가능한 일이었다. 그럼에도 조선의 새 정권은 '기어이 오랑캐를 섬멸하는 데 동참하겠다'고 다짐했다. 지킬 수 없음에도 불구하고 약속과 다짐을 거듭하자 명의 조선에 대한 기대는 점점 높아질 수밖에 없었다. 조선은 결국 모문룡에게 '코가 꿰이는' 상황을 자초하게 된다.

명, 이이제이以夷制夷의 호기를 잡다

인조와 서인들이 광해군대의 '난정'과 '재조지은 배신' 등을 내세워 '반정'을 성공시켰지만, 신하인 처지에서 무력을 동원하여 임금을 몰아낸 행위는 유교정치의 명분에서 보면 몹시 부담스러운 것이었다. 이 때문에 인조는 집권의 정당성을 확보하기 위해 명으로부터 승인을 얻어내는 일이 절실했다. 이에 모문룡을 통해 정권 교체 사실을 명 조정에 알리는 한편, 자신을 책봉해줄 것을 요청하는 주문사奏聞使를 파견한다.

　1623년 4월 26일, 한양을 출발했던 주문사는 정사 이경전李慶全, 부사 윤훤尹暄, 서장관 이민성李民宬 등으로 구성되었다. 이들은 5월 22일 선사포에서 배에 올라 5월 25일 가도에서 모문룡을 만났다. 이민성이 남긴 《조천록朝天錄》에 보면 주문사 일행을 맞은 모문룡의 태도는 아주 긍정적이었다. 모문룡은 "조선의 새 국왕이 현명하고 힘을 합쳐 오랑캐를 토벌할 의사가 있다는 것을 알고 있다"며 인조를 찬양했다. 이어 인조를 책봉해달라는 요청을 자신이 명 조정에 잘 전달하겠다고 약속했다. 모문룡을 만날 때까지만 해도 명 조정으로부터 '반정'을 승인받고 인조의 책봉을 받아내는 것은 문제가 없어 보였다.

　그러나 명 본토에 들어서자 분위기가 급변했다. 같은 해 6월 14일, 주문사 일행이 면담했던 등래순무登萊巡撫 원가립袁可立의 반응은 몹시

원가립袁可立

인조는 집권의 정당성을 확보하기 위해 명으로부터 승인을 얻어내는 일이 절실했다.
그러나 명의 입장은 부정적이었다. 특히 등래순무 원가립(1562~1633)은 조선의 정변을 '찬탈'로 규정하고
광해군을 복위시켜야 한다고 주장했다.

부정적이었다. 그는 모문룡으로부터 조선의 주문을 건네받아 명 조정에 다시 전달했던 인물이다. 그는 북경에 보낸 주문에 덧붙인 글에서 조선의 정변을 '찬탈'이라 규정하고 '중국의 승인 없이 함부로 광해군을 쫓아낸 역적들의 죄를 성토해야 한다'고 강조했다. 심지어 광해군을 복위시켜야 한다고 주장했다.

원가립은 주문사 일행에게 광해군의 생존 여부 등을 물은 뒤, 그를 폐위시킨 까닭이 무엇이냐고 힐문했다. 이경전 등은 '광해군이 덕을 잃어 온 나라의 백성들이 한마음으로 인조를 추대했다'고 강조했다. 그럼에도 원가립은 거사 당일 궁궐에 불을 질렀는지 여부, 조선이 안정되어 있는지의 여부 등을 추궁하며 주문사 일행을 당혹스럽게 했다. 이경전 등은 "모문룡이 조선에 머물고 있는데 진실을 숨기면서 명 조정을 기만할 리 있겠느냐?"고 반문했다. 모문룡을 내세워 원가립의 의구심을 해소시켜보려는 의도였다.

주문사 일행은 7월 27일 북경에 도착했다. 8월 1일 일행이 정문呈文을 바치고 관련 사항을 진술했을 때 예부상서 임요유林堯俞 등의 반응은 냉랭했다. 주문사가 도착하기 전에 명 조정에서는 '조선의 정변 건'을 놓고 이미 논란을 벌인 바 있었다. 대체적인 분위기는 '인조반정'을 불법적인 '찬탈'로 규정하고 주동자들을 치죄해야 한다는 것이었다. 이 같은 상황에서 주문사 일행이 저간의 사정을 변무하고 인조를 책봉해달라고 요청하는 것은 몹시 힘겨운 일이었다.

이민성은 〈옥하관비밀장계玉河館秘密狀啓〉라는 보고서를 남겼다. 그런데 '장계'에 나타난 주문사 일행의 활동 모습은 애처로울 정도였다. 8월 5일, 주문사 일행은 비를 무릅쓰고 장안문長安門 근처에서 대학사 섭향고葉向高에게 정문을 바친다. 섭향고는 우산 아래 서서, 비를 맞으며 바닥에 꿇어 엎드린 조선 사신들을 힐난했다. 그 또한 '인조 등이 거사 당일 궁궐에 불을 지르고, 광해군을 죽였으며, 일본군 3천 명을 끌어들이지 않았느냐?'고 따져 물었다. 이경전 등은 강하게 부인하고, '모문룡이 지척에 있기 때문에 모든 진실을 알고 있다'고 강조했다. 섭향고는 '정변과 관련된 전후 사정을 사문查問한 뒤에 인조를 책봉할지 여부를 결정하겠다'고 선언했다. 8월 10일 예부를 찾아갔을 때, 예부좌시랑 이근李瑾도 "광해군이 무슨 죄가 있기에 명의 허락도 없이 함부로 폐위했느냐?"고 몰아붙였다. 예부 또한 조선에 사문관을 파견하여 전말을 조사한 뒤 책봉 여부를 검토하겠다는 입장이었다.

명 조정이 사문관을 파견하겠다고 하자 주문사 일행은 '모문룡 카드'를 다시 빼들었다. 사문관 파견을 중지해달라고 요청하면서 다음과 같은 명분을 제시했다.

조선의 새 정권은 모문룡과 힘을 합쳐 오랑캐를 토벌하려고 준비하고 있습니다. 그런데 중국이 국왕을 책봉하지 않은 채 사문관을 왕래시키는 동안 오랑캐가 준동할 경우, 조선은 망할지도 모릅니다. 또 오랑캐를 치는 데 필요한 무기와 군량 등을 준비하느라 여유가 없는 형편에 사문관을 접대하는 데 드는 비용을 마련하기도 어렵습니다. 그러니 사문관을 별도로 보내지 말고 모문룡에게 지시하여 조선 사정을 조사하여 빨리 보고토록 해주십시오.

위의 요청은 명이 민감하게 여기는 부분을 자극하는 내용이었다.

조선은 명을 도와 후금을 칠 의지가 있다는 것, 그러므로 명이 조선을 빨리 '활용'하고 싶다면 별도로 사문관을 보내지 말고 모문룡에게 맡겨 사문 절차를 간략하게 해달라는 주문이었다. 후금의 군사적 도전으로 곤경에 처한 명의 현실을 환기시키면서, 조선이 지닌 '효용 가치'를 부각시킴으로써 인조의 책봉을 빨리 받아내려는 포석이었다.

당시 명 조정은 '인조반정'의 발생 사실을 아주 일찍부터 알고 있었다. 정보의 원천은 모문룡이었다. 보고를 받은 명 조정은 기민하게 움직였다. 가장 중요한 번국藩國에서 정권이 바뀐 이유, 새 정권의 향후 향배 등은 초미의 관심사였기 때문이다. 더욱이 당시는 후금으로부터 도전받고 있었던 터라 조선의 협조가 절실한 때였다. 명 병부는 장사꾼으로 위장한 정탐꾼을 들여보내는 등 조선 내부 사정을 파악하기 위해 부심했다. 그런데 정변 발생과 관련하여 모문룡이 최초로 보냈던 보고, 모문룡에게서 건네받은 주문에 덧붙인 원가립의 의견, 맹양지가 귀국한 후 했던 보고, 다른 정탐꾼들이 탐지하여 보낸 보고 등의 내용이 각각 조금씩 달랐던 것으로 여겨진다. '거사 당일 궁궐에 방화하고 광해군을 죽이고 일본군을 끌어들였다'는 유언비어는 그 같은 혼선의 와중에서 생겨난 것이었다.

아무튼 명 신료들은 '조선 문제'를 놓고 논란을 벌였다. 처음에는 광해군을 쫓아낸 것은 '명백한 찬탈'이므로 정변을 주도한 난신적자들을 토벌하고 광해군을 복위시켜야 한다는 주장이 거셌다. 등래순무 원가립, 예과급사중 성명추成明樞, 절강 도어사都御史 팽곤화彭鯤化와 조수훈曹守勳, 산동 도어사 오상묵吳相黙 등이 대표적이었다. 이들은 '군신 관계마저 함부로 팽개친 조선의 반역자들이 명을 배신하고 후금에 붙을지도 모른다'고 성토하면서, '조선 문제'의 처리 방향을 빨리 정하지 못하고 우물쭈물한다고 대학사 섭향고에게 비난을 퍼붓기도 했다.

정변 주도자들을 토벌해야 한다는 강경론과는 달리 '조선 사태'를 명에게 유리한 방향으로 활용하자는 주장도 나타났다. 당시 요동 방어를 책임지고 있던 대학사 손승종孫承宗의 주장이 대표적이었다. '유리한 방향'이란 조선을 끌어들여 후금과 싸우도록 하자는 구상이었다.

인조반정의 처리 방향을 놓고 명분과 실리 사이에서 고민했던 명의 입장을 가장 잘 보여준 인물은 호부시랑 필자엄이었다. 그는 〈조선정형소朝鮮情形疏〉라는 글에서 이중적인 태도를 드러냈다. 인조 등이 광해군을 쫓아낸 것은 '난신적자의 행위'이므로 치죄해야 하지만, 후금을 토벌하기 위해 조선의 지원이 절실한 현실을 고려해야 한다고 강조했다. 필자엄은 결론적으로 '인조를 바로 책봉하지 말고, 정변의 정당성 여부를 충분히 따져보고 조선이 후금을 토벌한 공적이 드러난 뒤에 책봉하자'고 주장했다. '찬탈'을 주도한 반정 세력의 명분적 약점을 질타하여 '종주국' 명의 위엄을 드러내되 조선을 후금과의 싸움에 끌어들여 활용하자는 방안이었다. 말하자면 명분과 실리를 모두 챙기겠다는 속셈이었다.

명 조정은 1623년 윤10월까지를 조사 기한으로 삼아 조선에 사문관을 파견했다. 사문관은 모문룡이 지녕한 진계'성陳繼盛과 원가립이 지명한 조연령趙延齡이었다. 그런데 조연령은 조선으로 가던 도중 풍랑을 만나 익사하고 만다. 결국 사문관의 역할을 도맡게 된 진계성은 조선에서 '인조반정'이 일어난 전말을 조사하기 위해 전, 현직 관리 등 831명의 의견을 청취했다. 의견은 대체로 '광해군이 난정을 자행

손승종孫承宗

손승종(1563~1638)은 하북河北 출신의 대학사로 원숭환을 격려하여 요동의 방어 태세를 정비하는 데 기여했다. 인조반정 직후 그는 조선을 활용하여 누르하치를 견제하려는 이이제이以夷制夷를 강조했다. 출처: 염숭년,《明亡淸興六十年》, 北京: 中華書局, 2006, 161쪽.

했고 명이 베푼 재조지은을 배신했다'는 것이 중론이었다. 구체적으로는 '1619년 조명연합군이 사르후 전투에서 패하게 된 것은 광해군이 후금에게 기밀을 노출시켰기 때문이다', '1621년 후금군이 임반에 있던 모문룡을 기습했던 것은 광해군이 사주했기 때문이다', '명 황제가 사르후 전투에서 죽은 장졸들에게 하사한 은을 광해군이 착복했다', '광해군이 후금과 화친했다', '광해군이 후금과의 화친 사실이 드러날 것을 우려하여 명 사신을 숙소에 감금했다'고 하는 등 광해군의 '재조지은 배신' 양상을 지적했다. 또 반정 당일 궁궐에 방화했다는 등의 유언비어가 사실이 아니라는 점, 인조의 인품이 뛰어나다는 점, 광해군은 잘 보호받고 있다는 점 등을 강조했다.

1623년 윤10월, 모문룡은 위의 조사 결과를 명 예부에 보고했다. 예부상서 임요유는 모문룡의 보고를 토대로 같은 해 12월, 황제에게 인조를 책봉하라고 요청했다. 그는 강상과 명분을 고려하면 조선의 정변 주도자들을 토벌하는 것이 맞다고 했다. 하지만 모문룡을 통해 파악한 조선의 여론과 명이 당면하고 있는 후금의 위협을 고려하면 '조선 문제'를 명분과 원칙 차원에서만 처리할 수는 없다고 강조했다. 임요유는 인조를 임시로 '조선 국왕'으로 임명하되 그가 모문룡을 도와 후금을 토벌하는 공을 세운 뒤에 정식으로 책봉하자고 건의했다.

조선은 1624년 4월 권계權啓, 홍익한洪翼漢 등 성절사聖節使를 명에 파견하여 인조를 책봉해달라고 다시 호소했다. 하지만 당시에도 동림당東林黨 계열의 신료들을 중심으로 반대하는 의견이 여전히 만만치 않았다. 특히 위대중魏大中은 인조를 승인하는 것은 '간사한 자에게 상을 주어 반역을 조장하는 행위'라고 극언했다. 이 때문에 1624년 말까

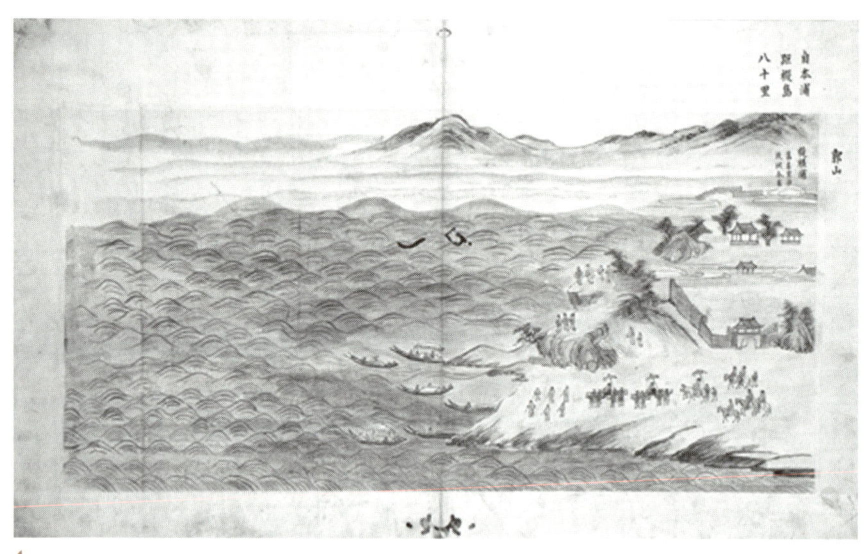

〈항해조천도航海朝天圖〉

1624년 사은겸주청사로 파견된 이덕형(1566~1645) 일행의 행로를 그린 그림
〈항해조천도航海朝天圖〉 중 첫 폭에 해당하는 〈선사포 출항도〉.
정사 이덕형, 부사 오숙, 서장관 홍익한으로 구성된 일행은
가도와 등주登州를 거쳐 북경으로 가는 길을 이용했다.
자료제공처: 국립중앙박물관(허가번호: 중박201308-4109).

지도 명 조정에서 논란은 지속되었고, 인조에 대한 승인과 책봉은 늦춰질 수밖에 없었다.

이러구러 시간이 지나 1625년 1월, 명의 희종은 모문룡에게 칙서를 보내 인조를 책봉한다는 사실을 조선에 알리라고 지시했다. 그러면서 '조선과 협력하여 오랑캐를 토벌하라'는 주문도 곁들였다. 뒤에서 다시 언급하겠지만 당시 명이 파견한 사신 왕민정王敏政과 호양보胡良輔는 조선에 들어와 인조를 책봉한 뒤 약 16만 냥의 은을 뇌물로 챙긴다. 조선의 재정이 휘청거릴 정도의 거액이었다.

명은 이렇게 1623년 3월부터 1625년 5월까지 '인조 책봉'이라는 카드를 움켜쥐고 조선을 길들이려고 부심했다. 장장 2년 2개월 동안이나 시간을 끌면서 "우리는 조선의 정변이 '찬탈'임에도 불구하고 새 정권이 책봉을 간청하고 후금과 싸우겠다고 다짐했으므로 인조를 책봉하기로 결단을 내렸다"라는 언설을 만들어냈다. 즉 '정당성 없는' 인조 정권에 책봉이라는 '은혜'를 베풀었음을 강조했다. 그리고 그 과정에서 모문룡을 '은혜를 베푼 주역'으로 부각시켰다. 이제 인조 정권은 명이 베푼 책봉의 '은혜'에도 보답해야 했다. 본래부터 있던 '재조지은'에 '봉전지은封典之恩'이 추가되었다. '봉전지은'이란 제후국의 임금으로 책봉해준 '은혜'를 가리킨다.

두 '은혜'에 보답하는 길은 모문룡을 잘 대접하고 그들을 도와 후금과 싸우는 것이었다. 요컨대 명은 인조반정을 계기로 조선을 이용하여 후금을 견제하려는 이이제이以夷制夷 정책을 노골적으로 펼칠 수 있는 기회를 얻게 되었다. 그리고 조선은 그 과정에서 '기우는 제국' 명의 궤도 속으로 더 깊숙이 빨려들어가는 상황을 맞게 된다.

권력을 빼앗길 뻔하다

동요하는 민심, 권력을 지키려는 조바심 | 이괄, 거병하다 | 인조의 공주 파천과 이괄의 서울 점령 | 춤추는 민심과 이괄의 몰락 | 실추된 권위, 흉흉한 분위기

지금 하는 짓은
광해군 때보다 더 심하고,
인사가 불공평하고,
부역이 무거워 원망이 자자하다.

예나 지금이나 정권이 바뀌면 갖가지 후유증이 나타나기 마련이다. 더욱이 정상적인 정권교체가 아니라 무력을 동원한 쿠데타일 경우, 그 후유증은 결코 만만치 않은 법이다. 반정 직후 인조 정권은 대북파를 비롯한 북인들을 대대적으로 숙청했다. 정권의 핵심 이이첨과 정인홍을 비롯한 32명의 관인들을 처형했다. 죽음을 겨우 면한 인사들은 대부분 유배되거나 조정에서 쫓겨났다. 처형된 자들의 '적산賊産'은 몰수되었다. 북인들은 이제 정치적으로나 경제적으로나 사망 선고를 받은 것이나 마찬가지였다.

'북인 정권'이 몰락하면서 도성의 분위기는 뒤숭숭했다. 죽음을 당하거나 관직을 잃은 자들뿐 아니라 하루아침에 실직하게 된 모리배들도 적지 않았다. 또 살벌하고 뒤숭숭한 분위기에 편승하여 날뛰는 자들이 출현했다. 무뢰배들 가운데는 '인조를 호위한다'는 핑계로 몰려다니면서 여염의 재물을 약탈하는 데

재미를 붙이는 자들도 있었다. 유생들 가운데도 반정공신들의 종사관從事官이라는 직함을 가지고 설치는 자들이 있었다. 갑자기 바뀐 현실 속에서 상을 받거나 입신을 꾀하고 싶었기 때문이다.

반정공신들은 민심을 수습하려 애쓰는 한편 인조에 대한 호위를 강화했다. 특히 이귀의 노심초사가 컸다. 그는 무엇보다 '반혁명反革命'이 일어나지 않을까 우려했다. 그는 종실들의 동향을 주시했다. 인조에게 흥안군興安君을 잘 감시하라고 강조하고, 능원군綾原君의 동향도 심상치 않다고 보고했다. 흥안군은 인조의 숙부이고, 능원군은 동생이었다.

1623년 7월 29일, 우려했던 '반혁명'의 움직임이 현실로 나타났다. 전 현령 유응형柳應泂이 역모가 일어났다고 밀고했다. 잡혀온 관련자들의 진술 가운데 '지금 반정한 사람들은 천명天命을 받은 사람을 왕으로 세웠어야 했다. 그런데 금상今上이 스스로 왕이 된 것은 옳지 않으며, 조정 신료들이 하는 행위도 지난날과 다름이 없다. 우리들이 다시 거사하려 하는데, 성공하지 못해도 사육신死六臣에게 부끄럽지 않을 것이다'라는 내용이 나왔다. 인조가 왕위에 오른 것을 비판하고 그것을 되돌리겠다는 의지의 표현이었다.

8월 25일과 10월 1일에도 역모와 관련된 고변告變이 터졌다. 10월 1일의 공초에서는 "지금 하는 짓은 광해군 때보다 더 심하고, 인사가 불공평하고, 부역이 무거워 원망이 자자하다"라는 진술이 나왔다.

집권한 지 겨우 석 달 사이에 역모 움직임이 잇따라 세 번이나 포착되자 인조와 반정공신들은 경악했다. '정권 안보'에 비상이 걸렸다. 쿠데타로 집권한 사람들이 가장 무서워하는 것은 또 다른 쿠데타가 일어나는 것이다. 애초 반정공신들은 거사 성공 직후 자신들이 거느리고 있던 사병들을 해산시키려 들지 않았었다. '반혁명'이 일어나는 것을 두려워했기 때문이다. 그리고 실제로 역모 움직임이 잇따라 나타나자, 1623년 9월 무렵 반정공신들은 이귀의 주도로 호위청扈衛廳을 창설했다. 인조를 호위하는 데 진력하기 위한 조직이었다. 인조 정권은 반정 당시 동원했던 병력을 호위청에 배속시키고, 그들 가운데서 군관軍官을 선발하여 이귀, 김류, 이서, 신경진 등 네 명의 반정공신이 각각 100명씩 거느리도록 했다. 나아가 이들 군관들에게는 호조에서 급료를 지급하도록 조처했다. 사대장四大將으로 불리던 반정공신들과 군관들은 사적으로 끈끈한 유대 관계를 가지게 되었거니와 이것은 사실상 서인 반정 공신들의 군사적 기반을 공인해준 것이었다. 호위청에 소속된 호위 군관들의 숫자는 점점 늘어났고, 이후에는 이들이 중심이 되어 새로운 군영을 창설하는 등 반정공신들의 물리적 기반은 계속 유지, 확대되었다.

인조와 반정공신들은 호위청을 창설하여 '권력 보위'를 위한 물리적 기반을 다지는 한편, 기찰譏察을 강화했다. 기찰이란 '반혁명 세력'을 색출하려는 목적으로 감시와 사찰을 벌이는 것이다. 조금이라도 의심이 가는 사람들은 '사찰 리스트'에 올랐다. 쫓겨난 광해군 정권의 잔당들이 우선 감시 대상이었다. 인조반정에 동조했던 남인들도 예외가 아니었다. 그런데 기찰 방식에 문제가 많았다. 반정공신들은 의심스러운 인물들에게 군관배들을 비롯한 자신의 심복들을 접근시켰다. 심복들은 '사찰 대상자'에게 반정 이후의 변화된 상황에 대해 불평을 늘어놓거나 스스로 '역모를 꾀하고 있다'고 먼저 고백한다. 슬쩍 '미끼'를 던지는 것이다. 대상자가 동조하거나 긍정적인 반응을 보이며 '미끼'를 물 경우 그를 잡아다가 족치는 방식이었다. 한마디로 '공작 정치'였다.

기찰의 후유증은 컸다. 불신 풍조가 심해질 수밖에 없었다. 당장 병력을 거느리고 있는 무장들은 기찰에 대한 두려움 때문에 몸을 사렸다. 훈련을 목적으로 병력을 이동시키려 해도 반정공신들이 보낸 밀정들의 눈을 의식해야만 했다. 자연히 정상적인 군사 훈련마저 위축될 수밖에 없었다.

이제 반정공신들이 거느리고 있던 사병, 그 가운데서도 특히 군관들의 폐해가 만만치 않았다. 군관들은 사실상 반정공신들이 개인적으로 부리는 집사들이었다. '호위'를 명분 삼아 외방으로 전보되는 것을 회피했다. 반정공신들의 위세를 믿고 백성들을 수탈하기도 했다. 1624년 8월, 서울에만 이런 군관들이 수백 명이 넘었다.

서인들에게는 이들이 물리적 기반이지만 남인들에게는 두려운 존재일 수밖에 없었다. 남인들은 횡행하는 기찰과 군관들이 끼치는 폐해에 대해 강하게 반발했다. 당장 기찰을 중지하고 군관들을 해산시키라고 요구했다. 하지만 반정공신들은 아랑곳하지 않았다. 반발하는 신료들에게 '반혁명 분자'라고 면박을 주기도 했다. 어렵게 잡은 정권이 또 다른 쿠데타에 의해 무너지는 것이 두려웠기 때문이다.

이괄, 거병하다

잘 알려진 것처럼 인조 정권은 1624년 일어난 이괄의 반란 때문에 전복될 뻔했다. 겨우 진압되긴 했지만 이괄의 반란군은 서울을 점령했고, 인조는 반란군을 피해 공주까지 파천하는 수모를 겪었다. 인조반정에 가담하여 광해군 정권을 뒤엎는 데 결정적인 공을 세운 이괄이 반란을 일으켰던 까닭은 무엇일까?

반정이 성공했던 직후, 이괄은 가장 믿음직한 무장이었다. 인조에게 후금군을 방어하는 대책을 아뢰고, 누구보다도 앞장서서 정권 보위에 나섰다. 인조는 그런 이괄을 서북 변방으로 보내 후금 방어를 맡기려 했다. 그러자 이귀가 반대했다. 그는 '이괄을 서울에 남겨두고 의지 삼아야 한다'고 강조했다. 이괄에게 호위를 맡기자는 것이었다. 이런 배경에서 이괄은 1623년 5월 좌포도대장左捕盜大將에 임명되었다.

포도대장 이괄은 5월 27일 군관들을 이끌고 전 부사府使 박진장朴晉章의 집에 난입했다. 박진장을 '반혁명 분자'로 찍어 잡아들이려는 것이었다. 이괄의 군관들은 박진장을 끌고 나오면서 그의 노모까지 구타했는가 하면 집을 부수고 재물을 탈취했다. 적어도 1623년 5월까지 이괄은 인조 정권 보위를 위한 전위대의 역할을 마다하지 않았다.

서북 변방의 정세가 불온해지자 인조는 8월 16일, 이괄을 부원수副元帥로 임명하여 평안도로 내려가게 했다. 인조가 송별을 위해 접견했을 때 이괄은 태연한 것처럼 보였다. 그는 인조에게 '신이 재주가 없는 것을 아시면서 변방의 중임을 맡기시니 은혜를 갚으려고 할 따름'이라고 했다. 뿐만 아니라 "적이 쳐들어 올 경우 목숨을 바쳐 싸우겠다"고 다짐까지 했다.

　논공행상이 문제였다. 이괄이 임지로 떠난 지 세 달쯤 지난 윤10월 18일, 인조는 김류와 이귀를 불러 반정공신들에 대한 녹훈錄勳 문제를 논의했다. 정사공신靖社功臣 53명을 선정했다. '정사靖社'란 '반정을 성공시킴으로써 종묘사직을 바르게 세웠다'는 의미다. 1등공신이 10명, 2등이 15명, 3등이 28명이었다. 김류와 이귀 등은 1등공신이 되고, 이괄은 2등공신 가운데 첫머리에 놓여졌다.

　부임지 영변에서 소식을 접한 이괄은 불만을 터뜨렸다. 반정 거사를 감행하던 당일, 대장 김류는 미적거렸다. 거사의 성공 여부를 확신할 수 없었기 때문이다. 그는 2경에 연서역延曙驛(지금의 은평구 역촌동)에 모이기로 했던 약속을 지키지 않았다. 대장이 제때 나타나지 않자 반정군 진영은 동요했다. 바로 그 때 동요하던 군사들을 다잡아 대오를 안정시킨 인물이 이괄이었다. 그 때문에 반정 성공 직후 "이괄이야말로 병조판서감"이라는 칭송이 나올 정도였다. 하지만 미적거리며 눈치를 보았던 김류는 1등 공신이자 원훈元勳이 되었는데, 동요하던 군사들을 휘어잡고 공을 세운 자신은 겨우 2등 공신에 이름을 올렸다. 또 병조판서는커녕 궁벽진 변방으로 발령이 났다. 더욱이 서울에서는 '이괄의 아들이 반란을 꾀한다'는 소문까지 돌고 있었다. 자신을 옹호했던 이귀가 '이괄을 빨리 잡아들여야 한다'고 목소리를 높인다는 소식도 날아들었다. 논공행상 때문에 이미 마음이 상했던 이괄은 막다른 골목으로 내몰렸다.

　왕명을 받은 금부도사가 자신을 체포하기 위해 영변으로 내려오고 있다는 소식을 들은 직후 이괄은 구성龜城에 있던 순변사巡邊使 한명련

정사공신녹권 靖社功臣錄券

인조반정에 가담했던 공신 이중로李重老(1577~1624)에게 내린 교서.
그의 사후인 1625년에 내려졌다. 본래 정사공신 2등이었던 이괄의 이름은 삭제되었고,
훗날 역모를 일으킨 김자점과 심기원의 이름에도 동그라미를 해놓았다.
자료제공처: 경기도박물관.

韓明璉을 시켜 자산慈山으로 출격하게 했다. 이윽고 금부도사와 선전관이 당도하자 그들을 난자한 뒤 불 속에 집어 던졌다. 1624년 1월 이괄은 병력을 이끌고 남하하기 시작했다. 이괄은 안주를 우회했는데, 그곳에는 상관인 도원수 장만이 주둔하고 있었기 때문이다. 그는 자산에서 한명련 부대와 합세했다. 당시 삼남에서 선발된 병력과 평안도 군병의 대부분이 이괄의 휘하에 있었다. 1만이 넘는 대군이었다.

안주의 장만은 허를 찔렸다. 반란군을 정면에서 막지 못하고 뒤에서 추격해야 하는 형국이 되어버렸기 때문이다. 반란군은 1월 28일 상원祥原을 지나 2월 1일에는 수안遂安으로 접어들었다. 황주黃州의 신교新橋에 이르렀을 때 정충신鄭忠信과 남이흥南以興이 이끄는 진압군이 막아섰다. 두 장수가 역순逆順의 도리를 내세워 반란군을 선무하자 이괄 진영에서는 동요가 일어났다. 하지만 선봉에 섰던 항왜降倭들이 칼을 휘두르며 돌격하자 진압군은 싸우지도 못하고 흩어지고 말았다. 항왜란 임진왜란 시기 조선에 귀순했던 일본군과 그 후예들을 말한다. 검술이 뛰어나고 조총을 잘 다루는 데다 죽음을 무릅쓰고 돌격하는 용맹한 자들이었다. 이괄 휘하에는 수백 명의 항왜가 있었는데 그들이 선봉을 맡음으로써 반란군은 승승장구할 수 있었다.

인조와 조정은 당황했다. 반란군과의 내응을 우려하여 서울에 남아 있던 이괄의 인척들을 잡아들여 처형했다. 2월 6일에는 이괄의 장인 이방좌李邦佐를 참수했다. 이방좌는 이괄이 군대를 일으켰다는 소식이 전해진 직후 주변 사람들에게 '사위의 올해 운이 한 번 외치면 만인이 응답하는 형상이라 자신도 부원군이 될 것'이라 자랑했다고 한다.

관군은 평산平山의 마탄馬灘이라는 곳에서 반란군을 다시 막아섰지만

이중로李重老

이중로는 1624년 이괄이 반란을 일으키자 황해방어사로서 반란군을 저지하는 책임을 맡았다.
평산의 마탄에서 반란군을 막아섰지만 적의 급습으로 패하고 우방어사 이성부李聖符 등과 함께 전사했다.
자료제공처: 경기도박물관.

또 패하고 말았다. 방어사 이중로李重老가 전사하고 병사들은 대부분 항복하거나 도주했다. 이괄군은 이제 임진강까지 거칠 것이 없었다.

인조의 공주 파천과 이괄의 서울 점령

마탄에서의 패전 소식이 날아들었던 2월 7일, 인조는 밤중에 신료들을 불러 모았다. 대사간 정엽鄭曄이 서울을 버리고 파천해야 한다는 이야기를 꺼내자 신료들은 서로 돌아볼 뿐 다른 말이 없었다. 대신들은 세자에게 분조分朝를 이끌게 하자고 건의했다. 조정을 나눠 인사권 등을 세자에게 부여함으로써 민심을 수습하자는 계책이었다. 이윽고 장유는 인조에게 공주로 가자고 주장했다. 공산성公山城이 있는 데다 금강이 흐르고 있어 방어하기에 편리하다는 이유였다.

집권 이후 맞이한 최대의 위기였다. 인조는 훈련대장 신경진에게 병력을 이끌고 나아가 적을 막으라고 지시했다. 하지만 신경진은 미적거리면서 인조의 명령을 이행하지 않았다. 당연히 군율로 다스려야 할 사안이었지만 인조는 그러지 못했다. 그가 인척인 데다 반정공신이었기 때문이다.

2월 8일 반란군이 임진강을 건넜다는 보고가 날아들었다. 이괄은 애초 관군이 개성에서 저지하려 한다는 사실을 알고 항왜 수십 명을 앞세워 개성을 우회하여 파주로 진격하게 했다. 파주에서 임진강의 방어를 맡고 있던 목사 박효립朴孝立은 이괄의 회유에 넘어갔고 병사들은 달아나버렸다.

공주 공산성公山城

이괄의 난을 피해 파천한 인조가 머물렀던 공산성.
삼국시대부터 중요한 요새이자 전략 거점으로 활용되어왔던 곳이다.

밤에 인조는 궁궐을 나섰다. 숭례문에 이르렀지만 문이 잠겨 있었다. 승지 홍서봉이 하인을 시켜 자물쇠를 부수고 문을 열었다. 한강변 나루에 도착했지만 이번에는 배가 없었다. 강 건너편에 몇 척의 배가 있었지만 사공을 불러도 오지 않았다. 어쩔 줄 모르고 있을 때 무사 우상중禹尙中이 강물로 뛰어들었다. 그는 헤엄쳐 건너가서 사공 한 사람을 베고 배를 저어 건너왔다. 곧이어 전라병사 이경직李景稷도 배 한 척을 구해 왔다. 배가 도착하자 수행했던 신료들이 서로 먼저 타려고 우르르 몰려들었다. 위기의 순간에는 임금의 존재도 제대로 보이지 않는 법이다. 이경직이 칼을 뽑아들고 위협하자 비로소 뒤로 물러섰다.

이윽고 인조가 배에 올랐지만 배는 한참 동안 제자리에 떠 있어야 했다. 인조를 경호할 군사들이 강 건너에 미처 상륙하지 못했기 때문이다. 겨울밤의 한기가 몹시 차가웠지만 황망한 와중에 장막도 준비하지 못했다. 인조가 탄 배가 강 가운데 이르렀을 때 도성 쪽에서는 불꽃이 하늘로 치솟고 있었다. 난민들이 궁궐에 불을 질렀던 것이다.

인조의 피난길은 긴장의 연속이었다. 반란군이 추격해 올까봐 전전긍긍해야 했다. 2월 9일 아침, 인조 일행은 양재역에 도착했다. 유생 김이金怡 등이 콩죽을 쑤어 갖고 나와 인조를 맞이했다. 김이는 이때의 공으로 뒷날 의금부 도사에 임명되었다. 인조의 위기의식이 그만큼 컸음을 웅변하는 대목이다.

2월 9일 한밤중에야 인조 일행은 수원에 도착했다. 위기 상황에 몰리자 대신들은 응급책을 내놓았다. 이정구李廷龜와 오윤겸吳允謙 등은 항왜들의 공격을 도무지 막아낼 수 없으니 동래의 왜관倭館에서 왜인 1천 명을 빌려다가 반란군을 치자고 했다. 일본군을 막아내기 위해 또 다른 일본군에게 손을 벌리자는 주장이었다. 어렵사리 잡은 정권을 다시 내놓아야 할지도 모르는 위기를 맞자, 평소 품고 있던 일본에 대한 원한이고 뭐고 따질 겨를이 없었다. 인조도 동의했다. 광해군 시절 통신사로 일본에 갔던 경험이 있는 이경직을 즉석에서 청왜사請倭使로 임명했다.

이경직은 문제를 제기했다. 일본군을 요청하려면 대마도주對馬島主에게 알려야 하는데 그 과정에서 시간이 지체될 것이라고 했다. 또 일본군이 대거 몰려올 경우 어떻게 대처할 것이냐고 반문했다. 그러자 인조도 '일본인들의 마음을 헤아릴 수 없다'는 이유를 들어 없었던 일로 하라고 지시했다. 위기 상황에서 벌어진 황당한 해프닝이었다.

2월 11일 피난 행렬은 직산을 거쳐 천안에 도착했다. 도원수 장만으로부터는 이렇다 할 진압 소식이나 승전보가 전해지지 않았다. 더욱이 경기도 일원에서는 인조의 명령이 통하지 않았다. 호남에서 강화도로 이어지는 조운로를 반란군에게 탈취 당할지도 모른다는 우려도 제기되었다. 인조는 급히 지방의 관찰사들에게 명령을 내렸다. '이괄이 지방관을 임명하여 파견할지도 모르니 우선 그들을 베어버리고 보고하라'는 내용이었다.

2월 10일 이괄이 서울에 입성했다. 반란군이 서울을 점령한 것은 조선시대 역사에서 전무후무한 일이었다. 이괄은 경복궁의 옛 터에 사령부를 설치했다. 이윽고 인조의 숙부 흥안군을 국왕으로 추대했다. 흥안군은 일찍이 이괄로부터 언질을 받았기 때문에 인조를 수행하다가 중간에 도주하여 서울로 들어왔다. 이귀가 반정 성공 직후부터 '흥안군이 수상하니 감시해야 한다'고 주장했던 것이 맞아떨어진 셈이었다.

이괄이 승승장구하여 도성으로 들어오자 수많은 사람들이 그의 휘하로 몰려들었다. 수원부사 이흥립도 그 안에 끼어 있었다. 한번 배신하면 계속 배신한다고 했던가? 인조반정이 일어나던 당일, 훈련대장이던 그는 반정군이 창덕궁으로 진입하는 것을 방관하여 광해군 정권을 무너뜨리는 데 결정적인 공을 세웠었다. 그런 그가 이번에는 다시 이괄에게 붙은 것이다. 이괄은 지인들을 끌어 모아 새로운 조정을 꾸리기 시작했다. 인조반정 이후 세력을 잃거나 소외되었던 인물들이 모여들었다. 이 대목까지는 이괄의 거사가 일단 성공한 셈이었다. 인조 일행은 이미 서울을 버리고 떠났고, 진압군의 존재도 그다지 문제가 되지 않았다. 1624년 2월, 조선에서는 또 다른 정권교체가 임박한 것처럼 보였다.

춤추는 민심과 이괄의 몰락

이괄의 반란군이 서울로 입성하자 도원수 장만은 관군을 이끌고 서울을 향해 달렸다. 그는 초조했다. 반란군에게 도성을 내주고 임금을 파천하게 만든 일차적 책임이 자신에게 있었기 때문이다. 장만은 파주 혜음령惠陰嶺에 이르러 부원수 이수일李守一, 남이흥, 정충신 등과 작전 회의를 열었다. 장만은 두 가지 계책을 제시했다. 서울로 달려가 결전을 벌이자는 방안, 반란군의 보급로를 차단하고 남쪽에서 원군이 오기를 기다려 공격하자는 방안이 그것이었다. 장만은 지구전을 생각하고 있었다.

정충신은 반대했다. 즉시 서울로 달려가 안현鞍峴을 장악하자고 주장했다. 높은 고개를 차지하여 진을 친다면 도성을 내리누르게 될 것이고, 관망하고 있는 도성 백성들도 관군 편으로 붙을 것이라고 했다. 또 반란군이 공격해 와도 지형의 이점 때문에 이길 수 있다고 강조했다. 장만은 정충신의 계책을 받아들였다. 관군은 안현을 향해 내달렸다.

정충신이 가장 먼저 연서역을 통과하여 안현에 도착했다. 그는 정상으로 달려 올라가 봉수대를 지키는 병사를 생포했다. 정충신은 평상시의 봉화를 올리도록 하여 이괄의 진영에서 안현이 탈취된 사실을 눈치 채지 못하게 했다. 이윽고 관군들이 속속 안현으로 집결했다. 때마침 동풍이 크게 불어 이괄 진영은 관군이 안현으로 모여드는 것을 알지 못했다. 이튿날 아침에야 이괄은 관군이 안현을 접수한 사실을 알아차렸다. 하지만 이괄은 느긋했다. 줄곧 승승장구해온 터라 관군을 가볍게 보는 마음이 생겼던 것이다. 이괄은 항왜들을 이끌고 연서역으로 나아가 장만을 생포하려는 계획을 세웠다. 한명련은 도성 백성들이 보는 앞에서 안현을 쳐서 승리를 거둠으로써 민심을 얻어내자고 건의했다.

2월 11일 반란군은 부대를 둘로 나눠 안현을 향해 진격했다. 한명련이 항왜 수십 명과 정예 포수들을 이끌고 선봉에 서고, 이괄은 중군이 되어 싸움을 독려했다. 아침 6시쯤부터 격전이 벌어졌다. 도성 백성들은 성이나 높은 곳에 올라가 싸움을 구경했다. 전황은 아래쪽에서 위쪽으로 공격하는 반란군에게 불리할 수밖에 없었다. 화살과 총탄을 쏘아도 제대로 맞지 않았다. 반면 장만 등은 반란군에게 도성을

안산鞍山

이괄의 반란군이 장만의 관군에게 패퇴했던 안산.
초반의 승리에 취해 관군이 안산을 장악하도록 방임했던 것이 이괄의 궁극적인 패인이었다.
자료제공처: 서울신문.

내준 것을 만회하려는 책임감 때문에도 분전했다. 오전 11시쯤까지 이어지던 싸움의 중간에 바람마저 방향이 바뀌었다. 반란군 쪽으로 서북풍이 불었다. 관군은 승기를 잡았다. 반란군 진영에서 사상자가 속출했다. 많은 수가 안현을 향해 기어오르다가 벼랑에서 떨어져 죽었다. 한명련도 화살에 맞고 퇴각했다.

싸움을 구경하던 도성 백성들은 반란군이 수세에 몰리자 돈의문과 서소문을 닫아 버렸다. 관망하던 민심의 향배가 정해진 것이다. 퇴로가 막힌 반란군은 숭례문 쪽으로 향하거나 마포, 서강 방면으로 도주했다. 여염으로 숨어 들어간 자들도 있었다.

2월 11일 밤 9시 무렵, 이괄과 한명련은 패잔병을 이끌고 수구문水口門을 나와 도성을 탈출했다. 다음날 새벽 삼전포三田浦를 경유하여 경기도 광주까지 달아났다. 이괄은 광주목사 임회林檜를 살해하고, 경안교慶安橋라는 곳에서 병력을 수습하려 했다. 12일 아침, 정충신 등이 병력을 이끌고 추격해왔다. 안현에서 패한 이후 반란군의 기세는 이미 꺾였다. 얼마 되지 않는 관군의 공격에 변변하게 저항도 해보지 못하고 무너졌다. 이괄은 고작 60여 명 정도의 기병만 거느리고 다시 이천 쪽으로 달아났다. 이괄을 따라가던 흥안군은 광주 소천昭川 쪽으로 도주했다.

관군 또한 지쳐서 추격을 멈추고 있을 때, 이괄의 진영에서 포수 한 사람이 도망쳐왔다. 그는 반란군 내부에 이괄과 한명련의 목을 베려고 시도하는 자가 있다고 알려 주었다. 막다른 골목에 몰리자 지중지란이 일어났던 것이다. 이튿날 새벽 정충신이 관군을 이끌고 이천 묵방리墨坊里에 당도했을 때 상황은 종료되었다. 반란군 가운데 기익헌奇益獻 등

광희문光熙門(수구문水口門)

1624년 2월 11일 관군과의 안현 전투에서 패한 이괄은
한명련과 함께 패잔병을 이끌고 광희문으로 퇴각한다.
도성을 탈출한 이괄은 반란군이던 기익헌 등에 의해 살해당하고 만다.

이 이괄과 한명련 등 지휘부 아홉 명을 이미 살해해버린 상태였다. 한명련의 아들과 조카만 간신히 달아나고 반란군은 궤멸되었다.

홍안군은 자신의 신분을 숨기고 여염으로 숨어들다가 체포되었다. 그는 서울로 압송되어 돈화문 앞에서 살해되었다. 한남원수漢南元帥 심기원과 훈련대장 신경진이 '홍안군이 선조의 왕자이고 인조의 숙부지만 역모에 가담했으니 아무나 죽일 수 있다'는 명분을 내세워 처형해버린 것이다. 홍안군은 이괄에 의해 추대된 지 불과 4일 만에 허망하게 최후를 맞았다.

인조 일행은 관군이 안현 전투에서 승리했다는 소식을 천안에서 들었다. 하지만 13일 새벽, 혹시라도 도주하던 반란군이 몰려올 것을 우려하여 공주로 들어갔다. 2월 15일, 참수된 이괄의 머리가 공주에 도착했다. 인조와 신료들은 군용軍容을 벌여놓고 이괄의 수급을 받는 의식을 거행했다. 반정을 일으켜 어렵사리 잡은 권력을 1년도 채 못 되어 내놓을 뻔하다가 다시 잡는 순간이었다.

실추된 권위, 흉흉한 분위기

인조는 2월 18일 공주를 출발하여 22일 서울로 귀환했다. 장경궁이 난민들의 방화로 타버렸기 때문에 경덕궁慶德宮으로 들어갔다. 광해군이 막대한 재정을 들여 신축한 궁궐이었다.

도성은 엉망이었다. "모든 재물이 바닥나서 열흘 먹을 저축도 없는 상황"이라는 보고가 올라왔다. 무엇보다 민심이 흉흉한 것이 심각한 문제였다. 며칠 사이에 궁궐의 주인이 바뀌었다가, 다시 바뀌면서 처참한 살육전이 벌어졌다. 이미 파천하기 직전인 2월 7일, 인조 정권은 옥에 갇혀 있던 정치범들을 즉결 처분했다. 광해군대 정승을 지냈던 기자헌奇自獻을 비롯하여 역모 가담 혐의를 받았던 40여 명의 목을 베었다. 이들은 '이괄과 내통한다'는 의심은 받았지만, 대부분이 혐의를 부인하고 있었던 데다 심문도 채 마치지 않은 상태였다. 이원익이 "기자헌은 반역에 가담한 정상이 없는 데다 폐모론에도 반대했다"고 애써 변호했지만 소용이 없었다. 정권을 잃을지도 모른다는 공포심 때문에 반정공신들은 평정심을 잃어버렸다.

격변의 와중에서 무고하게 목숨을 잃은 백성들도 적지 않았다. 이괄의 반란군은 도성에서 도주하기 직전 80여 명의 양민을 학살했고, 관군이 서울을 접수하면서 처참한 학살이 다시 빚어졌다. 좌의정 윤방尹昉은 인조에게 '적에게 붙었던 백성들 가운데 자신이 처단한 사람만 2백 명'이라고 보고했다. 백성들 가운데는 무고한 사람을 살해하여 '반란군의 머리'라면서 수급을 가져다 바치는 자들도 있었다.

비록 잠깐이었지만 이괄의 반란군이 서울로 들어올 무렵, 또 그들이 서울을 점령하고 있던 동안 도성의 민심은 인조 정권에 몹시 적대적이었다. 당시 강릉참봉康陵參奉으로 재직했던 송갑조宋甲祚가 남긴 《수옹일기睡翁日記》에 따르면 이괄의 반란군이 도성으로 진입하기 이전 민심은 이미 인조 정권으로부터 떠나버린 것처럼 보였다. 이괄 군이 도성에 진입할 경우에 대비하여 영의정 이원익과 우찬성 이귀는 종로에서 의용병을 모집하려고 시도했지만 열흘 동안 응하는 자가 아무도 없었다고 한다. 또 이괄 군이 임진강까지 내려왔다는 소식이 들리자 도성에서는 반란군과 내통하려는 자들이 무기를 들고 백주에 횡행하고 있는 형편이었다. 인조반정으로 몰락했던 광해군 정권의 잔당들뿐 아니라 이런저런 불만을 가진 자들이 이괄의 반란을 계기로 인조 정권에 대해 노골적으로 적대감을 드러냈다. "이괄이 입성했을 때 도성 백성 대부분이 이괄에게 붙었기 때문에 법으로 논하면 다 죽여야 한다"는 이야기가 나올 정도였다.

실제로 도성 백성들은 이괄 군을 맞이하고, 창경궁에 불을 지르고, 내탕內帑(왕의 개인 금고)을 훔치고, 반정공신들의 저택을 점거했다. 인조반정 성공 직후 자살했던 박승종의 노비들은, 인조가 탄 가마가 서울에서 나가자마자 반정공신 김류의 집을 접수했다. 박승종의 며느리는, 역시 반정공신 가운데 실세였던 이귀의 집에 들이닥쳐 문을 봉해버렸다. 반정 성공 직후 김류가 박승종의 저택을, 이귀가 박승종의 아들 박자흥朴自興의 저택을 차지했었는데 그것을 되찾으려고 했던 것이다.

인조 정권에게 등을 돌린 것은 도성의 민심만이 아니었다. 인조가 공주로 파천했음에도 충청도 지역의 민심은 냉랭했다. 당시 연산連山에 머물던 김장생金長生은 이괄의 반란을 진압하기 위한 의병을 모집했다. 하지만 사족들이 김장생의 호소號召에 호응했던 것과 달리 일반 서민들 가운데는 응하는 자가 없었다. 김장생은 그 원인으로 민심이 정권에 원망을 품었기 때문이라고 진단했다.

경상도에서도 비슷한 양상이 빚어졌다. 인조가 공주에 있을 때, 경상감사 민성징閔聖徵은 장계를 올려 '의병을 일으키자는 호소에도 경상도 사민士民들은 관망하려는 행적이 있는 듯하다'고 보고한 바 있다. 또 경상우도에서는 정인홍의 잔당들이, 이괄의 난을 맞아 의병을 일으키려는 움직임을 차단하는 사태가 빚어지기도 했다. 요컨대 이괄의 난이 일어났을 무렵, 인조 정권에 대한 백성들의 민심은 험악했다.

인조는 서울로 돌아온 직후 무신 김응창金應昌과 임박任鎛을 처형했다. 당상관이었던 두 사람은 이괄이 입성했을 때 각각 좌우변 순장巡將이 되어 이괄을 경호하는 데 앞장섰기 때문이다. 무신들만이 아니었다. 문신들 가운데도 이괄의 난을 맞아 심각하게 동요했던 자들이 있었다. 부호군 이안눌李安訥이 대표적인 인물이다. 그는 반란이 진행되고 있던 당시 공조참의 김덕함金德誠과 함께 가도에 파견되어 있었다. 김덕함이 모문룡에게 원군을 청해다가 이괄을 토벌하자고 하자 이안눌은 동의하지 않았다. 얼마 후 '인조가 저자도楮子島로 피난 가고 이괄이 인목대비를 모시고 있다'는 풍문이 들려오자 이안눌은 거침없이 인조에 대해 불경한 말을 내뱉었다. '자전慈殿(인목대비를 지칭)을 모셨다면 또한 우리 임금의 아들일 것이다', '저자도에서 어떻게 모면할 수 있겠는가?' 등 인조는 이미 끝났다는 평가를 내렸다. 이안눌은 그밖에도 "반정 이후 개혁이 지지부진했고 공신들의 운이 좋지 않다"는 등의 이야기를 쏟아냈다.

이괄의 반란군에게 붙었던 백성들을 처리하는 문제는 간단치 않았다. 안현 전투에서 관군이 승리할 기미를 보이자 도성 문을 닫아걸어 반란군에게 타격을 주기도 했지만, 이괄 군에게 붙었던 백성들이 몹시 많았던 상황에서 그들을 어떻게 할 것인지가 초미의 과제로 떠올랐다. 우의정 신흠은 백성들의 '불충不忠'을 불문에 부치자고 했다. 그는 "나라의 형세가 당당할 때는 조정에 문제가 있어도 백성들이 감히 원망하지 못하지만, 쇠약할 때에는 한 가지 잘못만 있어도 원망이 일어나는 법"이라고 했다. 신흠은 당시 현실을 '늙고 병들어 숨이 끊어지기 직전의 급박한 상황'이라고 규정하고 백성들에게 책임을 묻지 말자고 했다. 정경세는 민심을 수습하기 위해 조정 차원에서 반성해야 한다고 주문했다. 그는 '반정 직후부터 조정이 신의를 잃었기 때문에 백성들이 원망한다'고 진단했다.

민심은 쉽사리 안정되지 않았다. 보복이 계속 자행되었기 때문이다. 반란군을 피해 서울을 비운 사이에 피해를 당한 관인이나 사대부들은 환도하자마자 의심나는 대상자들을 포도청에 고발했다. 그 때문에 '포도청의 감옥이 가득 찼다'는 이야기가 나올 정도였다. 아예 대상자들의 집으로 직접 쳐들어가 폭행과 약탈을 감행하는 자들도 있었다.

난이 진압된 지 한 달 정도가 지난 1624년 3월 중순, "장차 큰 변란이 다시 일어날 것"이라는 풍문이 퍼지는 와중에 서울을 떠나는 사람들이 줄을 이었다. 밤에 여염을 돌아다니며 피란하라고 소리치며 선동하는 자들도 나타났다. 조정은 '과거를 불문에 부치겠다'며 민심 수습에 나섰지만 이괄 치하에서 부역했던 사람들의 불안과 의구심은 좀처럼 가시지 않았던 것이다.

'친명'의 질곡 속에 사라진 개혁 의지

정권 보위에 모든 것을 걸다 | '은 먹는 하마'가 나타나다 | 개혁 시도가 흐지부지되다

군량을 마련하는 것이
군사를 뽑는 일보다 훨씬 어렵다.
군사야 위급할 때 뽑을 수 있지만
군량은 결코 갑자기 마련하기 어렵다.
그럼에도 지금 비축된 양식이 없으니
지극히 염려스럽다.

정권 보위에 모든 것을 걸다

우여곡절 끝에 이괄의 난은 진압되었지만 인조 정권은 여러 면에서 한계를 드러냈다. 논공행상의 난맥상 때문에 이괄로 하여금 거병하게 한 것 자체가 심각한 문제였다. 이괄의 반란으로 인조 정권이 구상하고 있던 계획들은 흐트러지고 말았다. 당장 반란을 진압하느라 군사적 역량이 크게 소모되었다. 반정 성공 직후 내세웠던 '후금을 정벌하여 명의 은혜에 보답하겠다'던 호기는 물거품이 되었다.

인조가 서울을 떠난 직후 난민들이 궁궐과 관청에 들이닥쳐 불을 지르고, 공사의 기물들을 약탈했다. 각종 서류와 문서, 양곡 등이 약탈되거나 불에 타버렸다. 각 관청에 보관된 무기류도 대거 약탈되었다. 이원익의 증언에 따르면 "변란을 겪은 이후 군기가 모두 없어졌다"고 한다. 백성들이 훔쳐 간 조총의 수량이 워낙 많아 그것들을 쌀을 주고 도로 사들여야 할 형편이었다.

이 같은 상황에서 후금 정벌을 시도한다는 것 자체가 어불성설이었다. 땅에 떨어진 인조와 조정의 권위를 회복하고 질서를 수습하는 것이 우선이었다.

반란 때문에 놀란 가슴을 쓸어내렸던 반정공신들은 인조에 대한 경호를 강화하기 위해 부심했다. 1624년 3월, 비변사는 인조를 호위하는 병력이 적고 약하다며 외방 출신들 가운데 재주 있고 용맹한 자들을 뽑아 호위에 충당하자고 건의했다. 비변사는 사대장이 거느리고 있는 군관의 수를 4백 명에서 1천 명으로 대폭 늘려야 한다고 촉구했다. 이에 따라 군관들의 수는 늘어났다. 이괄의 반란이 진압된 이후에는 이른바 사대장뿐 아니라 종실과 부마들까지도 다투어 군관을 거느리려고 덤비고 있었다.

인조와 반정공신들은 군관의 수를 늘리면 정권의 안보가 확보될 것이라고 생각했지만 민심은 달랐다. 군관들의 폐해가 적지 않았기 때문이다. "원근의 무사들이 다투어 군관이 되려는 것은 변방으로 배치되는 것을 회피하려는 목적"이라는 지적이 나오고 있었다. 언필칭 '인조 호위'를 강변했지만 평소에는 공신들의 집안일을 건사하고 유사시에는 공신 집안을 호위하고 재물을 운반하는 등 사사로이 부려졌다. 실제로 이괄의 난 당시 피난길에 오른 인조를 호위했던 군관은 몇 명 되지 않았다. 또 군관을 거느리고 있던 신경진은, 나아가서 적을 막으라는 인조의 명령도 무시했다. 그랬음에도 이제 군관의 숫자를 더 늘리자고 하는 판이었다.

군관들의 수를 늘리는 데 대한 비판과 반발은 주로 남인들을 중심으로 터져 나왔다. 1624년 10월, 병조참지 최현崔晛은 '국가가 무사들

을 모아 재정을 허비하면서까지 사실私室을 호위하는 것은 구차하다'
며 혁파해야 한다고 강조했다. 또 다른 남인 정경세의 의견도 마찬가
지였다. 그러자 반정공신 이귀가 다시 발끈했다. 그는 군관 혁파를 운
운하는 최현 등의 목을 쳐야 한다고 강경한 주장을 폈다.

　이괄의 반란을 진압한 뒤 호위를 강화하고 군관을 늘리는 등의 조
처를 취했지만 정국은 쉽게 안정되지 않았다. 1624년 11월에는 광해
군대에 좌의정을 지낸 박홍구 등이 주도한 역모 사건이 터졌다. 박홍
구는 아들과 조카들을 중심으로 불만 세력을 규합하여 광해군을 복위
시키고, 궁극에는 인성군仁城君에게 왕위를 넘긴다는 계획을 세웠다
고 한다. 또 '거사를 일으켜 사대장을 제거하고 인성군을 즉위시킨 뒤
광해군을 통해 명에 책봉을 요청하면 모든 일이 순조롭게 풀릴 것'이
라는 진술이 나왔다. 인성군(1588~1628)은 선조의 일곱 번째 아들로
이름은 공珙이다. 그는 인조가 즉위했던 직후부터 이귀에 의해 '요주
의 종실'로 지목된 바 있다.

　이괄의 반란이 남긴 후유증이 채 가시기도 전에 또 다른 역모 사건
이 터지자 인조와 반정공신들은 경악했다. 평정심을 잃을 수밖에 없
었다. 그 과정에서 정문부鄭文孚와 같은 무고한 인물이 희생되었다. 정
문부는 스스로 혐의를 완강히 부인했던 데다, 사건 주모자들의 심문
과정에서도 '정문부는 거사에 가담하라는 권유를 거부했다'는 사실이
밝혀졌다. 하지만 그는 형장을 받고 운명하고 말았다. 주지하듯이 정
문부는 임진왜란 당시 북관대첩北關大捷을 통해 함경도를 지켜낸 영웅
이었다.

　주목되는 것은 '박홍구 사건' 자체가 기찰을 통해 발각되었다는 사

정문부鄭文孚 장군묘

경기도 의정부에 있는 정문부(1565~1624)의 묘.
임진왜란 당시 북평사였던 그는 함경도 일대가 가토 기요마사가 이끄는 일본군에게 유린되자
의병을 일으켜 수복했다. 후에 무고함이 인정되어 좌찬성에 추증되었다.
자료제공처: 한국학중앙연구원.

실이다. 당초에 장만이 역모의 단서를 포착한 뒤 부하 남이흥에게 기찰을 지시했고, 남이흥은 의심 대상자들에게 접근하여 역모에 가담하는 척 하면서 실정을 알아냈던 것이다. 결과적으로 인조나 반정공신들은 '박홍구 사건'을 계기로 기찰의 효용성을 새삼 절감하게 되었다. 당연히 기찰을 중지하고 군관의 수를 늘리지 말라는 주장에는 귀를 막을 수밖에 없었다.

이 같은 분위기에서 인조를 호위하고 반정공신들의 권력을 지키기 위한 조바심은 더욱 커졌다. 이괄의 반란이 일어나기 직전인 1624년 1월, 이귀는 인조에 대한 호위를 강화한다는 명목으로 어영군御營軍을 새로 창설했다. 애초 260명 정도였던 어영군은 인조가 공주로 파천한 이후 인근에서 뽑은 병력들이 추가되어 1천 명 규모로 확대된다. 또 이괄의 난의 경험에서 드러났듯이 유사시 서울을 버리고 떠날 경우를 상정하고 경기도 일원의 군사들을 정비하는 데도 착수했다. 이서가 주도적으로 정비했던 경기 지역의 병력은 총융군摠戎軍이라 불렸고, 이후 총융청摠戎廳이 설치되는 기반이 되었다.

이서 등은 또한 남한산성과 강화도를 유사시의 국왕 피신처이자 전략적 거점으로 정비하려고 시도한다. 즉 적군이 침입할 경우 국왕은 훈련도감군과 어영군을 거느리고 강화도로, 세자는 총융군을 이끌고 남한산성으로 들어간 뒤 증원군을 받아들여 항전한다는 계획이었다. 이서는 총융사摠戎使로서 장단, 양주, 수원, 광주 등지의 병력으로써 총융청 군사를 확보했고 1624년 3월 이후에는 남한산성의 축성도 주도했다. 남한산성은 1626년 8월 준공되었는데, 역시 이괄의 난 이후 정비되었던 강화도와 함께 수도권 방어의 두 축이 되었다.

이괄의 난 이후 인조와 반정공신들은 어영군과 총융군을 창설하고 남한산성과 강화도를 정비하는 데 온 신경을 기울였다. 하지만 도성과 수도권 방어에만 치중하는 와중에 적의 주요 침입로인 평안도와 황해도 일대의 방어는 몹시 소홀해질 수밖에 없었다. 요컨대 이괄의 난 이후 인조와 반정공신들은 '정권 안보'의 기반을 마련하는 데는 성공했지만 '국가 안보'의 기반은 제대로 마련하지 못한 상황에서 정묘호란과 병자호란을 맞게 된다. 그것은 분명 당시 국가의 안위를 책임지고 있던 그들의 한계일 수밖에 없었다.

1625년(인조 3) 4월 18일, 인조는 반정공신들을 경덕궁 융정전隆政殿으로 불러모았다. 그들과 더불어 회맹연會盟宴을 열기 위해서였다. 회맹연이란 임금과 공신들이 한자리에 모여 권력을 영원히 향유할 것을 축원한 뒤 임금에게는 충성을, 공신에게는 보호를 맹세하는 의식과 잔치를 말한다. 술이 세 순배를 돌자 인조는 승지를 시켜 융정전 뜰에 도열한 공신들에게 교시문을 읽어 주었다.

경들이 아니었더라면 윤기倫紀가 사라지고 종사가 전복되었을 것이니, 경들의 공은 고금에 없는 것이다. 회맹의 예가 이루어졌으나 보답할 것이 없다. 원컨대 경들과 함께 어려운 시기를 함께 극복하고 기쁨과 슬픔을 함께 하고자 한다. 군신 사이에 서로 그 도리를 다하여 사욕을 극복하고 지극한 다스림을 이룩하기를 도모하리라. 곤경에 처했을 때를 생각하니, 오늘이 어찌 이리도 행복한지 모르겠다. 각기 주량을 다하여 술잔을 사양하지 말라.

'윤기를 무너뜨린' 광해군 정권을 타도하고 종사를 되살렸다는 자부심과 이괄의 난 때문에 빼앗길 뻔했던 정권을 되찾은 기쁨은 컸다. 그뿐만이 아니었다. 2년 이상이나 시간을 끌며 자신에 대한 승인을 미루던 명 황제가 보낸 책봉 사신들도 조선을 향해 오고 있는 중이었다. 인조의 마음은 들뜨고 뿌듯할 수밖에 없었다. 그러니 어찌 '술잔을 사양하지 말고 취하도록 마셔보자'는 구호가 나오지 않을 수 있겠는가?

잔치는 22일에도 계속되었다. 이번에는 인조반정을 주도한 정사공신들과 이괄의 반란을 진압하는 데 공을 세운 진무공신振武功臣들에게 베푼 분축연分軸宴이었다. 분축연이란 공신들에게 비단 위에 쓴 공신교서敎書를 나눠주는 의식을 거행한 뒤 베푸는 잔치를 말한다. 언관들은 '바쁜 농사철에 천재지변이 겹치고, 명 사신도 오고 있어서 민원이 높은 와중에 분축연까지 벌이는 것은 지나치다'며 중지하라고 목소리를 높였다. 그러자 이귀는 "당연히 해야 할 예식을 막으려 드는 대간들의 입을 깨뜨려 버리지 못한 것이 한"이라고 섬뜩한 독설을 퍼부었다.

인조와 반정공신들이 회맹연과 분축연을 열어 '정권의 무궁한 앞날'을 축원한 지 겨우 2개월이 지난 1625년(인조 3) 6월, 도성에는 상시가傷時歌라는 노래가 떠돌고 있었다.

아, 너희 훈신들이여	嗟爾勳臣
잘난 척하지 말라	毋庸自誇
그들의 집에 살고	爰處其室
그들의 토지를 차지하고	乃占其田
그들의 말을 타며	且乘其馬

또 다시 그들의 일을 행하니	又行其事
너희들과 그들이	爾與其人
돌아보건대 무엇이 다른가	顧何異哉

'상시가'란 '시절을 한탄하는 노래'라는 뜻이다. 인조반정을 주도했던 훈신들의 행태가 과거 광해군 정권의 실세들이 보였던 그것과 전혀 다르지 않음을 통탄하는 내용이다.

정권이 바뀌면 과거와는 확 달라진 모습을 기대하는 것이 인지상정이다. 실제 광해군의 '난정'에 절망했던 사람들은 새 정권의 출범에 기대를 걸었다. 인조와 서인 공신들 또한 집권 직후에는 '광해군대의 폐정을 바로잡겠다'는 구호를 거창하게 내세웠다. 하지만 집권 이후 피부에 와 닿는 변화가 보이지 않았다. 특히 공신들은 폐정을 바로잡기는커녕 광해군대에 자행되었던 비리를 반복했다. 정권의 실세였던 김류와 이귀가 박승종 부자의 저택을 '불하 받은' 것에서 드러나듯이 공신들의 탐욕스러운 처신은 사람들을 실망시켰다. 반정 성공 직후 '과거 청산'과 '개혁'을 표방했지만 이괄의 난을 계기로 '개혁'의 구호마저 희미해졌다. 인조와 반정공신들은 오로지 '정권 보위'에만 몰두하는 모습을 보였다. 그 과정에서 인조 정권을 바라보는 민심은 차가웠다. '다만 주인이 바뀌었을 뿐 달라진 것은 없다'라는 상시가의 내용은 인조와 훈신들로서는 뜨끔할 수밖에 없는 냉소적인 민심의 표현이었다.

1625년 2월, 인조를 책봉하기 위해 명나라 사신 두 사람이 조선을 향해 오고 있다는 소식이 전해졌다. 인조 정권이 고대하고 고대했던 낭보였다. 그동안 명 조정은 차일피일 책봉을 미루면서 인조와 반정공신들의 속을 태웠다. 인조 정권은 명으로부터 정식으로 책봉을 받지 못한 상태에서 이괄의 난까지 겪었다. 만일 당시 이괄이 도성을 계속 장악한 채, 자신이 추대했던 흥안군을 새 국왕으로 책봉해달라고 명에 요청했으면 어떻게 되었을까? 명 조정은 필경 인조 정권이나 '흥안군 정권' 모두를 비정상적인 것으로 여겨, 어떤 정권을 승인할지 고민할 수밖에 없었을 것이다. 아무튼 책봉을 받지 못한 데다 이괄의 난까지 겹쳐 절체절명의 위기에 처했던 인조 정권은 책봉사 일행이 오고 있다는 소식에 몹시 고무되었다.

하지만 기쁨도 잠시뿐, 책봉사 일행을 접대하는 문제 때문에 고민해야 했다. 더욱이 책봉사로 오는 환관 왕민정과 호양보는 '대단한' 인물들이었다. 두 환관은, 당시 명 조정을 사실상 주무르고 있던 환관의 수괴 위충현魏忠賢에게 뇌물을 바치고 조선행을 자원한 자들이었다. 조선에 가겠다고 나선 것은 은과 인삼을 뇌물로 받아 한 밑천 단단히 챙기려는 욕심 때문이었다. 왕민정은 부모의 상중임에도 불구하고 조선행을 강행했다.

1602년(선조 35)에 왔던 고천준顧天埈이 처음으로 관행을 만든 이래, 조선에 왔던 명 사신들은 수만 냥의 은화를 뇌물로 받아 갔다. 1608년 임해군을 면담하러 왔던 엄일괴嚴一魁, 1609년 광해군을 책봉하러 왔던 유용劉用, 1610년 왕세자를 책봉하러 왔던 염등冉登, 1621년 희종의 즉위 사실을 알리러 왔던 유홍훈劉鴻訓, 1622년 조선에 원병을 요청하러 왔던 양지원梁之垣 등이 모두 그러했다. 임진왜란을 계기로 명이 조선의 '은인'으로 떠오른 데다 광해군의 왕권을 확립하기 위해 명의 승인이 절실했던 상황, 또 명과 후금 사이의 전쟁에 휘말리지 않기 위해 명사들을 회유하는 것이 필요했던 현실 등이 맞물려 다량의 은을 뇌물로 주는 일이 관행이 되었다. '선배' 사신들의 활약상(?)을 모를 리 없던 왕민정 등은 위충현에게 수만 냥의 은을 바쳐 책봉사 자리를 거머쥐었던 것이다.

조선은 바짝 긴장했다. 1625년 2월, 호조는 책봉사 접대에 필요한 은과 인삼의 수량을 각각 10만 냥과 수천 근으로 추산했다. 그리고 그것을 마련하기 위해 각도의 토지에서 매 4결마다 베 1필씩을 거둔다는 대책을 내놓았다. 백성들에게 커다란 고통이 돌아가는 조처였지만, 그것만으로는 부족했다. 호조는 모문룡에게 은 3~4만 냥을 빌리되 나중에 미곡과 인삼으로 상환한다는 계획을 마련했다. 명 사신 접대를 위해 명 장수에게서 은을 빌려야 하는 황당한 상황이 빚어졌다. 그 밖에 조정의 신료, 도성의 주민, 부자들에게도 은을 거둔다는 대책을 제시했다.

조선 조정이 은과 인삼을 마련하기 위해 대책 회의를 거듭하고 있던 와중에 왕민정 등은 개성에 머무는 동안에만 1만 2천 냥의 은을 챙겼다. 1625년 6월 3일, 왕민정 등이 마침내 입경했다. 희종황제는 그들에게 들려 보낸 칙서에서 인조를 조선 국왕으로 책봉한다는 사실을 반포했다.

영은문迎恩門

명 사신들을 맞이하기 위해 모화관慕華館 근처에 세웠던 영은문의 모습.
'은혜를 맞이한다'는 이름에서 드러나듯이 명 사신에 대한 접대는 국가적인 대사였다.

조선의 국사를 처리하는 이종李倧에게 유시하노라. 소경왕비 김씨가, 너의 숙부 이혼이 부덕하여 스스로 나라를 절멸했는데 신민들의 마음과 윤서倫序의 순서가 실로 너 이종에게 있다고 주본을 올렸고, 총병관 모문룡이 거듭 대신 청하였기에 이에 특별히 태감 왕민정과 호양보 등에게 조칙을 보내 너희 나라 사람들에게 보이고 너를 봉하여 조선 국왕으로, 또 너의 처 한씨를 봉하여 왕비로 삼는다. 특별히 너와 너의 비에게 고명誥命과 면복冕服, 관冠과 채폐綵幣 등을 내려주노라. 왕은 공경히 받아들여 짐의 명을 어기지 말지어다.

위의 칙서가 내려지기 전까지 명에서 인조를 부르는 호칭은 '서조선국사署朝鮮國事'였다. '임시로 조선의 국사를 담당하는 사람'이라는 뜻이다. 이제 칙서를 받음으로써 인조는 비로소 '조선 국왕'이 되었다. 그런데 칙서는 인조를 국왕으로 책봉하는 과정에서 '모문룡이 거듭 청했다'는 사실을 특별히 밝히고 있다. 뿐만 아니라 황제는 함께 보낸 조서詔書와 고문誥文에서 인조에게 '조공을 잘 바치고 모문룡과 힘을 합쳐 오랑캐를 토벌하라'고 당부하는 것을 잊지 않았다.

조칙 반포를 마치자 왕민정과 호양보는 본격적으로 '활약'하기 시작했다. 책봉을 받은 뒤 인조는 남별궁南別宮으로 찾아가 왕민정 등에게 잔치를 베풀었다. 인조는 "모문룡이 조선에 들어온 이후 호령이 엄하고 위풍당당하여 오랑캐가 감히 범접하지 못하고 있다"며 모문룡을 찬양했다. 하지만 사신들은 모문룡 관련 이야기에는 관심이 없었다. 호양보는 인조가 준 예단이 적다며 성을 벌컥 냈다. 그러면서 돌아가겠다며 으름장을 놓았다. 인조는 만류하며 매달렸다. 왕민정 등은 결국 6월 4일부터 7일까지 매일 은 1만 냥과 인삼 200근씩을 챙겼다. 또 반대급부로 은과 인삼을 받아내기 위해 인조와 세자에게 예단을 보내왔다. 6월 12일에는 인조의 방문에 대한 답방이라는 명목으로 인조를 찾아왔다. 인조가 잔치를 베풀자 왕민정 등은 빨리 끝내라고 재촉하며 대신 보검을 달라고 요구했다.

왕민정과 호양보는 사상 최악의 약탈자들이었다. 서울에 머물 때 은 5천 냥을 내놓고 인삼 500근을 요구했다. 당시 명에서는 은보다 인삼이 더 고가품으로 대접받고 있었기 때문이다. 접대 책임자인 심열은 인삼을 취급하는 상인이 많은 개성에서 바꿔주도록 조처했다. 결국 피해는 개성 주민들에게 전가되었다. 개성유수 민성징은 인삼의 수량을 채우기 위해 가가호호마다 강제로 징수했다. 거부하는 주민들은 체포했다. 그 결과 "개성의 감옥이 가득 차 버렸다"는 이야기가 나올 정도였다. 왕민정 등은 개성에서 인삼 500근을 챙긴 다음 '손님 접대의 예절'을 들먹이며 인삼 값으로 내놓았던 은 5천 냥을 다시 회수했다. 개성 주민들은 "중원에 이 같은 대도大盜가 있을 줄은 몰랐다"며 울부짖었다. 목을 매 스스로 목숨을 끊는 주민까지 나타났다.

왕민정 등은 물을 건널 때 다리가 없으면 '무교가無橋價'라는 명목으로 은을 챙기고, 잡다한 물자를 내놓고는 그 대가로 은을 요구했다. 만일 조선의 수령이나 백성들이 자신들의 요구에 제대로 응하지 않을 경우, 수행원들을 시켜 수령과 백성들을 난타했다. 책봉사 일행이 지나가는 고을은 일시에 쑥대밭이 될 수밖에 없었다. 왕민정과 호양보는 결국 조선에서 16만 냥 가까운 은과 수천 근의 인삼을 챙겼다. 서울에서 챙긴 은이 10만 7천 냥, 인삼이 2천 1백 근이었다. 그리고 황해도에서 2만 냥, 평안도에서 2만 8천여 냥을 수탈했다.

왕민정과 호양보, 두 명나라 사신이 다녀가면서 조선의 재정은 그야말로 초토화되었다. 1626년 2월 24일의 보고에 따르면, 당시 호조 창고에는 은 2만 냥, 인삼 1백 근 정도가 남아 있을 뿐이었다. 호조는 재정이 고갈된 현실을 들어 경상도와 전라도의 해방海防을 잠시 중단하자고 건의했다. 해방이란 일본의 침략에 대비하여 수군을 배치, 운용하는 것을 말한다. 결국 인조 정권은 일본에 대한 해방을 포기하면서까지 명의 책봉사 접대에 매달렸던 셈이 된다. 1626년 인조는 "작년 태감들이 사신으로 와서 온 나라가 비로 쓴 것과 같았다"고 통탄했다. 요컨대 '은 먹는 하마'이자 '최악의 약탈자'들에게 순순히 은과 인삼을 내주어야 했던 것은 인조대 조선이 안고 있던 '친명의 질곡'이었던 셈이다.

개혁 시도가 흐지부지되다

인조 정권은 '광해군대의 난정亂政을 바로 잡겠다'며 등장했다. '난정'은 크게 세 가지였다. 첫째 '광해군이 모후를 폐하고 아우를 죽임으로써 패륜을 자행했다'는 것, 둘째 '궁궐 건설 등 과도한 토목공사를 벌여 재정을 고갈시키고 민생을 도탄에 빠뜨렸다'는 것, 셋째 '오랑캐 후금과 화친하여 명나라의 은혜를 배신했다'는 것 등이 그것이다. 따라서 집권 직후 인조 정권은 위의 세 가지 개혁 과제를 해결하는 데 착수해야만 했다.

첫째 과제는 비교적 어렵지 않았다. 광해군을 폐위시키고, 폐모론을 주도했던 대북파 신료들을 처형하거나 축출하는 인적 청산를 통해 어느 정도 해결할 수 있었다. 문제는 둘째와 셋째 과제였다. '도탄에 빠지고 위기에 처한 민생을 살리고[安民]', '명의 은혜를 갚기 위해 후금을 정벌하는[討賊]' 과제는 쉽지 않았다. 당장 재정 문제가 걸림돌이 될 수밖에 없었다. 그것은 1623년 4월 25일, 경연 자리에서 인조와 호조판서 이서가 나누었던 다음 대화를 통해 엿볼 수 있다.

상이 말하기를 "지금 당면한 대사는 두 가지가 있는데 모두 실효를 보지 못하고 있다. 백성을 구휼하는 일로 말하면 실질적인 생각이 아직 미덥지 못하고, 적을 토벌하는 문제로 말하면 군정軍政이 형편없으니, 지극히 한심스럽다. 그리고 군량을 마련하는 일이 더욱 급한 일인데 호조의 1년 경비를 계산하고 남는 것은 얼마나 되는가?" 호조판서 이서가 아뢰기를 "1년 경비가 11만 석인데 수납한 것은 10만 석입니다. 경비로 쓰기에도 오히려 부족한데, 무슨 남는 것이 있어서 군수軍需에 보충하겠습니까?" 상이 이르기를 "군량을 마련하는 것이 군사를 뽑는 일보다 훨씬 어렵다. 군사야 위급할 때 뽑을 수 있지만 군량은 결코 갑자기 마련하기 어렵다. 그럼에도 지금 비축된 양식이 없으니 지극히 염려스럽다"고 했다.

백성을 구휼하는 '안민安民'의 과제가 만만치 않은 상황에서 후금을 토벌하는 '토적'의 과제 또한 형편없는 군정과 재정 때문에 여의치 않은 현실에 대한 고민이 드러나 있다.

어쨌든 인조 정권은 집권 직후 광해군대 폐모 논의 등에 가담했던

'난신적자'들을 숙청했다. 또 대규모로 벌였던 궁궐 공사 등에 필요한 재원과 물자를 조달하는 과정에서 사족과 백성들을 침학했던 조도사調度使들을 처형했다. 조도사란 임시로 파견된 어사御使를 가리킨다. 아울러 광해군대 난립했던 각종 도감都監(임시 기구)들을 철폐하고, 재성청裁省廳을 설치하는 등 개혁적인 모습을 보였다.

재성청을 설치한 것은 대동법大同法을 실시하겠다는 의지의 표현이었다. '재성裁省'이란 백성들에게 과도하게 부과된 세금 부담을 '살펴서 덜어 낸다'는 뜻이다. 당시 백성들은 토지에 부과되는 세금을 쌀로 납부하고, 군역軍役과 요역徭役을 자신의 노동력으로 충당하고, 왕실과 중앙 정부와 지방 관청에서 필요로 하는 각종 물자[貢物]들을 현물로 납부할 의무를 지고 있었다. 그 가운데 백성들이 가장 부담스러워했던 것은 공물이었다. 토지세[田租]는 납부하는 횟수가 정해져 있지만, 공물은 필요할 때마다 수시로 부과되는 경우가 많았기 때문이다. 대동법이란 공물을 현물이 아닌 쌀로 바꾸어 내되, 그 납부 횟수와 수량을 제한함으로써 백성들의 부담을 덜어주려는 획기적인 개혁안이었다. 최근에 나온 탁월한 연구에 따르면 대동법의 실시를 통해 조선 후기 백성들은 이전보다 약 80퍼센트의 세금을 절감할 수 있게 되었다고 한다.

대동법은 광해군 즉위 직후 선혜지법宣惠之法이라는 이름으로 처음 실시되었다. 하지만 그것은 실시 지역이 경기도에만 한정된 불완전한 것이었다. 그리고 시간이 지남에 따라 이런저런 반대에 밀려 제대로 시행되지 못하는 형편이었다.

인조반정 직후 호조는 대동법을 실시하자고 주장했다. 강원도, 충청도, 전라도에서 실시하되 봄가을로 토지 1결結당 10말씩 쌀을 거두면 60만 석의 재원을 확보할 수 있다는 청사진을 제시했다. 이원익, 조익趙翼 등이 대동법의 필요성을 역설했고 조정은 1623년 9월 삼도대동청三道大同廳을 설치했다. 바야흐로 인조 정권의 '개혁 표방'이 실현되려는 순간이었다.

하지만 쉽지 않았다. 대동미를 운반하는 조운선이 자주 침몰했던 것, 충청도와 전라도 백성들이 쌀을 납부하는 과정에서 운반 비용이 많이 들어가는 것 등이 문제로 지적되었다. 또 대동미 부과의 기준이 되는 토지 결수結數에 대한 정확한 파악이 이루어지지 않아 지역에 따라, 계층에 따라 부담이 불균등할 수밖에 없었다. 그런데 중앙정부에 바치는 공물은 대동미를 납부함으로써 해결되었지만, 왕실 등에서 요구하는 진상進上 물자, 지방 관청에서 필요한 물자 등은 별도로 다시 현물로 거두는 상황이 빚어졌다. 대동법 실시의 본래 취지로 보면 중앙 관청에 납부할 공물, 왕실에 납부할 진상품, 지방 관청에 납부할 공물 등의 부담이 대동미를 두 차례 납부함으로써 완전히 해소되어야 정상이었다. 하지만 실시 초기에 대동미 징수액을 산정할 때 왕실 진상물과 지방 관청 공물로 충당할 비용을 누락시키는 실수가 나타났다. 누락되어버린 왕실과 지방 관청의 공물 비용을 나중에 추가로 징수하게 되자 백성들은 이중 부담으로 받아들일 수밖에 없었다.

당연히 불만이 터져나왔다. 김장생은 1624년 상소를 통해 대동법을 삼남까지 확대해서 실시하려면 먼저 양전量田(토지 조사)부터 해야 한다고 주장했다. 임진왜란 이후 양전을 하지 못한 상황에서 숨겨진 토지, 과세 대상에서 누락된 토지부터 찾아내는 것이 절실하다는 것이

대동법시행기념비大同法施行記念碑 탁본拓本

인조는 반정 후 재성청과 삼도대동청의 설치를 통해 대동법을 확대 실시하려는 개혁적인 모습을 보인다.
그러나 대동미를 운반하는 조운선의 잦은 침몰, 과도한 운반 비용, 대동미 부과 기준이 되는
토지 결수 파악의 부정확성 등으로 인해 결국 무산되고 만다. 사진은 대동법 시행의 성과를 기리기 위해
1659년(효종 10)에 건립된 기념비(경기도 평택시 소재) 탁본.

다. 토지에 대한 정확한 파악이 없이는 세 부담이 불균등할 수밖에 없다는 우려를 제기했다.

대동법을 실시하는 것이 여의치 않았던 와중에 1624년 이괄의 난까지 일어나자 상황은 더 악화되었다. 반란이 겨우 진압되어 뒤숭숭한 분위기에서 우선 과제는 민심을 수습하는 것이었다. 1624년 8월, 삼도대동청은 대동법을 다시 실시하자고 건의했지만, 각계각층에서 다양한 불만들이 제기되었다. 무엇보다 지방 관청이 필요로 하는 공물을 대동미와 별도로 거두는 관행이 여전해서 하층민들의 불만이 그치지 않았다. 조정은 1625년 2월, 강원도를 제외한 충청도와 전라도의 대동법을 결국 폐지했다.

대동법의 확대 실시가 무산된 이후, 재정과 병력 확보를 위해 어떤 정책을 먼저 실시할지를 놓고 다시 논란이 벌어진다. 문제가 된 정책은 호패법號牌法, 군적軍籍 정리, 양전 등이었다. 호패법 실시는 오늘날로 치면 '주민등록 일제 정리 사업'이라고 할 수 있다. 자신의 본래의 신분을 속이고 사는 자, 각지를 떠돌며 신역身役을 회피하는 자들을 색출하여 신분 질서를 바로잡고 역을 부과하기 위한 사업이었다. 군적 정리란 군인으로 징발할 대상자들의 신상이 기록된 병적兵籍을 재점검하는 것을 가리킨다. 두 사업 모두 '토적'을 위해서는 절실한 과제였다. 이귀와 윤방 등은 호패법을, 병조판서 서성徐渻 등은 군적 정리를, 호조판서 심열 등은 양전을 먼저 실시해야 한다고 주장했다. 나머지 고위 신료들도 정책의 우선 순위를 놓고 갑론을박을 거듭했다. 인조가 '교통정리'를 해 주어야 했지만 그는 대신들에게 공을 넘겼다. 반면 의견이 갈린 대신들은 인조에게 속히 결단하라고 촉구했다. 군신君

臣들 모두 어느 것을 먼저 실시할지 확신이 서지 않았기 때문이다.

이귀는 군적 정리와 관련된 부작용을 경고했다. 군적 정리를 통해 그 동안 역이 없었다는 사실이 발각된 사람들은 분명 도망칠 것이라고 했다. 그는 백성들을 휴식시켜 다독이려면 군적 정리와 양전을 정지하고 몇 년을 기다려야 한다고 했다. 또 호패법을 시행하지 않은 채 군적 정리와 양전을 병행하면 나라가 결딴날 것이라고 주장했다.

서성 등은 기존 군적의 문제점을 거론했다. 군적에 이름만 올라 있을 뿐 이미 죽었거나 도망친 자들이 많다는 것이다. 따라서 군적을 정리해야만 병력을 확보하여 변방에 투입하고, 궁궐을 호위할 수 있다고 했다.

인조는 군적을 먼저 정리하자는 의견에 동조하면서 호패법 실시에는 부정적인 자세를 보였다. 그는 당시를 '백성들이 일정한 산업이 없어 정착하지 않고 떠돌 가능성이 아주 높은 때'라고 규정했다. 이원익, 조익, 김장생 등의 의견도 비슷했다. 임진왜란 이후 상당수 도망 노비들이 신분을 속이고 양인으로 살아가고 있는데 호패법을 실시하면 노비 주인들 사이에 다툼이 생기고 도망자들이 속출하여 결국 국가의 근간인 양인의 수가 줄어들 것이라고 우려했다. 인조는 또한 호패법을 엄격히 시행할 경우 민심이 동요하고 소요가 일어날 것이라고 했다. 이괄의 난에서 비롯된 민심의 동요를 목도하면서 백성들의 동향에 대한 우려가 커졌던 것이다.

논란 끝에 조정은 호패법을 먼저 실시하기로 결정했다. 호패법 시행을 위한 기구로 호패청號牌廳을 설치하고 이서와 최명길을 당상堂上(책임자)으로 임명하여 업무를 주관하도록 했다. 하지만 호패법이 제대로 시행되기도 전인 1627년 정묘호란이 일어난다. 후금군이 남하하면서 강화도로 피신해야 했던 인조는 호패 성책成册을 소각하라고 지시한다. 종사가 위기에 처한 상황에서 민심을 수습하는 것이 급했기 때문이다. 결국 호패법 또한 무위로 돌아가고 만다.

대동법, 군적 정리, 호패법 등이 모두 별다른 성과 없이 중간에 무위로 끝난 것에서 알 수 있듯이 인조 정권의 재정 확보와 국방 강화를 위한 방책은 처음부터 난관에 부딪힌다. 무엇보다 이 같은 개혁 정책들을 시행하기 위해 백성들을 밀어붙이는 것이 여의치 않았다. 임진왜란과 광해군대의 '난정'이 남긴 부정적인 유산의 청산을 표방하며 '개혁'을 내세웠지만 쉽지 않았던 것이다.

무엇보다 반정을 통해 정권이 바뀐 이후의 불안정한 민심을 채 수습하지 못한 상태에서 이괄의 난을 겪은 것이 자충수였다. 실제로 대동청, 재성청 등에 보관된 문서는 이괄의 난을 계기로 대부분 사라져버렸다. 거기에 정권이 바뀌고, 새로 등장한 정권이 또 다시 바뀔 뻔하는 격변을 겪으면서 민심은 크게 동요했고, 그 와중에 권력을 지키는 것이 다급해진 인조 정권은 개혁을 밀어붙일 수 있는 동력을 상실하고 말았다. 거기에 명나라 사신들의 어마어마한 은 징색, 가도 모문룡 진영의 항상적인 양곡 수탈까지 더해지면서 '토적'을 위한 군사력 증강 계획은 근본부터 흔들릴 수밖에 없었다.

모문룡에게 코가 꿰이다

모문룡, 조선의 '갑甲'이 되다 | 날로 심해지는 '은인'의 작폐 | '밀수 왕초', '해외천자'의 사기 행각

그들을 접대하는 등의 일은
우선 한결같이 전례에 따라 하고,
이후 문답에 관한 모든 일은
일일이 모장毛將에게 알려
결코 숨기지 말아야 합니다.

모문룡, 조선의 '갑甲'이 되다

인조반정 성공 직후 새 정권이 내세웠던 대외정책의 성격은 '친명배금親明排金'
이었다. 그런데 인조 정권은 '친명'은 실천했지만 '배금'은 쉽게 실천할 수 없
었다. '배금'을 실천하려 할 경우 후금과의 군사적 충돌 가능성이 높아지고, 조
선의 존망까지 걸어야 했기 때문이다. 후금과 섣불리 군사적 대결을 벌이다가
는 어렵사리 잡은 정권을 날릴 수도 있었다. 이 때문에 명과 모문룡을 의식하
여 '오랑캐를 토벌하겠다'고 공언하는 등 '배금'을 내세웠지만, 실제로 반정 이
후 조선이 자발적이고 주도적으로 후금에 대해 군사적 행동을 취한 적은 없었
다. 인조 정권의 그 같은 속내는 1623년 3월 27일, 비변사가 인조에게 건의했
던 대외정책 속에 이미 드러나 있었다.

오늘날은 혁명의 초기라서 경황이 없으나 서쪽 변방의 일은 급히 대책을 마련하지 않을 수 없습니다. 저 적(후금)이 만약 국경을 넘어와 말을 건다면 우리는 마땅히 "양국 사이에는 일찍이 원한이 없었다. 너희와 우리는 서로의 국경을 함부로 넘어 해를 끼치지 말고 각각의 강토를 지키는 것이 기하다. 너희들이 만약 군사를 일으켜 쳐들어온다면 우리 또한 무력으로 맞설 수밖에 없다. 중국 장수들이 우리 국경을 왕래하고 요동 주민들이 넘어와 중국 장수에게 몸을 맡기는 것은 모두 우리나라의 지휘를 받는 것이 아니니, 너희는 이것으로써 꼬투리를 잡아서는 안 된다"고 답하여 보내야 합니다. 그들을 접대하는 등의 일은 우선 한결같이 전례에 따라 하고, 이후 문답에 관한 모든 일은 일일이 모장毛將에게 알려 결코 숨기지 말아야 합니다.

당시 비변사를 실질적으로 이끌었던 주체가 반정공신들이었다고 볼 때, 위의 건의는 인조 정권이 취한 대후금정책의 기조를 웅변하는 내용이라고 할 수 있다. 그것은 기본적으로 후금과 원한을 맺지 않으려는 '현상유지책'이었다.

애초 정책의 기조가 위와 같았던 데다 1624년 이괄의 난까지 겪었던 터라 인조 정권은 후금과 군사적 대결을 벌일 의지나 여유가 없었다. 흐트러진 내정을 추슬러 집권 기반을 다지기에도 급급했기 때문이다. 그렇다면 조선이 1627년 후금으로부터 정묘호란이라는 침략을 당하게 된 까닭은 무엇인가? 그것은 거의 전적으로 모문룡과의 관계 때문이었다.

모문룡은 1621년부터 '요동 수복'을 표방하며 명군 병력을 이끌고 조선의 가도와 철산 일대에 주둔하고 있었다. 조선에서는 모문룡 휘하의 명군들을 모병毛兵이라 불렀는데, 오늘날의 감각으로 표현하자

〈선사진지도宣沙鎭地圖〉

철산 지도의 하단 왼편에 보이는 가도는 조선과 명, 그리고 후금 사이에 위치한 전략 요충이었다.
모문룡은 이곳에 군사 기지를 설치하고 8년 동안 자신만의 '해방구' 를 건설하여 갖은 영화를 누렸다.
소장처: 서울대학교 규장각.

면 그들은 '주한 명군'이었다. 그런데 일개 섬을 거점으로 얼마 되지 않는 병력으로써 막강한 후금과 싸워 요동을 수복하는 것은 사실상 불가능했다. 그럼에도 불구하고 명은 가도를 매우 중시했다. 후금과 조선을 견제하는 전략적 거점으로 보았기 때문이다. 명나라 장수 주문욱周文郁은 일찍이 《변사소기邊事小記》에서 가도와 모병의 전략적 가치를 다음과 같이 평가한 바 있다.

> 조선은 비록 약하지만 우리의 울타리다. 우리를 도와 오랑캐를 제압하기에는 부족하지만, 우리를 배반하여 오랑캐에게 보탬이 되기에는 충분하다. 그러므로 조선을 포기해서는 안 된다. 근래 요동의 육로가 끊어졌음에도 조선이 조공을 멈추지 않는 것은 철산에 명군이 있어 그들의 반역하려는 마음을 견제하기 때문이다.

주문욱은 가도와 철산 일대에 주둔하고 있던 모병을, 조선이 명을 배반하거나 후금으로 기울어지지 못하도록 견제하는 수단으로 보고 있다.

1623년 이래 조선에서 인조반정과 이괄의 난 등이 잇따라 발생했던 것은 이 같은 인식을 갖고 있던 명에게는 '행운'이었다. 원래 조선에서 왕위가 교체될 때, 명은 별다른 문제 제기 없이 새 국왕을 승인해 주는 것이 관행이었다. 그런데 당시는 달랐다. 왕위 교체가 비정상적인 '반정'에 의해 이루어졌다. 뿐만 아니라 '반정'으로 들어선 인조 정권은 명으로부터 정식으로 승인(책봉)을 받기도 전에 반란에 직면했다. 어렵게 잡은 정권을 '반란' 때문에 잃어버릴 위기에 처해 있었다.

이 같은 절체절명의 상황에서 명이 인조를 책봉할 것인지, 아니면 이괄이 추대한 자를 책봉할 것인지의 여부는 결정적으로 중요했다. 이제 명의 책봉은 과거처럼 당연한 '관행'이 아니라 커다란 '은혜'로 치부될 수 있었다. 명은 '반정'과 '반란'을 계기로 인조에 대한 책봉을, 조선을 길들이는 결정적인 '카드'로 활용할 수 있게 되었다. 그리고 명 조정은 그 '카드'를 모문룡에게 넘겨준다. 이에 따라 모문룡은 인조의 책봉을 이끌어낸 '은인'으로서 군림한다.

실제로 인조 정권의 모문룡에 대한 대접은 극진했다. 그가 보낸 차관差官들을 융숭하게 대접했고, 그때마다 거의 빠짐없이 '인조가 책봉된 것은 모야毛爺 덕분'이라는 상찬을 빼놓지 않았다. 모문룡에 대한 찬양의 하이라이트는 그의 공적을 기리는 송덕비를 세운 것이었다. 조선을 오가는 명나라 사신들에게 보여주기 위한 것이었다. 인조반정의 원훈 김류가 붓을 들었다. 그는 비문에서 먼저 모문룡이 진강에서 거둔 승리의 전말을 기록하고 찬양했다. 이어 '모문룡의 은혜를 배신한 광해군의 배은망덕'을 질타했다. 1621년 12월, 후금군이 임반에 머물던 모문룡을 공격한 것은, 광해군의 밀지를 받은 의주부윤 정준이 모문룡을 제거하기 위해 고의적으로 사주한 것이라고 비판했다. 김류는 나아가 '모문룡이 조선을 후금으로부터 지켜주고 동방의 백성들을 보호해준 덕과 은혜가 하늘과 같다'고 찬양했다. 그러면서 모문룡이 '요동 수복'의 대업을 이룰 것이라며 그의 앞길을 축원했다. 모문룡을 한껏 추어올리는 내용으로 가득한 송덕비는 1624년 안주에 세워졌다. 명나라 사신들이 왕래하는 길목이었다.

김류의 '모문룡 찬가'는 그야말로 낯 뜨거운 것이었다. 모문룡에 대한 찬양과 기대가 엄청난 착각이자 오산이었음이 곧 밝혀졌기 때문이다. 모문룡은 '요동 수복'은커녕 후금을 공격할 의지가 없는 인물이었다. 더욱이 그에게 조선을 지켜주기를 기대하는 것은 어불성설이었다. 이는 가도로 들어간 후 모문룡이 보여준 행태를 보면 명확히 드러난다.

조선이 자신을 '은인'이라 찬양하고 송덕비까지 세우는 등 저자세를 취하자 모문룡은 기고만장해졌다. 그는 조선에 군량을 비롯하여 전마, 조총, 병선 등을 내놓으라고 요구했다. 무엇보다 심각한 부담은 군량을 마련하는 문제였다. 조선은 1623년에 6만여 석을 보낸 이래 해마다 수만 석의 양곡을 모문룡에게 공급했다. 1626년의 경우 15만 석이 넘었다. 조정 차원에서 보내는 것만이 아니었다. 모문룡은 수시로 평안도 일대의 지방 수령들에게 양곡을 내놓으라고 강요했다. 지방 수령들이 제때 응하지 않을 경우, 휘하 병력을 보내 양곡 창고를 직접 약탈하기까지 했다. 그럼에도 조선 조정은 제대로 항변조차 하지 못했다.

1625년에는 모문룡에게 보낼 군량을 확보하기 위해 경기도, 강원도와 하삼도의 토지에서 아예 정기적으로 세금을 거두기 시작했다. 모량毛粮이라 불리는 특별세로서 토지 1결 당 쌀 1말 5되씩을 징수했다. 모문룡에게 뜯기는 양곡의 양은 날이 갈수록 격증했다. 1625년 평안감사 윤훤이 "온 나라 식량의 절반이 모문룡 휘하들에게 넘어가고 있다"고 통탄할 정도였다.

군량 등 각종 물자를 보내는 것도 큰 부담이었지만 더 큰 문제는 모문룡 휘하의 모병들과 요민遼民들이 끼치는 민폐였다. 요민이란 요동에 살던 한인漢人들 가운데 후금의 지배를 피해 탈출해온 사람들을 가리킨다. 이들 난민들에게 모문룡과 모병들이 주둔하고 있던 조선은 '비빌 언덕'이었다. 수만 명이 넘는 요민들은 가도로 들어가거나 철산, 용천, 의주 등 청천강 이북(청북淸北)을 떠돌며 구걸과 약탈을 일삼았다. 광해군은 이들 요민들을 산동山東 등 명 내지로 송환시키기 위해 외교적 노력을 기울였다.

1624년 이괄의 난이 일어나 청북 지방의 방어가 허술해지자 요민들의 조선 유입은 극에 이르렀다. 요민들 가운데는 가재도구나 청람포靑藍布 등 포목을 가져와 식량으로 바꾸는 사람도 있었다. 하지만 대다수는 빈손으로 무작정 몰려왔다. 조선은 후금에서 탈출해온 요민들을 가달假㺚이라 불렀다. '가짜 달자㺚子(오랑캐)'를 줄인 말로 한족 가운데 후금으로 귀순하거나 포로로 잡혀가 머리를 깎인 사람들을 가리킨다. 고향을 떠나 집도 절도 없던 그들은 거칠고 난폭했다.

1624년 3월, 의주부윤 유비柳棐가 조정에 올린 장계의 내용은 끔찍했다. 당시 날마다 수많은 가달들이 청북 지역으로 밀려들었다. 그들은 수십 명씩 떼를 지어 들녘에 흩어져 봄갈이한 곡식과 보리 싹을 죄다 캐 먹었다. 마을로 들이닥쳐서는 재물을 약탈하거나 밥을 지어달라고 떼를 썼다. 부녀자들을 겁탈하는 경우노 있었나. 어느 가난한 백성이 음식을 내어주지 못하자 그들은 가달의 시체를 가져다가 그 집에 내팽개쳤다. 그러고는 '조선인들이 그를 때려죽였다'고 한 뒤 온 마을 사람을 모두 묶어놓고는 재물을 빼앗아갔다. 유비는 심지어 '길에 굶어 죽은 시체가 있으면 서로 뜯어먹는다'는 내용도 보고했다.

의주성義州城 남문南門

조선과 후금의 경계이자 관문이었던 의주성 남문의 모습.
후금이 요동을 장악하면서부터 의주성은 후금의 침략을 가장 먼저 막아야 할 전략 요충이었다.
출처: 손경석·이상규 해설, 《사진으로 보는 근대한국 하》, 서문당, 1986, 78쪽.

철산, 가산, 선천, 정주, 곽산 등 청북 지역은 몸살을 앓았다. 가달뿐 아니라 가도에서 상륙한 모문룡 휘하의 장졸들이 끼치는 민폐도 심각했다. "평안도에 모병들이 가득 차서 개와 닭에게까지 화가 미친다"고 할 정도였다. 1625년 2월, 모병들의 작폐를 참다못한 의주부윤 이완李莞은 실력 행사에 나섰다. 그는 난동을 피운 모문룡의 부하 주발시朱發時 등을 붙잡아다가 곤장을 쳤다. 이완은 이순신의 조카였다. 불의를 보면 참지 못했던 숙부의 기질을 이어받았기 때문일까? 이완은 주발시 등에게 본때를 보여줬던 셈이다. 모문룡의 부하들은 '이완이 상국인을 몰라보고 재조지은을 배신했다'며 그를 잡아가겠다고 아우성을 쳤다. 조정은 결국 이완의 직급을 한 단계 강등하는 조처를 취했다.

모병들은 때로는 청북 지역을 벗어나 함경도 지방까지 몰려들었다. 1623년 4월 모문룡은 조선 조정에 사람을 보내 '회령會寧을 경유하여 오랑캐 지역으로 원정할 것'이라며 군량을 제공해줄 것과 길 안내를 위한 향도를 붙여줄 것을 요구했다. 당시 회령 너머 두만강 건너편의 여진 부락들은 거의 비어 있었다. 일찍이 누르하치가 조선과의 접경에 살던 여진인들을 내지로 이주시켰기 때문이다. 두만강을 건너 며칠 동안 내륙 깊숙이 들어가야만 여진인들을 만날 수 있었다.

그럼에도 모문룡이 '원정' 운운했던 이유는 당시 명 조정에서 조선으로 사신이 올 것이라고 예고되어 있었기 때문이다. 실세로 후금을 공격하려는 것이 아니라 일종의 '제스처'이자 '쇼'였던 것이다. 모문룡은, 조선으로 오는 길에 가도에 들를 사신 일행에게 자신이 가만히 앉아 군량만 축내는 존재가 아니라는 것을 보여주려고 했다. '후금 원정'을 빌미로 조선으로부터 군량 등을 뜯어내려는 목적도 있었다. 조선 조정은 고민에 빠졌다. 당시 함경도 지역은 극심한 기근에 시달리고 있어 모병들을 접대하는 것이 어려웠기 때문이다. 또 모병들이 행군하는 도중에 민폐를 자행할 가능성도 높았다. 장만 등 신료들은 무슨 수를 써서라도 모문룡의 함경도행을 저지해야 한다고 주장했다.

하지만 조선의 우려와 만류에 귀를 기울일 모문룡이 아니었다. 4월 16일, 모병들이 이미 함흥까지 들어왔다는 보고가 올라왔다. 5월 15일에는 군량을 제대로 제공하지 않는다는 이유로 함경도 수령들을 포박, 구타를 자행하고 있다는 소식까지 날아들었다. 수령들은 군량을 내놓으라는 그들의 협박에 못이겨 민간에서 곡물을 징색하고, 승사僧舍까지 뒤지는 형편이었다. 조선 조정이 우려했던 대로 모병들은 후금 지역으로 진입하기는커녕 함경도 각지에서 노략질만 자행했다. 그들이 왕래했던 행군로 주변에 거주하는 백성들은 민폐 때문에 몸서리를 쳤다.

가도와 청북 지역을 횡행했던 모병들이 보였던 이 같은 행태는 1637년, 병자호란으로 가도가 청군에게 함락될 때까지 지속되었다. 그들은 '오랑캐 지역 정탐' 등을 명분으로 수시로 조선에 들어왔고 때로는 압록강을 건너 후금의 점령 지역까지 출몰했다. 더욱이 청북의 곳곳에는 모병과 요민들이 설치한 둔전들이 널려 있었다. 살 길을 찾아 후금을 탈출하는 요민들이 청북 지역으로 계속 몰려올 수밖에 없었다. 조선 조정은 가도에 사신을 보내 불필요한 요민들을 명 내지로 송환하라고 요청했지만 모문룡에게는 마이동풍이었다. 자신의 휘하에 주민들을 많이 거느리고 있어야 명 조정으로부터 군량을 많이 받아낼 수 있었기에 모문룡은 조선의 요청에 들은 척도 하지 않았다. 모문룡 때문에 본래 요동에 머물던 요민들이 동요하자 후금은 격앙될 수밖에 없었다. 이 같은 상황에서 조선은 후금의 보복과 침략을 우려했지만 '은인' 모문룡을 뜯어말릴 이렇다 할 방도가 없었다.

'밀수 왕초', '해외천자'의 사기 행각

모문룡은 요동 수복을 표방했지만 실제로는 그럴 능력도 의지도 없었다. 바다로 둘러싸여 감시가 여의치 않은 가도에 들어앉아 치부와 향락에 몰두할 뿐이었다. 그는 몹시 미신적인 인물이기도 했다. 그것은 그가 가도와 그 옆에 있는 목미도木米島의 이름을 제멋대로 뜯어고쳤던 것에서 잘 드러난다. 본래 가도와 목미도는 엄연히 조선 땅이지만 모문룡은 두 섬을 무단으로 점거했다. 그런 뒤 가도의 이름은 피도皮島로, 목미도는 운종도雲從島로 고쳤다. 자신의 안위를 염려한 미신적인 발상 때문이었다. 구체적으로, 모문룡은 자신의 성인 '모毛'(터럭)는 '가죽[皮]'이 없으면 붙어 있을 수 없다는 이유를 들며 가도를 피도로 바꿨다. 또 자신은 '용龍'인데 '용은 구름 속에서[雲從] 나온다'는 속설에 따라 목미도를 운종도로 고쳤다.

시간이 흐를수록 모문룡은 그저 '군량만 축내는 존재', '밀수 왕초'로 변해갔다. 가도는 작고 척박한 섬이었시만 해상 교동의 요충이었다. 해마다 봄철이 되면 산동, 절강 등지에서 상선들이 몰려들었다. 해로는 험난했지만 명이나 조선 조정의 감시가 제대로 미치지 못하는 곳에서 벌이는 밀무역의 이익이 짭짤했기 때문이다. 조선 상인들은 가도에서 은과 인삼으로 비단, 생사, 청람포 등 중국산 물화를 구입했다. 조선 상인들은 그것을 후금 상인들에게 넘기거나, 부산의 왜관으로 가져가 일본 상인들에게 전매하여 이득을 챙겼다. 한족 상인들과 후금과의 사이에 밀무역이 벌어지기도 했다.

모문룡은 가도에 세관을 설치하여 왕래하는 상인들로부터 통행세를 징수했다. 때로는 자신이 직접 무역에 뛰어들기도 했다. 덕분에 모문룡의 창고는 엄청난 액수의 은을 비롯하여 명의 비단과 직물, 조선 인삼, 후금의 모피 등 온갖 물화들로 넘쳐났다. 1624년 3월, 모문룡은 휘하를 조선에 보내 이괄의 반란이 평정된 것을 축하했다. 그런데 그가 인조에게 보낸 예물 가운데는 춘의春意라 불리는 여인의 나체상도 있었다. 조선 조정은 깜짝 놀라 그것을 도로 반송했지만 당시 가도로 온갖 물건들이 유입되고 있었던 실상을 보여준다.

'밀수 왕초' 모문룡은 때마다 명 조정의 실력자 위충현에게 뇌물을 두둑이 보냈다. 금과 은을 비롯하여 산삼, 모피, 진주, 명마名馬 등 온갖 명품들이 망라되었다. 대신 위충현은 모문룡의 뒤를 든든히 받쳐주었다. 위충현의 비호 속에 모문룡은 황제와 조정을 갖고 놀았다. "후금과 싸워 열여덟 번을 모두 이겼다"거나 "오랑캐 6만 명의 목을 베었다"는 등의 황당한 내용을 담은 보고서를 명 조정에 보냈다. 무위도식하는 모문룡의 본질을 알아차린 일부 신료들이 그를 본토로 소환해야 한다고 비판의 목소리를 높였지만, 위충현을 비롯한 엄당奄黨(불알 깐 환관들의 당)의 비호 덕분에 무사히 넘어갔다. 자신을 비호해주는 위충현에 대한 보은 차원에서 모문룡은 가도에 위충현의 소상塑像을 세웠다. 또 환관 출신 명사들이 조선으로 오는 길에 가도에 들르면 그들의 환심을 사기 위해 갖은 '쇼'를 연출하곤 했다. 갑자기 병력을 동원하여 진 치는 훈련을 벌이는가 하면, 군사들을 평안도에 상륙시켜 곧 후금을 공격할 것처럼 가장하기도 했다. 모문룡은 이렇게 환관들과 밀착했던, 엄당의 주요한 구성원이었다. 이 같은 상황을 고려하면 모문룡이 인조의 책봉을 위해 힘을 쓸 수 있었던 것도 엄당의 영수 위충현 등과 결탁했기 때문이었다고 추론할 수 있다.

이나바 이와키치稲葉岩吉의 연구에 따르면 '모문룡은 한 번에 오륙십 가지로 차려진 성찬을 들고, 식사 때마다 여덟, 아홉 명의 미녀들로부터 시중을 받았'고 한다. 천계 연간 모문룡은 사실상 '바다 밖의 천자海外天子'였다. 험악한 해로 때문에 명 조정의 감시에서 벗어나 있었고, 수군을 갖추지 못한 후금의 위협으로부터도 안전했다. 더욱이 조선은 그를 '은인'으로 떠받들고 있었으니 모문룡의 '현실 안주'는 어쩌면 당연했다.

모문룡은 기본적으로 노회한 인물이었다. 평소 안락을 즐기다가도 명 조정으로부터 '모문룡을 감사監査해야 한다'는 소식이 들려오면 움직였다. 평안도에 상륙하여 후금을 공격하는 시늉을 했고, 그 과정에서 조선에 민폐를 끼쳤고, 궁극에는 후금을 자극했다. 그런 모문룡에게 계속 끌려 다녔던 조선은 참으로 딱한 존재였다. 광해군은 일찍이 모문룡의 '본질'을 간파하고 그와 거리를 두려고 노력했다. 물론 인조 정권도 모문룡의 본질과 실상을 모르지 않았다. 이미 반정 직후부터 가도를 직접 다녀온 신료들은 모문룡의 휘하 병력이 형편없다는 것, 그가 부귀와 향락에 빠져 후금과 대결할 의지가 없다는 것, 그저 조선의 세력을 끼고 산해관山海關의 울타리 역할만 하고 있다는 것 등을 잘 알고 있었다. 하지만 인조는 '책봉의 은인'인 모문룡과 거리를 둘 수 없었다. 거리를 두기는커녕 1624년 이괄의 난을 계기로 인조 정권에 대한 모문룡의 영향력은 더 커지고 말았다.

반란군이 평안도를 장악했을 때 인조와 반정공신들은 이괄이 뇌물을 써서 모문룡을 회유하지나 않을까 노심초사했다. 혹시라도 모문룡이 반란군에게 매수되어 명 조정을 움직여 이괄의 거사를 승인할 경우, 인조 정권의 처지가 더 난감해지기 때문이다. 당시 인조 정권은 이괄의 반란군이 취할 수 있는 향후 방책을 상책, 중책, 하책 등 세 가지로 예상하고 있었다. 반란군의 입장에서 가장 상책이자 인조 정권에게 치명적인 것은 이괄이 모문룡과 결탁하여 청천강 이북을 점거하는 것이라고 보았다. 그 다음은 반란군이 누르하치와 연합하는 것이고, 가장 하책은 서울을 점령하기 위해 남하하는 것이라고 보았다. 이괄은 결국 하책을 택한 셈이다. 당시 '모문룡이 이괄을 도우려 한다'는 풍문이 실제로 돌고 있었다. 당황한 인조는 모문룡과 친한 이상길李尙吉을 가도에 급파하여 그를 설득하려고 부심하기도 했다.

이괄의 난이 진압된 이후 모문룡의 기세는 더 등등해졌다. 모병들은 여전히 무시로 조선에 상륙하여 횡행했고, 10만 이상의 요민들이 청북 지방을 휩쓸었다. 그들의 횡포 앞에 평안도의 지방관들은 움츠러들었다. 청북 백성들은 모병과 요민들을 피해 농사를 포기하고 다른 지역으로 이주했다. 청북은 분명 조선 땅이지만 모병과 요민들의 안마당으로 변하고 말았다. 조선은 급기야 청북에 대한 영토 주권을 포기하는 지경까지 내몰리고 있었다. 인조와 신료들은 대책회의를 수시로 열었지만 뾰족한 방도는 없었다. 이정구는 요민들을 가리켜 '새로운 홍건적紅巾賊'이라 지칭하고, 그들을 그대로 방치할 경우 청북은 조선 영토에서 사라질 것이라고 경고하기도 했다.

모문룡의 횡포와 요민들의 발호에 대한 우려는 날로 높아갔지만 인조 정권은 대책이 없었다. 아니 대책이 없다기보다는 모문룡에게 문제를 제기하거나 쓴소리를 하려는 의지 자체가 별로 없었다. 특히 인조가 그러했다. 1625년 7월, 왕민정 등 책봉사 일행이 조선 재정을 초토화시키고 돌아간 직후 모문룡이 보낸 차관이 입경했다. 모유견毛有見 등 두 사람으로, 인조의 책봉을 축하한다는 명목으로 온 자들이었다. 가도의 하급 관원이었던 이들은 말을 타고 궁궐로 들어가려다 문지기가 말에서 내릴 것을 요구하자 화를 내면서 돌아가겠다고 으름장을 놓는다. 인조는 이들을 달래 불러들인 뒤 연회를 베풀었다. 모문룡은 모유견에게 들려 보낸 편지에서 '인조가 책봉을 받는 데 자신의 공로가 결정적이었다'고 다시 생색을 냈다. 그러면서 보답을 요구했다. 자신에게 구리를 공급하고 조선 백성들과 자유롭게 무역할 수 있도록 해달라고 했다. 조선은 요구를 받아들인다. 대책 회의를 열 때는 모문룡을 한껏 성토했지만, 정작 모문룡의 차관 앞에만 서면 한없이 작아지는 모습이었다. 그야말로 모문룡에게 '코가 꿰인' 상태였다.

'책봉의 은인' 모문룡에게 일방적으로 끌려가던 상황에서 조선은 심각한 위협에 직면할 수밖에 없었다. 위협이란 다름 아닌 후금으로부터 침략받을 가능성이 날로 높아지는 점이었다. 모문룡과 가도 자체가 '목에 걸린 가시'인 데다 모문룡의 자장磁場에 이끌려 요민들의 탈출이 이어지자 후금은 날이 갈수록 격앙되었다. 그리고 그 분노는 조선을 향해 표출될 수밖에 없었다. 요컨대 정묘호란 이전, 모문룡과 가도는 분명 후금의 조선 침략을 불러들이는 '인계철선'이었다.

명은 지고 후금이 떠오르다

절망한 관료들은 사직했고,
요동의 지휘관들 가운데는
누르하치에게 귀순하는 사람도 나타났다.
후금군의 철기는 달려오고 있는데
명은 안으로부터 무너지고 있었다.

1620년 7월, 명의 만력제萬曆帝 신종神宗이 죽었다. 제위에 오른 지 48년 만이었다. 장남 주상락朱常洛(1582~1620)이 황제로 즉위하여 연호를 태창泰昌으로 고쳤다. 길고 긴 세월 동안 만력제이 안우暗愚와 태정怠政에 시달렸던 사람들은 태창제光宗에게 큰 기대를 걸었다.

태창제는 즉위 직후 자신의 사금고인 내탕에서 100만 냥의 은을 풀어 누르하치를 방어하고 있는 요동의 장사들에게 지급했다. 만력제 시절부터 환관들을 지방에 보내 마구잡이로 세금을 거두던 행위도 중지하라고 지시했다. 조야는 감동했다. 하지만 거기까지였다. 태창제는 즉위한 지 한 달 만에 급사하고 말았다. 다시 태창제의 아들 주유교朱由校(1605~1627)가 즉위하니 그가 곧 천계제天啓帝 희종熹宗이다.

태창제泰昌帝 광종光宗

즉위하자마자 죽은 태창제 주상락.
만력제의 장남으로 오랜 시절 아버지의 견제 때문에 마음앓이를 하다가 즉위한 직후 세상을 떠났다.

만력 중반부터 천계 연간까지 명 조정의 당쟁은 심각했다. 비운의 황제였던 태창제가 급사하면서 당쟁은 더 격렬해졌다. 만력제는 황후와의 사이에 아들이 없었고 후궁들에게서 얻은 다섯 명의 아들이 있었다. 장남 주상락은 왕王씨 성을 지닌 궁녀의 몸에서 태어났는데, 만력제는 왕씨와 주상락을 탐탁하게 여기지 않았다. 만력제는 정귀비鄭貴妃와의 사이에서 난 삼남 주상순朱常洵을 총애하여 그를 황태자로 세우려고 했다. 신료들은 '장유의 순서를 무시하는 것은 불가하다'며 격렬히 반발했다.

실제로 임진왜란 이후 명 예부가, 광해군을 왕세자로 책봉해달라는 조선의 요청을 계속 거부한 것도 이 문제와 연관이 있었다. 차남 광해군을 왕세자로 승인해달라는 조선의 요청을 받아들일 경우, 정작 만력제가 삼남 주상순을 황태자로 세우는 것에 반대할 명분이 없어지기 때문이다. 결국 황태자 책립은 19년이나 미뤄졌고, 1601년에야 비로소 주상락이 황태자가 되었다.

황태자가 된 이후에도 주상락은 정치적 파란의 한가운데 서 있었다. 1615년 장차張差라는 괴한이 주상락의 거처에 몽둥이를 들고 난입하여 그를 해치려다가 미수에 그친 일이 벌어졌다. 황태자의 신상에 관련된 엄청난 사건임에도 재상 방종철方從哲 등은 사건의 전말을 철저히 규명하려 들지 않았다. 사건의 배후에 정귀비가 있다는 소문이 파다했고, 동림당 계열의 신료들은 방종철 등을 탄핵했다. 이 사건을 '정격안梃擊案'이라고 한다. '정격'이란 '나무 몽둥이로 때린다'는 뜻이고, '안'이란 사건을 가리킨다.

태창제가 급사한 원인을 놓고 벌어진 당쟁도 치열했다. 태창제는

만력제는 실질적으로 명의 멸망을 초래한 황제로 평가받았다.
왜란 당시 원병을 파견함으로써 조선에서는 은인으로 추앙되었다.

병석에 누운 뒤, 이가작李可灼이라는 관인이 바친 붉은 환약紅丸을 복용했다. 홍환 복용 후 황제가 급사하자 다시 치열한 논란이 빚어졌다. 동림당 관인들은 황제의 약 시중 드는 업무를 제대로 챙기지 못했다고 방종철을 공격했고, 방종철을 옹호하는 관인들은 황제의 죽음이 홍환과는 관계가 없다고 맞섰다. 1625년(천계 5)까지 이어진 이 치열한 논란을 '홍환안紅丸案'이라 부른다.

태창제 사후, 그가 총애하던 후궁 이李씨는 황자 주유교를 자신의 거처인 건청궁에 감췄다. 아직 어린 주유교를 끼고 환관 위충현과 결탁하여 조정을 좌지우지하려 했다. 동림당 계열은 그 같은 기도에 반발하여 주유교를 이씨에게서 떼어내고, 이씨를 별궁으로 옮기게 했다. 이 과정에서 또한 격렬한 정쟁이 빚어졌는데 그것이 '이궁안移宮案'이다.

'정격안', '홍환안', '이궁안'을 아울러 삼안三案이라고 한다. '삼안'을 놓고 명 조정의 신료들은 수많은 장주章奏를 올려 논쟁했고 그 과정에서 당쟁은 격화되었다. 천계 연간(1621~1627) 명 조정에는 절당浙黨, 초당楚黨, 선당宣黨, 제당齊黨, 곤당昆黨 등 여러 당파가 있었지만 당쟁의 중심에 섰던 것은 동림당과 엄당이었다.

동림당은 만력 초기에 형성되었다. 청의淸議를 내세우던 신진 관료인 고헌성顧憲成, 추원표鄒元標, 조남성趙南星 등을 중심으로, 당시 재상이었던 장거정張居正의 독재를 비판하고 저항하는 과정에서 형성되었다. 이들은 장거정이 죽은 뒤에도 내각과 환관들의 비정을 비판했다. 동림당은 강소성 무석無錫에 있는 동림서원東林書院을 정치적 거점으로 삼았다. 주자학 강학을 통해 자파 세력을 결집하는 한편, 조정의 정치

동림서원東林書院 옛 터에 세워진 패루牌樓

강소성 무석無錫에 위치한 동림서원은 사실상
동림당의 근거지였다.

현안에 대해 자신들의 주장을 적극적으로 개진했다. 그들이 황태자 책립, 관리들의 인사, 요동 방어 등 조정의 다양한 현안들을 놓고 내각이나 환관들과 대립하게 되면서 당쟁은 격화될 수밖에 없었다.

엄당은 '불알 깐 당'이라는 뜻으로 환관들의 무리를 가리킨다. 일본의 동양사학자 미타무라 다이스케三田村泰助는 환관을 가리켜 '만들어진 제3의 성性'이라고 표현했다. 환관 가운데는 종이를 발명한 후한의 채륜蔡倫이나 명 초기 호르무즈와 아프리카까지 이르는 대원정을 주도했던 정화鄭和처럼 기념비적인 업적을 남긴 인물도 있었다. 하지만 환관에 대한 일반적인 이미지는 그다지 좋지 않다. 환관이 맡은 일은 천한 것이었지만 때로 천자나 후궁과의 연결을 통해 정치적 실권을 장악하기도 했다. 또 국가의 명운마저 좌우할 정도로 막강한 권세를 휘두른 자들도 나타났다. 특히 명대에 환관의 폐해가 심했다. 왕진王振, 유근劉瑾, 위충현 등이 악명이 높았다. 위에서 언급한 '삼안'처럼 궁정의 문제가 정쟁의 현안이 될 경우, 환관들이 그 과정에 개입하고 문제를 일으킬 소지가 높았다. 천계 연간 위충현이 엄당을 이끌며 조야를 공포로 몰아넣었던 것은 유명하다.

위충현(1568~1627)은 하북성 숙녕현肅寧縣 출신으로 본명은 진충進忠이었다. 본래 일자무식의 무뢰배였던 그는 젊은 시절 도박으로 전 재산을 탕진한 뒤, 스스로 환관이 되었다. 자원해서 환관이 된 만큼 황제의 총애를 받아 권력을 휘둘러보겠다는 의지가 남달랐던 것일까? 환관으로서 위충현은 승승장구했다. 특히 천계제가 아직 강보에 쌓인 영아였던 시절 위충현은 그를 보호하는 데 결정적인 역할을 했다. 천계제의 유모 객씨客氏와 결탁했기에 가능한 일이었다. 1620년 천계제가 즉위하자 위충현은 날개를 달았다. 천계제의 신임은 절대적이었다. 그에게 충현忠賢이라는 이름까지 하사했다. 위충현은 1621년 사례감司禮監의 병필태감秉筆太監이 되었다. 환관들의 수장 격이었다. 황제 직속의 비밀경찰인 동창東廠의 책임자도 겸했다.

위충현魏忠賢

1624년, 동림당의 신료 양련楊漣은 위충현을 탄핵했다. 위충현이 스물네 가지의 잘못을 저질렀다고 비난했다. 위충현은 동창의 책임자 직을 사임하는 등 일단 몸을 낮춰 위기를 벗어났다. 천계제는 양련의 탄핵을 무고誣告라고 매도하며 위충현의 손을 들어주었다. 이윽고 보복이 시작되었다. 위충현은 1625년 동림당의 핵심 인물인 양련, 좌광두左光斗, 원화중袁化中, 위대중, 주조서周朝瑞, 고대장顧大章 등 6인을 '요동경략 웅정필熊廷弼에게서 뇌물을 받았다'는 혐의로 탄핵했다. 곧 이들에 대한 체포령이 떨어졌다. 위충현의 심복 허현순許顯純은 이들에게 상상을 초월한 혹독한 고문을 가했다. 고문을 못 이겨 고대장은 자살했다. 차라리 그가 행복했다. 나머지 5명의 시신은 전부 문드러졌다.

위충현은 1626년에도 옥사를 일으켰다. 고반룡高攀龍, 주순창周順昌, 황존소黃尊素 등 7명에게 체포령이 떨어졌다. 황존소는 명말청초의 경세가로 유명한 황종희黃宗羲의 부친이다. 고반룡은 물에 몸을 던져 자살했고, 나머지 6명은 예의 혹형을 받았다. 환관들은 주순창 등에게 5가지의 도구를 이용하여 혹형을 가한 후 가죽을 벗기기도 했다고 한다. 주순창은 고문을 받으면서도 위충현을 비판하다가 이를 모두 뽑혔다. 동림서원을 비롯한 이들 동림당의 근거지는 파괴되었다.

동림당을 탄압하면서 위충현의 권세는 하늘을 찔렀다. 그 배경에는 천계제의 무능과 방임이 자리 잡고 있었

고반룡高攀龍

다. 태창제의 갑작스런 죽음으로 16세에 등극했던 이 어린 황제는 최고 통치자로서 전혀 준비가 되어 있지 않은 인물이었다. 염숭년閻崇年과 맹삼孟森 등의 연구에 따르면 천계제는 거의 문맹이나 마찬가지였고, 그저 목공예를 비롯한 놀이와 잡기에만 몰두했다. 그런 그가 환관 위충현만 신임하고 비호했던 것은 명 조정의 비극이었다. 북경의 국자감을 비롯하여 전국 곳곳에는 위충현의 소상과 그를 모시는 생사당生祠堂이 세워졌다. 생사당이란 살아 있는 인물을 기리기 위해 세운 사당을 가리킨다. 앞에서 언급했듯이 모문룡도 가도에 위충현의 소상을 세웠을 정도였다. 천계 연간 위충현은 사실상 명의 '황제'였다.

요동의 방어선이 무너지다

천계 연간 극심한 당쟁과 환관의 발호 때문에 신음하던 명은 밖으로도 심각한 위기를 맞고 있었다. 누르하치가 이끄는 후금의 군사적 도전에 밀려 요동의 방어선이 무너지고 있었던 것이다. 그 같은 추세는 만력 말년부터 이미 시작되었다.

1618년 누르하치는 이른바 일곱 가지 원한七大恨을 내걸고 명에 선전포고한 뒤 무순撫順과 청하清河를 잇따라 점령했다. 누르하치의 공세에 경악했던 명은 후금을 멸망시키기 위한 원정 준비에 착수했다. 명은 자체의 병력뿐 아니라, 조선과 해서여진海西女眞의 예허부葉赫部까지 채근하여 지원군을 동원했다. 광해군은 명의 요구를 회피하려 하다가 어쩔 수 없이 도원수 강홍립이 이끄는 1만 5천 명의 병력을 파견했다. 1619년 3월, 명군이 주축이 된 연합군은 후금의 수도 허투알라赫圖阿拉를 향해 네 방향에서 공격해 들어갔지만 후금군의 역습에 휘말려 참패하고 만다. 명청교체의 분수령이 되었던 이 싸움 전체를 보통 사르후薩爾滸 전투라고 부른다. 그리고 유정劉綎이 이끌던 명군과 유정 휘하에 배속되어 역시 허투알라를 향해 진격하던 강홍립의 조선군이 패했던 싸움을 따로 심하深河 전투라고 부른다.

사르후 전투 패전을 계기로 명청교체는 사실상 거스르기 어려운 대세로 굳어졌다. 서광계徐光啓, 황인우黃仁宇, 염숭년 등 명대부터 최근까지 사르후 전투를 연구했던 학자들의 지적에 따르면, 당시 원정군인 명군이 후금군을 이기기란 애초부터 거의 불가능한 것이었다. 명군 병력은 조선과 예허부에서 지원받은 수를 합쳐도 10만이 되지 않았다. 후금군의 병력이 7만 가까이 되었던 점, 공격군이 수비군의 3배 정도는 되어야 승리를 기약할 수 있다는 병가의 상식을 고려할 때 명군은 수가 너무 적었다. 게다가 병력의 대부분도 급작스럽게 동원한 오합지졸들이었다. 오랫동안 팔기八旗라는 공동체에 편제되어 조련된 데다 실전 경험이 풍부했던 후금군을 당해낼 수 없었다.

명군의 무장 또한 열악했다. 강홍립 휘하의 조선군이 배속되었던 유정의 부대는 대포조차 없다고 하는 실정이었다. 이 때문에 명군 지휘부는 조선군 화기수늘을 만주로 빨리 들어보내라고 닦달했다. 실제로 명군 지휘관 두송杜松은 조선군의 4개 초哨를 데려다가 선봉을 삼았을 정도였다.

지휘관들의 인화人和도 이루어지지 않았고 작전도 엉망이었다. 두송, 마림馬林, 이여백李如栢, 유정 등은 애초 1619년 3월 1일에 네 방향

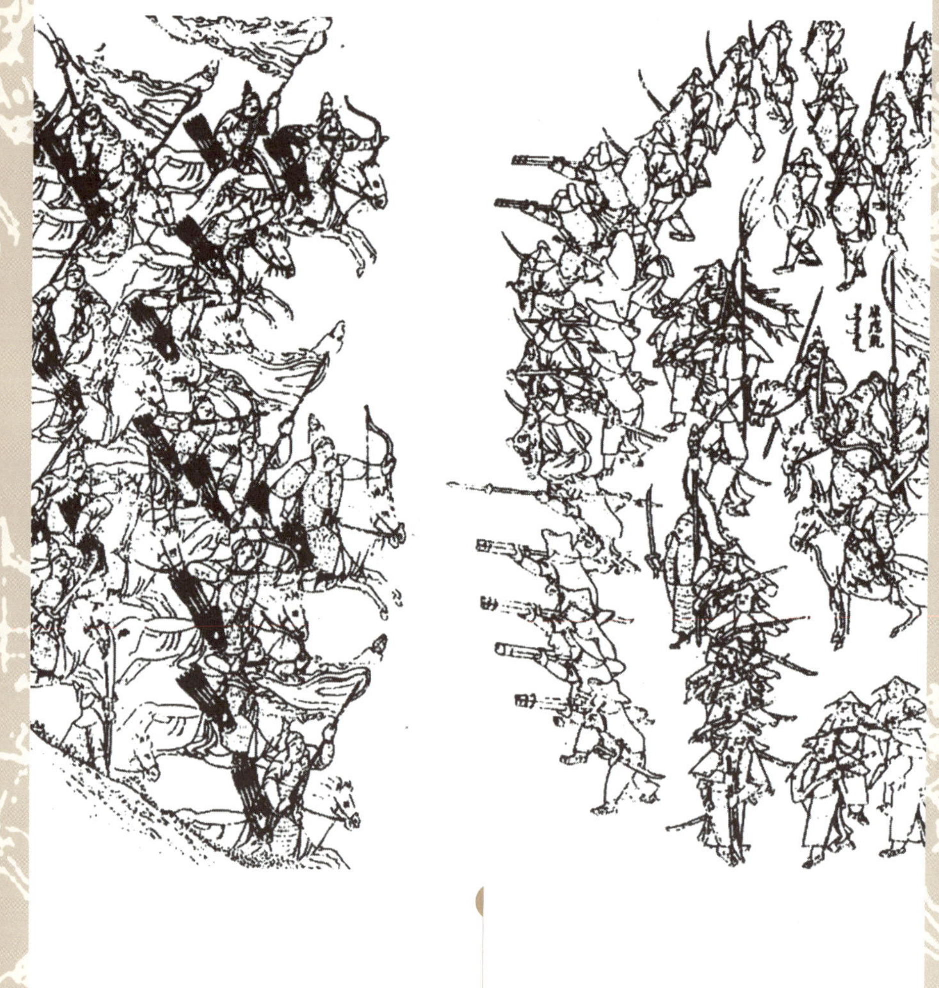

사르후薩爾滸 전투

1618년 누르하치는 명에 선전포고한 뒤 무순撫順과 청하淸河를 잇따라 점령했다.
이에 명은 연합군을 구성하여 1619년 3월 후금의 수도 허투알라赫圖阿拉를 공격하려다가 후금군의
역습에 휘말려 참패하고 만다. 명청 교체의 분수령이 되었던 이 싸움을 보통 사르후 전투라고 한다.

에서 일제히 후금의 수도 흥경노성興京老城(허투알라)을 향해 진격하기로 약속했다. 하지만 전공을 탐했던 두송이 약속을 어기고 하루 먼저 출발했다가 후금군 복병의 역습에 걸려 전멸하고 말았다. 나머지 병력들도 곧이어 후금군에게 각개 격파되었다. 수가 얼마 되지 않는 원정 병력을 집중시켜도 승리를 자신할 수 없는 상황에서 병력을 넷으로 분산시킨 실책과 두송의 돌발 행동까지 더해지면서 명군은 참패했다.

서광계는 병력, 무기, 장비, 작전, 기율, 정탐 등 전쟁의 승패를 결정하는 모든 요소를 고려할 때 명군은 후금군의 상대가 되지 못했다고 단언했다. 황인우는 명군은 애초부터 후금군이 실수를 저지르기만을 바랄 수밖에 없는 상태였다고 했다. 그는 더 나아가 사르후 전투 패전을 황제의 태정怠政, 격렬한 당쟁, 환관의 발호, 재정의 고갈 등 당시 명이 안고 있던 총체적이고 구조적인 문제점에서 비롯된 필연적인 결과로 결론지었다.

실상이 이러함에도 사르후 전투 이후 상당수 조선 신료들은 패전의 모든 책임을 강홍립과 광해군에게 돌렸다. 1623년 심광세沈光世는 "강홍립이 군사 기밀을 후금에 누설함으로써 명군이 패하게 되고, 궁극에는 요동 전체를 후금에게 빼앗기게 되었다"고 주장했다. 이미 언급했듯이 인조 또한 명사 맹양지에게 '광해군과 강홍립 때문에 명이 원정을 망쳤다'고 강조한 바 있다. '후금과 화친하여 명을 배신했으므로' 광해군을 몰아낸다는 인조반정의 명분을 뒷받침하기 위해 '명이 광해군과 강홍립 때문에 사르후 전투를 망치고 요동을 빼앗겼다'는 황당한 '기억'이 만들어졌던 셈이다.

사르후 전투 참패 이후에도 명군은 계속 밀렸다. 누르하치는 승리의 여세를 몰아 개원과 철령鐵嶺을 공략했다. 개원과 철령이 위기에 처한 상황에서도 명 조정의 대책은 한심했다. 신종은 여전히 정무를 방기한 채 조정에 나오지 않았다. 재상 격인 대학사 방종철은 상소를 올려 방어 대책을 마련해야 한다고 호소했다. '사르후 전투를 망친 지휘관들을 처벌하고, 황제의 책임을 자책하는 교서를 반포하고, 황제의 내탕을 풀어 요동 방어 비용을 보태라'는 것이 핵심이었다. 방종철이 모두 다섯 차례나 상소했지만 신종은 끝내 묵묵부답이었다. 이 같은 상황에서 명 조정은 사르후 전투 참패 당시의 사령관이었던 경략經略 양호楊鎬에게 요동 전체의 방어를 다시 맡겼다. 사르후 전투 참패의 또 다른 주역이었던 마림을 개원 방어에, 역시 사르후 전투에서 패한 이여백의 동생 이여정李如楨을 철령 방어에 투입했다.

1619년 6월, 누르하치는 4만의 대군을 이끌고 개원으로 들이닥쳤다. 이미 사르후 참패를 통해 무능함이 드러났던 마림은 누르하치의 상대가 될 수 없었다. 명군은 변변히 저항도 못한 채 무너졌다. 성 안에는 누르하치가 보낸 간첩들까지 들어와 있었다. 안팎의 내응을 통해 성이 무너지자 수만 명의 주민들이 후금군에게 도륙되었다.

개원을 함락시킨 직후인 1619년 7월, 누르하치는 철령으로 달려들었다. 철령의 군민들은 치열하게 싸웠지만 역시 오래 버티지 못했다. 누르하치에게 포섭된 명군 장수 정벽丁碧이라는 자가 성문을 열어 후금군을 맞아들였던 것이다. 더 가관인 것은 철령을 지키라고 명받았던 이여정이 전투가 벌어질 당시 성 안에 없었다는 사실이다. 그는 당시 심양瀋陽에 머물면서 철령성 안에 있던 부하들에게 싸움을 독려했다. 또 구원군을 보내달라는 요청에도 응하지 않았다. 이 같은 어처구니없는 상황에서 철령은 무너질 수밖에 없었다.

개원과 철령이 무너지자 명 조정의 위기감은 극에 이르렀다. 하지만 누르하치는 명이 전열을 정비할 틈을 주지 않았다. 누르하치는 1619년 개원과 철령을 무너뜨린 직후, 해서여진의 예허부마저 정복했다. 명은 예허葉赫를 북관北關이라 불렀는데, 북관은 일찍이 사르후 전투 당시 명을 도와 후금을 공격하는 데 참가했었다. 그런데 후금이 이제 예허를 정복함으로써 해서여진은 완전히 멸망했고, 여진족 가운데 명을 도울 수 있는 부족은 모두 사라지고 말았다.

후금군은 1621년 3월, 요동 한복판의 중진重鎭 심양을 향해 밀려왔다. 심양성을 방어하던 총병 하세현賀世賢은 용맹했지만 무모한 장수였다. 그는 술이 취한 상태에서 친위군 1천여 명을 이끌고 성문을 열고 출격했다. 후금군은 밀리는 척하면서 그를 유인하여 사면에서 포위했다. 주장 하세현이 전사하자 심양성의 내부는 오래 버티지 못했다. 후금군이 성을 포위하고 한창 공격을 퍼붓고 있을 때, 성 안에서는 역시 누르하치의 간첩들이 내응했다. 심양성을 구하기 위해 외부에서 달려오던 구원군은 누르하치가 배치했던 복병들에 의해 섬멸되었다.

신양이 무너진 지 닷새 뒤에 누르하치는 요양을 공격했다. 그야말로 전격전을 거듭했다. 요양은 당시 요동의 정치, 행정, 군사의 숭심지였다. 요동경략遼東經略 원응태袁應泰 휘하의 수만 병력과 명군이 자랑하는 각종 화포도 대거 배치되어 있는 거진巨鎭이었다. 3월 18일부터 벌어진 초전에서 명군은 그런대로 선방했다. 하지만 심양의 경우처럼 대군을 성 밖으로 무모하게 출격시켰다가 후금군의 철기鐵騎에

심양 함락

후금군은 1621년 3월, 요동 한복판의 중진重鎭 심양을 향해 밀려왔다.
심양성을 방어하던 총병 하세현이 전사하자 심양성은 오래 버티지 못했다.
심양성을 구하기 위해 외부에서 달려오던 구원군도 누르하치가 배치했던 복병들에 의해 섬멸되면서
결국 심양은 무너지고 만다. 출처:《만주실록》권6.

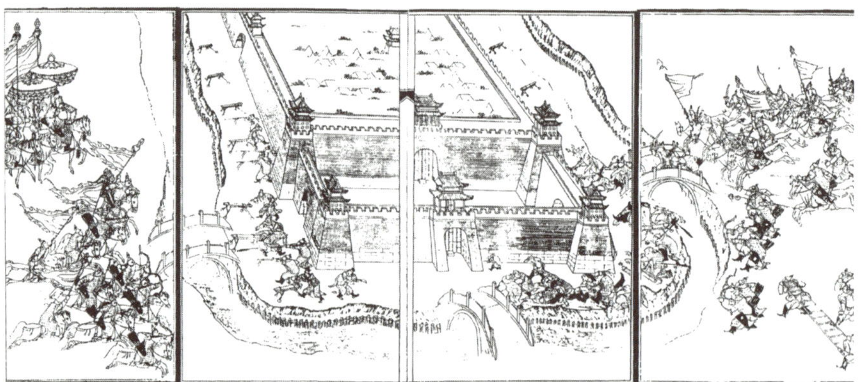

요양 함락

심양이 무너진 지 닷새 뒤에 누르하치는 당시 요동의 정치, 행정, 군사의 중심지였던 요양을 공격했다.
명군이 성 밖으로 무모하게 출격했다가 후금군의 철기에 역공을 당하면서 전세가 기울기 시작했고,
성 안에 있던 후금 출신 간첩들이 곳곳에 방화하면서 방어선은 순식간에 무너졌다.
심양과 요양이 함락됨으로써 요동 전체는 후금에게 떨어졌다. 출처:《만주실록》권7.

게 역공을 당하면서 전세가 기울기 시작했다. 이윽고 성 안에 있던 후금 출신 간첩들이 곳곳에 방화하면서 방어선은 순식간에 무너졌다. 후금군이 공격해오기 이전 원응태가 별다른 의심 없이 후금의 투항자들을 받아들인 것이 화근이었다. 《광해군일기》는 "3월 20일 적이 진격해 들어왔는데, 성안에 있는 사람들이 오랑캐 간첩으로부터 돈을 받고 성문을 열었다"고 당시의 상황을 기록하고 있다.

심양과 요양이 함락됨으로써 요하遼河의 동쪽 지역, 즉 요동 전체는 후금에게 떨어졌다. 요동을 장악한 후금은 1621년 요양으로, 1625년 다시 심양으로 수도를 옮긴다. 바야흐로 후금의 요동 시대가 열린 것이다. 후금군은 이제 요하를 건너면 곧바로 광녕, 금주錦州, 영원寧遠을 거쳐 산해관으로 돌격할 수 있게 되었다. 산해관을 돌파하면 북경과 황성이 위협받게 된다. 명의 조야는 전율했다.

요동이 떨어지자 천계제는 웅정필(1569~1625)을 불러들여 병부상서 겸 요동경략으로 임명했다. 그는 일찍이 요동으로 나아가 사르후전투 패전으로 흐트러진 방어 태세를 재정비하는 데 공을 세웠던 인물이다. 그런 웅정필을 다시 불러들여 후금군의 요서遼西 진입을 막아내는 대업을 맡기려 했던 것이다. 하지만 당시 천계제의 총애를 받고 있던 위충현 등 엄당은 웅정필이 맘에 들지 않았다. 웅정필이 동림당과 가까운 인물이었기 때문이다. 엄당은 자신들이 미는 왕화성이라는 인물을 광녕순무廣寧巡撫에 앉혔다. 광녕은 요서의 현관에 해당하는 요충지였다. 형식적으로는 웅정필이 왕화정을 지휘, 감독하는 위치에 있었지만 실제로 군사들을 움직이는 병권은 왕화정이 장악하고 있었다.

웅정필과 왕화정은 서로 물과 기름 같은 존재였다. 요동을 수복하고 요서를 방어하는 전략에서 근본적으로 생각이 달랐다. 웅정필은 이른바 삼방포치책三方布置策을 내세웠다. 산해관의 방어를 굳건히 하되, 천진天津과 산동 등지의 수군을 활용하고, 조선의 도움을 받아 후금을 배후에서 견제한다는 복안이었다. 반면 왕화정은 이른바 일거탕평책一擧蕩平策을 주장했다. 후금으로 투항한 한족 출신 장수들을 포섭하여 후금 내부를 교란시키고, 명에게 우호적인 차하르察哈爾 몽골의 원군을 동원하여 명군 수만 명과 함께 진격시켜 일거에 후금을 박살낸다는 복안이었다.

두 사람이 내세운 전략의 차이와 상호 불화는 동림당과 엄당 사이에서 빚어진 당쟁의 '군사적 버전'인 셈이었다. 명 조정의 당쟁은 국가의 존망이 걸린 국방 문제까지 갉아먹고 있었다. 웅과 왕 두 사람의 불화로 변사邊事가 갈피를 잡지 못하고 있던 1622년 1월, 누르하치는 광녕을 향해 돌격해왔다. 웅정필의 독려를 받은 왕화정은 마지못해 군사를 출격시켰지만, 이전처럼 명군은 야전에서는 후금군의 상대가 되지 못했다. 또 왕화정이 가장 신임하던 유격 손득공孫得功이라는 자가 누르하치에게 이미 매수된 상태였다. 과거 요동의 여러 성들이 떨어질 때와 상황이 똑같았다. 손득공이 반란을 일으켜 후금군을 맞이하기 직전 왕화정은 탈출하여 달아났고, 광녕은 허무하게 무너졌다.

광녕 실함失陷의 책임을 지고 웅과 왕 두 사람 모두 체포되었지만, 1625년 웅정필만 사형이 집행되었다. 엄당의 농간 때문이었다. 참수된 웅정필의 목은 변방으로 조리돌려졌다. 절망한 관료들은 사직했고, 요동의 지휘관들 가운데는 누르하치에게 귀순하는 사람도 나타났다.

요동이 떨어지자 천계제는 웅정필(1569~1625)을 불러들여 병부상서 겸 요동경략遼東經略으로 임명했다.
그는 일찍이 요동으로 나아가 사르후 전투 패전으로 흐트러진 방어 태세를 재정비하는 데 공을 세웠던 인물이다.
그런 웅정필을 다시 불러들여 후금군의 요서遼西 진입을 막아내는 대업을 맡기려 했던 것이다.
출처: 閻崇年, 《明亡淸興六十年》, 中華書局, 2006, 115쪽.

후금군의 철기는 달려오고 있는데 명은 안으로부터 무너지고 있었다.

원숭환, 누르하치를 제압하다

웅정필이 사라진 이후 혜성처럼 등장한 영웅이 원숭환袁崇煥(1584~
1630)이다. 원숭환은 명과 후금의 대결, 궁극에는 명청교체라는 격동
의 흐름을 이해하는 데 결코 빼놓을 수 없는 인물이다. 그는 천계 연간
명이 엄당의 전횡에 휘말려 안으로 휘청거리고 있을 때, 밖에서 후금
의 군사적 위협을 막아냄으로써 국가안보를 책임진 동량이었다. 다시
언급하겠지만, 승승장구하던 누르하치도 원숭환이 버티고 있던 영원
성寧遠城(현재의 요녕성 흥성시興城市)을 넘지 못하고 끝내는 패전의 후유
증으로 죽게 된다.

　원숭환은 호號가 자여自如, 자字가 원소元素로 광동성廣東省 출신이
다. 1597년(만력 25) 수재秀才가 되고, 1606년 향시鄕試에 합격하여 거
인擧人이 되었다. 이어 36세 때인 1619년(만력 47) 북경에서 과거에 최
종 합격하여 벼슬에 진출했다. 원숭환에게 처음 주어진 관직은 복건
福建 소무현邵武縣의 지현知縣이라는 자리였다. 조선으로 치면 지방의
군수급 관직이었다.

　일개 지방관에 불과했던 원숭환의 운명이 바뀐 것은 1622년이었다.
지현 재직 시의 근무 성적에 대한 고과考課를 위해 북경에 왔는데, 능
력을 알아본 어사 후순侯恂이 천계제에게 그를 추천했던 것이다. 후순
은 동림당 계열의 신료였다. 천계제는 원숭환을 병부 직방주사職方主

원숭환袁崇煥

1622년 천계제는 원숭환(1584~1630)을 병부 직방주사職方主事로 발탁했다.
지방 수령급을 일약 중앙의 고관으로 변신시킨 파격적인 인사였다.
이후 원숭환은 요서 지방의 방어 대책을 마련하여 북경과 산해관을 지키는 최일선에서 활약하게 된다.

事로 발탁했다. 지방 수령급을 일약 중앙의 요직에 임명한 파격적인
인사였다.

승진을 거듭한 원숭환은 이후 요서 지방의 방어 대책을 마련하여 북
경과 산해관의 안전을 지키는 최일선에서 활약하게 된다. 산해관 방어
를 위해 고심하던 원숭환은 영원을 주목했다. 영원은 산해관에서 2백
리 정도 떨어져 있는 '산해관의 현관'이었다. 요동, 요서 지역에서 육로
로 산해관이나 북경으로 가려면 반드시 거쳐야만 했던 전략 요충이었
다. 삼면이 산으로 둘러싸이고 동쪽으로는 발해 만에 접해 있어 방어
에 용이했다. 더욱이 해안에서 15리 정도 떨어진 바다에 각화도覺華島
라는 섬이 자리 잡고 있어서 배후의 지원 기지로 활용할 수도 있었다.

원숭환은 산해관을 지키려면 영원에 제대로 된 중진重鎭을 건설해
야 한다고 주장했다. 하지만 당시 명 조정의 관인들 가운데는 산해관
바깥의 방어를 아예 포기하자고 주장하는 사람들이 많았다. 1618년
이래 거듭되었던 요동에서의 패전 때문에 병력이 격감하고 성지城池
등 방어 시설이 퇴락한 데다, 주민들이 이산했던 현실을 염두에 둔 의
견이었다. 실제로 영원을 방어해야 한다는 원숭환의 주장은 왕재진王
在晉 등의 반대에 밀려 채택될 가능성이 별로 없었다.

반대를 무릅쓰고 천계제를 설득하여 원숭환의 손을 들어준 사람은
대학사 손승종이었다. 손승종의 지원을 얻어낸 원숭환은 1623년 영
원성을 수축하는 데 감독관으로 직접 참여했다. 그는 조대수祖大壽와
만계滿桂 등을 지휘하여 담장을 높이고, 포대를 개수하는 등 성을 대
대적으로 정비했다. 영원성 수축 공사는 1624년 9월 완료되었다. 원
숭환은 이후 성 외곽의 유민들을 불러 모아 농지를 개간토록 하고, 산

해관과 해로를 통해 상인들도 끌어들여 성에 대한 물자 공급도 원활하게 이루어지도록 조처했다. 버려졌던 영원성은, 사람들이 돌아오고 물자가 활발하게 유통되면서 아연 활기를 띠기 시작했다.

성을 정비한 이후 원숭환이 가장 신경을 쓴 부분은 화력을 증강시키는 일이었다. 그 과정에서 주목한 것이 바로 홍이포紅夷砲였다. 명 조정에는 일찍부터 서양의 새로운 화포인 불랑기佛狼機나 홍이포 등을 활용하여 후금군을 제압해야 한다고 주장하는 관료들이 있었다. 그 가운데 선구자가 바로 서광계(1562~1633)였다. 일찍이 예수회 선교사 마테오 리치를 통해 천주교에 입교하고 서양의 과학기술에 눈을 떴던 그는 서기西器, 그 가운데서도 서양식 화포의 활용을 열렬히 주장했다. 천계제는 서광계 등의 건의를 받아들여 포르투갈 상인들의 근거지였던 마카오로부터 30문의 홍이포를 구입하여 북경 도성과 산해관 등지에 배치했다.

홍이포는 기존의 화포에 비해 사거리가 길었을 뿐 아니라 살상력이 월등했다. 명군은 영원성 전투 이전에 요동에서 벌어진 후금군과의 전투에서 화포를 사용했지만 그 위력은 신통치 않았다. 처음 사격 후 두 번째 포탄을 발사하기 전에 후금군의 날쌘 기마대가 이미 명군 진영을 덮쳐버리곤 했기 때문이다. 그런 전철을 되풀이하지 않으려면 훨씬 강력한 위력을 지닌 화포가 필요했다.

원숭환은 손승종과 상의하여 산해관에 배치되어 있던 홍이포 11문을 영원성으로 옮겼다. 그러고는 그것들을 성 밖이 아닌 성루 위에 배치했다. 원숭환은 또한 병사들에게 홍이포 조작 기술을 숙달시키기 위해 손원화 등을 불러들였다. 훗날 등래순무登萊巡撫로 활약했던 손

원숭환이 산해관을 방어하기 위한 전략 요충으로서 정비했던 영원성(현재 요녕성遼寧省 흥성시興城市 소재).
원숭환은 산해관에 있던 홍이포 11문을 옮겨와 영원성의 방어 태세를 일신했고
결국에는 누르하치의 공격을 물리친다.

원화는 당시 손꼽히는 화기 전문가였다. 그는 일찍이 포르투갈 기술자들에게 홍이포를 다루는 기술을 배웠다. 손원화는 영원성의 포병들을 훈련시켰다. 원숭환의 혜안과 손원화 등의 노력을 통해 영원성의 방어 태세는 일신되었다.

1626년(인조 4) 1월 23일, 누르하치는 팔기군을 이끌고 영원성으로 들이닥쳤다. 그가 이끌고 온 병력은 20만이라는 설도 있고 13만이라는 설도 있다. 어쨌든 누르하치의 대병력이 나타나자 영원성의 전면에 머물고 있던 명의 관민들은 경악했다. 대릉하大凌河, 소릉하小凌河, 행산杏山, 탑산塔山 등지의 명군 지휘관들은 가옥과 곡식을 불태우고 도주했다.

누르하치는 영원성을 공격하기에 앞서 자신이 데리고 온 한인 포로들을 풀어 성 안으로 들여보냈다. 그들을 통해 누르하치는 원숭환에게 항복할 것을 요구했다. "우리는 20만의 대군이다. 성은 분명히 함락될 것이다. 여러 관인들이 항복한다면 높은 관작을 주겠다"고 했다. 원숭환의 회답은 간단했다. "그대는 무슨 까닭으로 갑자기 공격해왔는가? 나는 성을 사수할 것이다."

1월 23일, 누르하치는 공격을 명령했다. 후금이 자랑하는 기마대의 돌격이 시작되었다. 방패를 손에 쥔 경보병을 비롯하여 후금군 병사들이 성을 향해 개미 떼처럼 몰려들었다. 20만이라고 큰소리지는 대병력이었다. 원숭환 휘하의 영원성 병력은 대략 1만 정도에 불과했다. 중과부적이었다. 병력 수만 보면 승패는 이미 결정난 셈이었다.

성으로부터 홍이포의 포격이 시작되었다. 사격은 정확했다. 포탄은 벽력 같은 굉음을 내며 돌격해 오는 누르하치 병사들의 대열 중간으로 떨어졌다. 사방으로 피가 튀었다. 성벽을 기어오르던 병사들도 쏟아지는 화살 앞에 나가떨어졌다. 후금군의 사상자가 속출했다.

1월 24일, 누르하치는 전차까지 투입해 다시 총공격에 나섰다. 포격을 피하기 위해 참호를 파야 했지만 날은 춥고 땅은 꽁꽁 얼어 있었다. 다음날에도 후금군은 희생을 무릅쓰고 돌격을 계속했지만 성과가 없었다.

누르하치는 흥분했다. 그는 병사들의 선봉에 서서 전투를 독려했다. 하지만 홍이포 포탄은 누르하치라고 해서 비껴가지 않았다. 굉음이 들리는가 싶더니 누르하치는 부상을 입고 쓰러졌다. 스물다섯부터 전장을 전전해 왔던 누르하치였다. 그동안 누르하치는 명군보다 몇 배나 많은 병력을 집중시키는 방식으로 연전연승했다. 거기에 철기의 기동력이 더해지면서 명의 오합지졸들은 후금군을 당해낼 수가 없었다. 1619년의 사르후 전투가 그러했고, 이후 줄곧 마찬가지였다.

이번에는 달랐다. 홍이포의 가공할 위력 앞에서는 후금군의 신속한 기동과 병력의 집중 전략이 통하지 않았다. 더욱이 원숭환은 그동안 상대했던 명군 지휘관들과는 질적으로 다른 인물이었다. 스스로 영원성을 점찍어 성벽을 수축하고 군량을 비축해온 '준비된 지휘관'이었다. 그는 전투가 시작되기 전, 여러 장수들과 혈서를 써서 수성守城을 맹세했다. 원숭환의 탁월한 영도 아래 만계, 조대수 등 부하 장수들도 선방했다.

연이은 공격에도 영원성이 함락되지 않자 누르하치는 병력을 거둬 심양으로 철수길에 올랐다. 《청실록》에서는 유격 2명, 비어備禦 2명이 전사하고 5백 명의 병사들이 죽었다고 적었다. 아무래도 피해 상황을

1626년 1월 23일, 누르하치는 팔기군을 이끌고 영원성으로 들이닥쳤다.
그러나 연이은 공격에도 함락되지 않자 누르하치는 병력을 거둬 심양으로 철수길에 올랐다.
1626년 8월, 누르하치는 영원성에서 입은 부상의 후유증으로 세상을 떠난다.
출처: 《만주실록》 권8.

축소했다는 느낌을 지울 수 없다. 아무튼 1618년 명에 선전포고하고 무순성을 공략했던 이래 승승장구해왔던 누르하치에게 급제동이 걸린 것만은 분명했다. 천하의 누르하치도 원숭환이라는 임자를 만나고야 말았던 것이다.

영원성의 승리가 남긴 영향은 컸다. 이후 후금은 함부로 산해관을 넘보지 못했다. 1641년(숭정 14) 홍승주洪承疇가 이끄는 대군이 송산松山과 행산에서 무너질 때까지 산해관 앞의 영원을 비롯하여 금주에 이르는 요새와 성채들은 후금군의 서진을 차단했다.

홍타이지, 칸汗이 되다

1626년 8월 11일, 누르하치가 병으로 세상을 떠났다. 향년 68세였다. 영원성 원정에서 입었던 부상의 후유증 때문에 죽었다는 설도 있다. 아무튼 후금의 창시자이자 절대 지도자로 군림했던 누르하치가 죽자 누구를 후임 칸汗으로 세울 것인지가 초미의 현안이 되었다. 누르하치는 애초 16명의 아들이 있었는데, 1626년 사망 당시에는 장남 추엥褚英을 빼고 15명이 생존해 있었다. 또 조카 2명도 있어, 누르하치의 뒤를 이어 칸이 될 가능성이 있는 후보군은 모두 17명이나 되었다.

부족 연합체의 성격이 강한 후금에서 칸의 후계자를 원만하게 정하는 것은 결코 쉬운 일이 아니었다. 이미 누르하치 자신이 최고 권력자로 자리 잡는 과정에서 피비린내 나는 권력 투쟁을 경험했다. 누르하치는 1611년 친아우 스르가치舒爾哈齊를 연금시켰다가 죽인 바 있다.

누르하치奴兒哈赤

후금을 건국하여 청나라의 기초를 다진 누르하치(1559~1626)는 1626년 1월 팔기군을 이끌고 영원성을 친다.
그러나 '준비된 지휘관' 원숭환이 이끄는 명군은 홍이포를 앞세워 누르하치의 진격을 저지한다.
결국 누르하치는 영원성을 함락시키지 못한 채 병력을 거둬 철수하고 만다.

스르가치의 군사력이 강성했던 것을 꺼렸던 데다 그가 자신에게 맞서 독립하려는 움직임을 보였기 때문이다.

동생 스르가치를 제거하고 권력을 다졌던 누르하치는 1612년 적장자 추엥을 후계자로 지명하여 정무를 맡겼다. 하지만 성격이 조급하고 편협했던 추엥은 아우들과, 또 신료들과 끊임없이 문제를 일으켰다. 추엥과 갈등을 빚은 아우들은 누르하치의 차남 다이샨大善, 5남 망굴타이莽古爾泰, 8남 홍타이지皇太極, 그리고 누르하치의 조카인 아민阿敏 등이었다. 이들 사이의 갈등에도 불구하고 누르하치는 장남 추엥을 후계자이자 집정執政으로 계속 유임시키려 했지만 문제는 갈수록 심각해졌다. 급기야 아우들이 '추엥이 자신들의 재물을 빼앗으려 한다'거나 '칸으로 즉위하면 아우들을 모두 죽이겠다고 협박했다'는 사실을 들어 호소하자 누르하치는 생각을 바꾼다. 추엥의 정무를 중단시키고 근신토록 조처했다. 하지만 불만을 품은 추엥이 자신에게도 반항하는 태도를 보이자 누르하치는 1615년 36세의 장남을 처형한다.

동생과 장남을 죽이는 골육상쟁의 비극을 겪은 누르하치는 1615년, 이른바 팔기제八旗制를 정립했다. 팔기제란 후금(청淸)의 근간이 되는 군사, 행정 조직으로 각 기旗의 기본 단위는 니루牛彔였다. 니루란 '큰 화살'이라는 뜻인데, 병역과 노역을 담당하는 장정 300명을 낼 수 있는 규모를 목표로 이전의 여러 집단을 재편한 조직이다. 후금의 모든 구성원과 그들이 소유한 물자는 각각의 니루에 분속分屬되었다. 5개의 니루가 모여 1개의 자란甲喇이 되고, 5개의 자란이 모여 1개의 기旗를 이룬다. 팔기의 각급 관원들은 평시에는 행정관, 전시에는 지휘관으로 활동하는데 그 휘하의 주민들 또한 "나가면 병사가 되고 들어오면 백성이 된다[出則爲兵 入則爲民]"고 할 정도로 철저히 조직화되어 있었다. 팔기는 후금의 군사, 정치, 경제, 행정, 사법을 아우르는 공동체였던 셈이다.

팔기를 구성하는 각 기는 황黃, 백白, 홍紅, 남藍색을 바탕으로 만든 색깔과 모양이 다른 깃발들에 의해 서로 구별되었다. 테두리가 없는 깃발을 가진 기를 정기正旗, 테두리가 있는 깃발을 가진 기를 양기鑲旗라고 불렀다. 예를 들면 정황기正黃旗, 양황기鑲黃旗 식으로 말이다. 각 기의 최고 지도자를 '버일러貝勒' 또는 기왕旗王, 기주旗主라 불렀는데 기왕이 될 수 있는 자격은 누르하치와 그의 아우 스르가치의 적통嫡統 자식들에게만 주어졌다. 각 기의 주군主君 격인 기왕의 위상은 절대적이었다. 각 기를 구성하는 많은 니루, 각 니루에 소속된 관리와 백성들은 기왕의 가신家臣이자 소유물이나 마찬가지였다. 팔기제를 창설할 당시에는 누르하치가 정황기와 양황기, 그의 손자 두도杜度가 양백기鑲白旗, 다이샨이 정홍기正紅旗와 양홍기鑲紅旗, 망굴타이가 정람기正藍旗, 홍타이지가 정백기正白旗, 아민이 양람기鑲藍旗를 가진 기왕이었다.

1616년(천명天命 1), 누르하치는 국호를 대금大金(후금)이라 칭하고 칸의 자리에 올랐다. 그러면서 차남 다이샨에게 군국軍國의 대사를 맡겨 그를 후계자로 세울 생각을 은연중에 드러냈다. 추엥이 없는 상태에서 다이샨이 사실상 장자였던 데다 그가 관후寬厚하고 군공軍功이 많았기 때문이다. 하지만 새로운 집정이자 실력자로 떠오른 다이샨 또한 누르하치의 기대에 부응하지 못한다. 그가 후처 소생을 편애하여 적처 소생의 아들 석탁碩託을 구박하고 죽이려 했던 것이 드러나고, '계모 대복진大福晉이라는 여인과 사통했다'는 혐의까지 받으면서 누르하치의 눈 밖에 나고 말았다. 누르하치는 다이샨을 질책하고 집정의 지위를 박탈했다. 다이샨이 후계자 자리에서 밀려나게 된 것은 홍타이지가 아버지와 형의 사이를 이간시켰기 때문이라는 설이 있다.

이 같은 우여곡절을 겪고, 누르하치가 죽은 뒤 새로운 칸으로 즉위한 인물은 8남 홍타이지(1592~1643)였다. 홍타이지는 훗날 제위에 올라 태종太宗이 되고, 병자호란을 일으켜 인조에게서 치욕적인 항복을 이끌어냈던 바로 그 인물이다. 그의 모친은 몽골족 여자였다. 그는 장형 다이샨을 비롯하여 나머지 팔기 기왕들의 추대를 받는 형식으로 칸의 자리에 올랐다. 홍타이지는 누르하치를 따라 전장을 누비면서 탁월한 전공을 쌓았다. 특히 1619년 사르후 전투에서 세운 전공은 혁혁하여 누르하치는 '내 아들 홍타이지는 사람들이 의지하기를 인체로 치면 마치 눈과 같은 존재'라고 찬양하기도 했다. 그밖에도 《청실록》 등 여러 자료에 나타난 그의 자질에 대한 평가는 대체로 긍정적이다. '재능이 비범하고 기억력이 뛰어나다', '모략謀略에 뛰어나고 독서를 즐겨 경사經史에 밝다'는 등의 평가가 그것이다. 아무튼 홍타이지는 1626년 9월 1일, 심양 고궁에서 칸으로 등극했다. 그리고 1627년 1월 1일을 기준으로 후금국의 연호를 천명天命에서 천총天聰으로 바꾸었다. 바야흐로 홍타이지의 시대가 열린 것이다.

홍타이지, 후금의 전열을 재정비하다

홍타이지가 개인적으로 탁월한 인물이고, 추대에 의해 칸이 되었지만 즉위 직후 그의 권력과 위상은 신통치 않았다. 일견 만장일치로 옹립이 이루어진 것처럼 보였지만 속사정은 달랐다. 홍타이지는 즉위식을 마친 직후 다른 버일러들을 이끌고 다이샨, 아민, 망굴타이 등 자신보다 연장자인 형들에게 세 번 큰절을 올렸다. 그들은 1616년 이래 홍타이지와 함께 이른바 사대 버일러[四大貝勒]로 불리고 있었고, 사실상 홍타이지를 옹립했던 주체들이었다. 홍타이지가 절을 올린 것은 이들이 모두 연장자인데다 자신을 옹립해준 데 대한 감사의 표시였다. 하지만 아무리 그렇다고 하더라도 칸이 된 홍타이지가 절까지 올렸던 것은 분명 예사롭지 않다. 왜 이런 일이 벌어졌을까?

일찍이 장남과 차남을 후계자로 세우는 데 잇따라 실패했던 누르하치는 자신의 사후 골육상쟁이 일어나는 것을 막고 정권을 안정시킬 방도를 심각하게 고민했다. 그는 고심 끝에 1622년 유시문을 반포하여 후계자의 조건과 선출 방식을 밝혔다. 그에 따르면 후계자는 팔기 기왕들의 회의를 통해 선출하되, '팔기 기왕들의 충고를 충실히 따르는 인물'이어야만 했다. 또 칸으로 추대되더라도 모든 정무는 나머지 기왕들과 협의하여 처리하도록 규정했다. 또 인사권, 재정권 등의 권한 또한 팔기의 기왕들과 사실상 팔분[八分]하도록 했다. 새로 선출될 칸은 명목상으로는 '국가 원수'지만 사실상 집단 지도체제의 공동 집정 가운데 한 사람일 뿐이었다.

다이샨 등이 사대 버일러 가운데 막내였던 홍타이지를 칸으로 옹립한 데는 까닭이 있었다. 칸에게 권력이 집중되는 것을 견제하고 전통적인 부족제 본래의 분권적인 통치체제로 돌아가려는 것이었다. 홍타이지가 즉위했던 직후 당장 사촌형 아민이 삐딱하게 나왔다. 양람기를 장악하고 있던 아민은 홍타이지에게 휘하의 기인旗人들을 이끌고 독립하겠다고 통보했다. 홍타이지는 긴장했다. 아민의 독립을 허용하면 나머지 각 기들도 전부 이탈하려 들 것이고, 그럴 경우 후금의 연맹 조직이 붕괴되는 것은 시간 문제였다. 홍타이지는 아민을 설득하여 묶어 두기 위해 진땀을 흘려야 했다. 홍타이지는 이후 백관들로부터 조하朝賀를 받을 때 세 명의 형들과 나란히 앉아 남면南面했고, 제례를 거행할 때도 그들과 동렬에 섰다.

연립 정권의 명목상의 수장에 불과한 홍타이지의 앞길은 첩첩산중이었다. 그는 칸의 위상에 걸맞은 권력을 확보하기 위해 부심하는 한편, 안팎으로 놓여 있는 난제들을 극복해야만 했다. 우선 명과의 전쟁이 이어지면서 후금은 경제적으로 곤경에 처해 있었다. 명이 후금과의 교역을 끊어버리면서 식량, 직물 등 물자의 공급이 부족해졌기 때문이었다. 식량을 비롯한 각종 물자들을 확보하고 자체 생산하는 것이 초미의 과제가 되었다. 다음으로 부친 누르하치가 영원성 공격에 실패했던 것이 상징하듯이 명과의 전쟁 또한 교착 상태에 빠져 있었다. 영원성을 굳게 지키고 있는 원숭환과 홍이포를 넘어설 수 있는 돌파구를 마련해야만 했다. 또한 새로 장악한 요양, 심양 등 요동 지역의 한인들을 제대로 통치하고, 주변의 몽골 부족들을 확실하게 우군으로 끌어들여야 하는 과제도 안고 있었다.

자신의 권력을 강화하고 산적한 난제들을 해결하는 과정에서 홍타이지는 한인과 몽골인들에게 주목했다. 당시 후금 사회에는 많은 한인과 몽골인들이 있었다. 정복 과정에서 포로로 획득하거나 귀순해 온 사람들이었다. 과거 누르하치는 한인들을 좋게 봐주지 않았다. 그

홍타이지皇太極

정치적 감각이 뛰어났던 홍타이지(1592~1643)는
칸으로 즉위한 직후 권력 강화를 위해 한인 포용 정책을 실시했다.
능력 있는 한인들을 발탁하여 활용함으로써
서서히 중앙집권 체제가 구축되었고 홍타이지의 권력은 강화되었다.

들을 복속시키기 위해 탄압을 일삼았다. 요동 지역에서 붙잡은 한인들을 모두 만주족 관인들의 노예로 전락시켰다. 만주인들이 그들에게 약탈을 자행해도 별로 문제 삼지 않았다. 자연히 만주인들과 한인들 사이에 갈등이 불거졌다. 한인들은 침학을 피해 도망치는 것은 물론, 만주인 관인들을 암살하거나 우물에 독을 풀기도 했다. 심지어 무리를 지어 반란을 일으켰다.

홍타이지는 한인들을 포용하고 우대하여 안정시키는 방향으로 정책을 바꾸었다. 만주인 귀족이나 관원들이 한인들을 함부로 약탈하는 것을 금지했다. 한인과 만주인들을 분리시켰다. 한인들의 거주 지역에 만주인들이 접근하지 못하게 하고, 한인 관리들을 시켜 그들을 통제하도록 했다. 동양성佟養性, 마광원馬光遠 등 능력 있는 한관漢官들을 발탁하여 한인들을 통제하는 한편, 자신의 권력을 강화하고 중앙집권 체제를 구축하려 했다. 홍타이지의 포용정책에 힘입어 많은 한인들이 관직에 진출했다. 한인 관료들의 경륜과 지식을 활용할 수 있게 됨으로써 홍타이지의 권력은 강화되었다.

홍타이지가 우대한다는 소문을 듣고 투항을 꾀하는 한인들의 수도 점점 더 늘어났다. 비록 뒤 시기의 일이지만, 1629년 홍타이지가 북경을 기습하여 원숭환을 손쉽게 제거할 수 있었던 것도 한인 투항자들을 활용한 덕분이었고, 1633년 공유덕孔有德과 경중명耿仲明 등이 수군과 전함을 이끌고 귀순했던 것 또한 마찬가지였다. 홍타이지의 포용력이 빛을 발했던 것이다.

1626년 즉위 이후 홍타이지는 산해관을 향한 서진西進을 잠시 멈추고 내실을 다지기 위해 힘썼다. 동시에 배후의 위협을 제거하려고 시도했다. 조선은 일찍이 1621년(광해군 13) 무렵부터 누르하치 이후 후금의 후계 구도에 대해 예의 주시하고 있었다. 광해군은 정충신 등의 사절을 허투알라로 들여보내 후금의 내부 사정을 파악하고 있었다. 정충신은 광해군에게 "귀영가貴盈哥(조선이 다이샨을 부르던 별칭)는 보잘것없는 용부庸夫지만 홍타이지는 똑똑하고 용감하고 시기심이 많은 데다 부왕의 편애를 믿고 형을 죽이려 한다"는 상당히 구체적인 내부 정보까지 보고했다. 조선은 정탐을 통해 누르하치의 아들들 가운데 홍타이지가 조선에 대해 강경파이고 다이샨이 온건파라는 사실을 인지했다. 그와 관련하여 1621년 9월, 비변사는 '이간책을 사용함으로써 홍타이지가 조선 문제를 전담하지 않도록 해야만 싸움을 늦출 수 있다'고 건의한 바 있다. 홍타이지의 등극이 조선에 미칠 파장을 어느 정도 예상하면서 대비하려 했던 것이다.

반면 인조 정권은 집권 이후 이괄의 난 등이 남긴 여파를 수습하고 모문룡을 접제接濟하는 데 골몰하느라 후금의 내부 동향을 제대로 파악하지 못했다. 그런데 홍타이지는 즉위 직후 자신이 직면했던 곤경을 조선에 대한 침략을 통해 돌파하려고 시도한다. 조선에 위기가 다가오고 있었다.

정묘호란이 일어나다

홍타이지의 승부수 | 인조, 강화도로 피신하다 | 아민, 화의를 제의하다 | 조선, 후금의 '아우'가 되다 | 북쪽과 남쪽의 의병 | 서북 백성들의 비극과 모문룡의 사기 행각

오랑캐들이 예식에 대해 말하고
짐승들이 의관에 섞였으니
동해에 빠지는 일은 어렵지 않으나
조정을 바라보는 눈이 시리구나

홍타이지의 승부수

홍타이지는 1627년 1월 8일, 대패륵大貝勒 아민에게 조선을 정벌하라고 명령했다. 정묘호란이 시작되는 순간이었다.

1627년 후금이 갑자기 정묘호란을 도발했던 배경은 무엇일까? 그것은 복합적이었다. 조선과 후금, 명과 후금, 그리고 모문룡 문제를 비롯한 조선과 명 사이의 문제점들이 서로 얽혀 있었다. 특히 누르하치가 죽은 뒤 추대 형식으로 즉위했지만 칸의 위치에 걸맞은 권력과 권위를 갖지 못했던 홍타이지는 전쟁을 통해 여러 가지 문제를 동시에 해결하려고 했다.

홍타이지는 본래 조선에 대해 강경론자였다. 그는 일찍부터 부친 누르하치에게 조선을 공격하자고 건의했다. 특히 1619년 강홍립이 이끄는 조선군이 심하 전투에서 패하여 투항한 뒤에는 '후금과의 화의에 미온적인 조선의 장졸들을 전부 살해하자'고 주장한 바 있다. 반면 누르하치나 홍타이지의 형 다이샨

다이샨代善

누르하치의 차남이자 홍타이지의 장형.
장남 추앵이 죽은 뒤 사실상 누르하치의 장남이 되었지만 홍타이지에 밀려 후계자가 되지 못했다.
출처: 閻崇年, 《正說淸朝十二帝》, 中華書局, 2006, 36쪽.

의 입장은 달랐다. 두 사람은 '조선이 명의 배후에 있는 점을 고려하여 적대하지 말고 포용해야 한다'는 입장을 견지하고 있었다. 누르하치가 죽은 뒤, 조선을 삐딱하게 보고 있던 홍타이지가 칸으로 즉위한 것 자체가 조선에는 재앙이었던 셈이다.

홍타이지는 조선 정벌을 미약한 자신의 권력을 강화하는 계기로 삼고자 했다. 즉위 무렵 홍타이지는 명목상으로는 칸이었지만 실제로는 자신의 형들과 권력을 분점하고 연정을 펼 수밖에 없었다. 이미 언급했듯이 사촌형 아민은 홍타이지 추대에 반발하여 자신의 기旗를 이끌고 독립하려고 시도했다.

이 같은 배경을 고려하면 홍타이지가 조선을 치러 가는 원정군 사령관으로 아민을 임명한 것은 시사적이다. 아민에게 원정의 모든 책임을 지움으로써 그의 충성심을 시험할 수 있고, 결과가 좋지 않을 경우에는 정치적으로 책임을 물을 수도 있었다. 실제로 아민은 원정 도중 홍타이지가 제시했던 지침과는 배치되는 독단적인 행보를 보임으로써 홍타이지의 '기대'에 부응한 바 있다.

후금이 전쟁을 도발했던 원인으로 또한 빼놓을 수 없는 것이 경제 문제였다. 홍타이지의 즉위 직후 만주 지역에는 심각한 기근이 닥쳤다. 1627년 무렵의 사실들을 기록한 《청태종실록》에는 "굶어죽는 자가 속출하여 사람이 서로를 잡아먹는 지경에 이르고 논이 있어도 식량을 구할 수 없다"는 기사가 실려 있다. 명과의 싸움에서 연전연승하여 점령 지역이 확대되고 인구는 늘어났지만 농작에는 아직 서툴렀던 후금은 식량을 자급하지 못하고 있었다. 과거에는 무순, 청하 등지에서 명나라 상인들과의 교역을 통해 식량 등 생필품을 조달할 수 있었지만, 명에 맞서 전쟁을 벌이고 있던 당시에는 그것을 기대할 수 없었다. 명은 교역을 끊는 등 '경제 제재'를 통해 후금을 길들이려고 했다. 빈발하는 심각한 기근 때문에, 또 명과의 교역이 끊김으로써 경제적으로 위기에 처한 후금의 입장에서 조선은 각별한 존재였다. 명을 대신하여 자신들에게 식량과 생필품을 공급해줄 수 있는 대체 수입선이었던 것이다. 후금은 전쟁을 일으켜 조선으로부터 식량과 생필품 등의 교역 약속을 받아내겠다는 심산이었다.

후금의 전쟁 도발과 관련하여 가장 중요한 핵심은 '모문룡 문제'였다. 모문룡이 자신들의 지척에 있는 가도에 머무는 한, 후금이 명의 본토를 치기 위해 서진西進을 시도하는 것은 늘 불안할 수밖에 없었다. 더욱이 모문룡의 존재 때문에 한인들이 후금에서 계속 탈출하고 있었다. 모문룡이 군사적으로는 미약했지만 후금에게는 '목에 걸린 가시'였다. 그 '가시'를 제거하여 '뒤를 돌아봐야 하는 여지'를 없애는 것이야말로 전쟁을 일으킨 결정적인 배경이었다. 실제《청태종실록》에는 홍타이지가 아민에게 조선을 공격하라고 지시하면서 '조선이 오랫동안 후금에게 죄를 지었다'는 것과 '모문룡이 해도에 머물며 후금을 탈출하는 반민叛民들을 받아들이고 있다'는 것을 비난하면서 "조선도 취할 수 있으면 그렇게 하라"고 말하는 대목이 나온다. 정묘호란을 일으킨 우선 목표가 모문룡 제거였음을 엿볼 수 있다.

한편 이괄의 난이 남긴 여파 또한 후금의 조선 침략을 자극한 측면이 있었다. 반란이 진압된 직후 주모자였던 한명련의 아들 한윤韓潤은 조선을 탈출하여 후금으로 투항했다. 한윤은 후금에서 당시 억류되어 있던 강홍립을 만나 "강씨 일족이 다 죽었다"고 무고했다고 한다. 당연히 강홍립은 격앙되었다. 또 '새로 들어선 인조 정권이 흔들리고 있다'는 정보도 후금 측으로 건네졌다. 결정적인 원인은 아니지만 한윤의 후금 투항과 그가 건네준 정보가 홍타이지가 조선 침략을 결심하는 데 일정한 영향을 미친 것은 분명해 보인다.

요컨대 정묘호란은, 홍타이지의 권력 강화 필요성 등 후금의 내부 사정과 조선·명·후금 사이의 얽히고설킨 관계에서 비롯된 복합적인 사건이었다. 그럼에도 불구하고 이후 조선에서는 정묘호란을 '강홍립이 후금을 사주하여 일으킨 전쟁'으로 단순하게 규정하려는 인식이 지배적이었다. 송시열이 《삼학사전三學士傳》에서 정묘호란을 '강홍립이 오랑캐를 인도하여 국경을 침범한 사건'이라고 했던 것을 비롯하여 서인계西人系 인물들은 대부분 '강홍립이 오랑캐를 부추겨 도발한 전쟁'으로 정의했다. 정묘호란을 아예 '강노의 침입[姜虜入寇]'이라고 부르기도 했다. '강노'란 물론 강홍립을 가리킨다.

만력 무오년에 건주의 오랑캐가 화란을 얽어 천조天朝를 어지럽혔는데 천조는 격문을 보내 우리나라에서 병력을 징발했다. 조정은 강신姜紳의 아들 강홍립을 발탁하여 원수로 삼아 명을 돕도록 했는데 홍립은 마가채馬家寨에 이르러 싸우지 않고 오랑캐에 항복하여 그곳에 머물렀다. 갑자년에 이르러 한명련의 아들 한윤이 탈출하어 오랑캐 땅으로 들이기 홍립을 만나 '우리 조정이 그 가족들을 모두 죽었다'고 속여 홍립의 흉악한 마음을 자극하고, 함께 칼을 거꾸로 잡고 조선을 공격할 계획을 세웠다. 정묘년 1월에 철기鐵騎를 규합하여 의주로 들이닥치니 흉봉兇鋒이 이르는 곳마다 닭과 개의 씨까지 말리고 잇따라 평양과 황주까지 함락시켰다.

정묘호란이 일어났을 당시 김장생 휘하에서 활동한 의병들의 활동을 기록한 《양호거의록兩湖擧義錄》에 실린 〈강노입구시기사姜虜入寇時記事〉의 내용이다.

1798년에 출간된 위의 기사에 따르면 정묘호란 발생의 원인은 광해군 시절로 거슬러 올라간다. '1619년 명을 돕기 위해 참전한 강홍립은 싸우지도 않고 오랑캐에게 항복했다'→ '1624년 후금으로 도망친 한윤이 강홍립 집안이 멸족滅族되었다고 무고했다'→ '격분한 강홍립이 오랑캐 군대를 이끌고 쳐들어와 조선을 유린했다'는 식으로 서사가 구성되어 있다. 한마디로 '광해군의 신하'였던 강노가 '주도적으로' 후금군을 끌어들여 조선을 침략한 사건이라는 것이다. 후금 자체의 침략 배경에 대해서는 전혀 언급하지 않는다.

하지만 정묘호란 당시 후금군을 이끌었던 사령관은 엄연히 아민이었고, 후금 또한 '투항자'의 사주에 따라 동병動兵 여부를 결정할 정도로 간단한 나라가 아니었다. 강홍립 스스로도 '자신은 원정에 차출된 뒤 봉황성鳳凰城에 이르러서야 비로소 조선으로 향하는 것을 알게 되었다'고 진술한 바 있다.

그렇다면 왜 정묘호란을 '강노입구' 운운하며 '강홍립의 복수전'으로 설정하여 모든 책임을 강홍립에게 돌리려 했던 것일까? 인목대비의 광해군 폐위 교서에서 보이듯이 '광해군이 오랑캐와 화친한 것'이야말로 인조 정권이 '반정을 일으킨 명분'이자 '입국立國의 근거'였다. 그런데 정묘호란을 맞아 '오랑캐'와 형제관계를 맺고, 이어 병자호란 당시 무릎을 꿇고 항복함으로써 인조정권의 '명분'은 크게 훼손되고 말았다. '곤경'으로부터 탈출하는 것이 필요했다.

그와 관련하여 특히 주목되는 것은 서인계 인물들이 '심하 전투 당시 강홍립이 싸우지도 않고 항복했다'고 강조하는 부분이다. 앞서 자세히 언급했듯이 심하 전투는, 형편없는 전력戰力을 지녔던 명군이 자멸했던 싸움이었다. 그럼에도 반정 이후 인조와 서인들은 '광해군이 강홍립을 사주하여 기밀을 유출시킴으로써 명이 원정을 망치고 궁극에는 요동까지 상실하게 만들었다'는 황당한 기억을 만들어낸 바 있다. 정묘호란을 '강노입구'로 정의하는 것 또한 그 같은 '만들어진 기억'의 연장선에 있었다. 정묘호란이 일어나게 된 근원적인 책임을 광해군과 강홍립에게 돌리고, 나아가 광해군 정권을 후금과 '같은 부류'로 매도함으로써 자신들이 처한 명분적 곤경으로부터 벗어나려는 의도가 담겨 있었던 것이다.

인조, 강화도로 피신하다

후금군은 1627년 1월 13일 압록강을 건너 의주성으로 들이닥쳤다. 당시 후금군은 다국적군이었다. 만주족 병사들뿐 아니라 한족과 몽골 출신 병사들도 있었다. 사령관은 아민이었고, 한족 출신의 이영방李永芳, 조선 출신의 강홍립과 한윤도 지휘부에 끼어 있었다. 이영방은 1618년 누르하치가 무순성을 공격했을 때 성문을 열고 투항한 인물이었다.

후금군의 본격적인 공격이 시작되기 전에 한윤은 변장하고 몰래 의주성으로 들어왔다. 14일 새벽 후금군이 성을 포위하여 전투가 시작되자 한윤은 무기고에 불을 질렀다. 혼란한 와중에 후금군에 내응하는 자들이 성문을 열었고 후금군은 수월하게 성 안으로 들이닥쳤다. 과거 후금군이 요동의 여러 성들을 함락시키던 것과 비슷한 양상이었다. 성을 지키던 의주목사 이완은 사로잡혀 피살되었다.

의주성 함락 후 후금군은 정주定州의 능한산성凌漢山城을 포위했다. 성을 지키는 조선 병사들은 일제히 조총을 쐈지만 다시 탄환을 재기도 전에 돌격해 들어온 후금군에 의해 제압되었다. 선천부사 기협奇協이 전사하고, 정주목사 김진金搢과 곽산군수 박유건朴惟健은 포로가 되었다. 성 함락 후 후금군은 저항했던 군사들을 전부 살해했다. 백성들은 적에게 포로로 잡힌 뒤 전부 머리를 깎았다. 머리를 깎은 것은 포로들이 이제 자신들의 소유가 되었음을 알리는 표시였다.

후금군은 1월 21일 청천강을 건너 안주로 들이닥쳤다. 안주는 당시 의주에서 서울로 이르는 대로상에서 가장 중요한 방어 거점이었다. 그 때문에 조선이 나름대로 오랫동안 방어태세를 점검해왔던 곳이었다. 성 안의 군민도 3만 6천여 명이나 되었다. 평안병사 남이흥은 성 밖의 민가를 불태우고 결전을 준비했다. 적의 돌격이 시작되자 대포와 화살을 일시에 발사하여 저지했지만 역부족이었다. 삼남에서 올라온 농민 출신들이 대부분이었던 조선군은 전투 경험이 풍부한 후금군의 상대가 되지 못했다. 후금군의 대병력이 순식간에 성을 넘어왔고, 조선군은 우왕좌왕했다. 방어선이 붕괴되어 성의 함락이 임박하자 남이흥은 부하들과 함께 불붙은 화약 더미 속으로 몸을 던졌다. 장렬한 순국이었다.

그런데 남이흥이 죽기 직전 남겼다는 말이 예사롭지 않다. 그는 "내

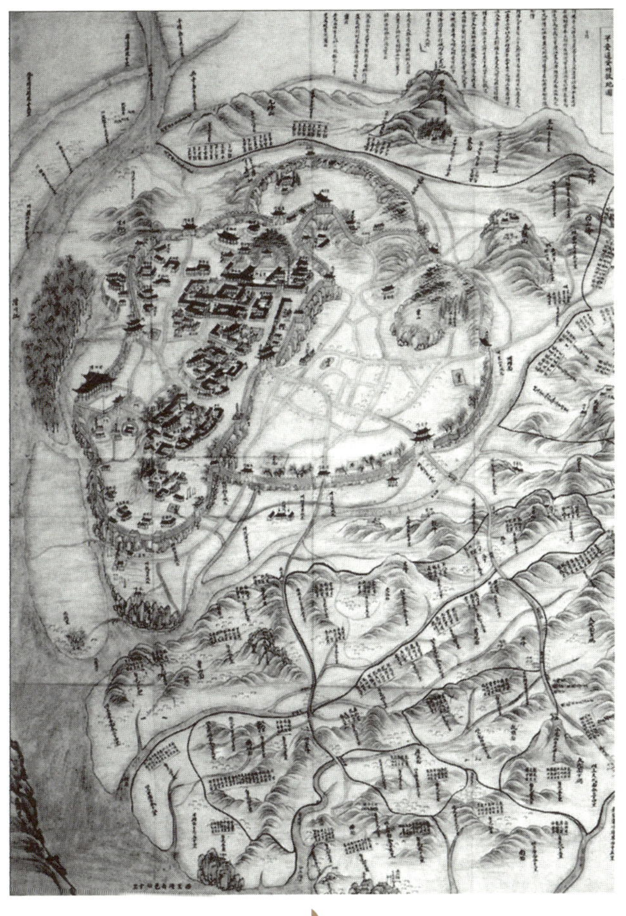

〈안주목지도安州牧地圖〉

후금군은 1627년 1월 21일, 청천강을 건너 안주로 들이닥쳤다. 안주는 당시 의주에서 서울로 이르는 대로상에서
가장 중요한 방어 거점이었다. 그러나 조선군은 전투 경험이 풍부한 후금군의 상대가 되지 못했다.
후금군의 대병력이 순식간에 성을 넘어왔고 안주성은 곧 함락되었다.
그림은 조선시대 관찬지도 제작사업의 마지막 성과로 평가받는 《1872년지방도》 중
〈안주목지도〉(서울대학교 규장각 소장).

가 지휘관이 되어 한 번도 습진習陣을 해보지 못하고 죽는 것이 애통하다"고 말했다고 한다. '습진'이란 진을 치는 훈련을 말한다. 남이흥은 왜 지휘관이 당연히 실시해야 할 습진 훈련을 해보지 못했던 것일까? 그것은 바로 당시 인조 정권의 실세들이 벌이고 있었던 기찰(사찰) 때문이었다. 이괄의 난 때문에 정권을 잃을 뻔했던 인조 정권은 이후 과거 정권의 잔당이나 휘하에 병력을 거느리고 있던 무장들에 대한 기찰에 혈안이 되어 있었다. 휘하에 대규모의 병력을 거느리고 있던 남이흥 또한 예외일 수 없었다. 결국 '정권 안보'를 위한 기찰 때문에 습진조차 변변하게 해보지 못하고 후금군의 침략을 만난 셈이다. 습진을 자주 했다 하더라도 후금군을 막아낸다고 장담할 수는 없겠지만 남이흥의 유언은 많은 것을 생각하게 한다.

안주성을 함락시킨 뒤 아민은 병사들에게 4일간 휴식 시간을 주었다. 후금군은 느긋했다. 반면 안주성이 함락된 후, 숙천肅川과 평양의 조선 관민들은 풍문만 듣고도 무너졌다. 후금군의 승승장구였다. 후금군과 함께 침략에 가담했던 강홍립은 뒤에 인조를 만났을 때 "조선군은 후금군의 깃발만 보아도 무너지고 말았다"고 전투 상황을 회고한 바 있다.

후금군의 침략 소식이 서울의 조정으로 날아든 것은 1월 17일이었다. 인조는 급히 신료들을 불러보았다. 인조는 신료들을 보자마자 "이들이 모문룡을 잡아가려고 온 것이냐? 아니면 우리나라를 침략하려고 온 것이냐?"고 물었다. '모문룡 문제'를 빼놓으면 후금과 원한을 살 만한 일이 없다고 생각한 것이다. 집권 이후 '친명배금'을 표방하기는 했지만 구체적으로 '배금' 행위를 했던 적이 없기 때문에 인조는 갑작스런 후금의 침략 소식에 당황할 수밖에 없었다.

신료들도 당황하기는 마찬가지였다. 전쟁 자체를 예상하지 못한 상황에서 뾰족한 대책이 있을 리 없었다. 장만은 속히 하삼도에서 병력을 징발하고, 황주와 평산에 별장을 보내 방어 태세를 갖추자고 촉구했다. 이귀는 황해도를 방어할 수 있을지 확신이 서지 않는다며 강화도를 피난처로 정해 놓았다가 안주에서 패전 소식이 들어오면 곧바로 강화도로 들어가야 한다고 주장했다. 패전을 이미 기정사실로 해놓고 대응하려는 자세 같았다. 최명길은 임진강을 방어할 계책을 속히 마련해야 한다고 강조했다. 다른 비변사 신료들도 신경진을 임진강으로 보내자고 했다.

하지만 인조의 마음은 이미 강화도로 들어가 있었다. 인조는 강화도 방어를 위해 삼남 지방에서 1만의 병력을 동원하고 수사水使들을 시켜 수군을 이끌고 강화도로 들어오게 하라고 지시했다. 인조의 우선 관심사는 자신의 호위扈衛 문제였다. 인조는 3년 전 '이괄의 난'을 맞아 권력을 잃어버릴 뻔했던 아찔한 기억을 떠올렸던 것으로 보인다.

사헌부와 사간원의 신료들은 강화도로 들어가려는 계획에 반대했다. 궁벽한 섬으로 들어가면 조정의 명령이 통하지 않고 조운도 어렵다고 우려를 제기했다. 그럼에도 굳이 강화도로 들어가려면 분조를 설치해야 한다고 강조했다. 인조는 강화도로 가되 왕세자를 삼남으로 보내 민심을 수습해야 한다고 주장했다.

신흠은 인조에게 민심 수습을 위해 백성들에게 '애통해 하는 교서'를 내려야 한다고 건의했다. 일종의 '사과 성명'을 발표하라는 것이었다. 인조는 건의를 받아들여 장유에게 교서를 짓도록 했다. 인조는 교서에서 '반정 직후 민생의 고통을 덜어주지 못한 채 백성들을 기만한 것', '옥사가 빈발하여 억울하게 처벌받은 사람들 때문에 화기和氣가 손상된 것', '모문룡을 접대하기 위해 세금을 혹독하게 거둔 것', '호패법을 가혹하게 시행하여 백성들을 괴롭힌 것' 등 '실정'에 대해 사과했다. 이어 자신을 '임금답지 못한 임금'이라고 자책한 뒤 '부디 열성列聖의 은혜를 생각하여 기댈 곳 없는 자신을 도와달라'고 백성들에게 호소했다. 위기 상황을 돌파하기 위해 백성들에게 사과하는 굴욕까지 감수했던 것이다. 인조는 10년 뒤에도 똑같은 일을 반복한다. 1637년 병자호란이 항복으로 끝난 뒤에도 백성들에게 다시 사과 성명을 발표한 것이다.

인조가 강화도로 들어가기로 결정하면서 여타 지역에 대한 방어는 거의 방기되었다. 인조는 파천을 결정한 직후 장만을 도체찰사都體察使로 임명했다. 방어를 총괄하는 직책이었다. 장만은 황해도의 임지로 떠나기에 앞서, 적과 조우할 경우에 대비하여 어영군 가운데 사격술이 뛰어난 포수 1백 명을 데려가게 해달라고 요청했다. 인조는 거부했다. 호위에 충당해야 할 어영군의 병력을 덜어낼 수는 없다고 했다.

비변사의 논의를 주도하고 있던 반정공신들 또한 극도로 몸을 사렸다. 강화도로 가기로 결정한 직후 논란이 된 것은 임진강을 방어하는 문제였다. 훈련도감과 어영군의 병력을 호위에만 투입하게 되자 임진강 방어에 충당할 병력을 차출하는 일이 여의치 않았다. 김류는 이시백 휘하의 수원 군사들을 임진강 방어에 투입하자고 했다. 그러자 이귀가 발끈했다. 이귀는 '군량이 궁핍한 상황에서 수원의 병력을 임진강으로 보내면 오직 죽음뿐'이라며 반발했다. 이시백은 이귀의 아들이었다. 이귀는 수원의 병력도 인조를 호위하는 데 써야 한다고 주장했다. 김류는 반박했다. '적병이 이미 깊숙히 들어왔는데 장강長江의 요새를 버리고 나라를 도모할 수 있겠냐?'고 힐문했다.

인조는 결국 이귀의 손을 들어주었다. 수원의 군병도 강화도로 들여보내라고 했다. 보다 못한 보덕輔德 윤지경尹知敬이 상소를 올렸다. 그는 "적이 아직 천리 바깥에 있음에도 먼저 도성을 버릴 궁리만 하고 있다"고 통탄하고 인조에게 경솔히 파천하지 말라고 호소했다. 그러면서 자신에게 병력 5백 명만 주면 임진강을 사수하겠다고 다짐했다.

1월 26일 인조는 강화도로 가기 위해 노량露梁으로 거동했다. 하지만 타고 갈 배가 부족하여 출발하는 것이 여의치 않았다. 인조는 말에서 내려 모래밭에 앉았다. 이괄의 반란군을 피해 한강변으로 나왔던 이래 두 번째 맞는 파천이었다. 다음날 인조는 김포를 경유하여 저녁에 통진通津에 도착했다.

강화도로 옮겨가면서 조정은 임진강을 포함한 다른 지역의 방어에는 제대로 신경쓸 수 없었다. 평안도와 황해도를 포함하여 한강 이북 지역의 백성들은 후금군의 칼날 앞에 무방비 상태로 노출되었다. 사실상 정권으로부터 버림받은 것이나 마찬가지였다. 그들은 이제 자신의 목숨을 스스로 지켜야만 했다.

아민, 화의를 제의하다

조선 조정은 황해도 이북의 방어선이 붕괴되자 전열을 다시 정비하려고 안간힘을 썼다. 도원수 장만과 부원수 정충신에게 평안도 지역의 패잔병과 함경도, 강원도 등지의 병력을 모아 임진강을 방어토록 했다. 총융사 이서에게는 남한산성을 본거지로 삼아 하삼도 군사를 통괄 지휘하여 한강을 방어토록 했다. 그리고 통제사 구인후가 거느리는 수군으로써 적이 강화도에 상륙하는 것을 저지하도록 조처했다. 가장 중점을 둔 것은 역시 인조가 머물고 있는 강화도를 수비하는 문제였다.

초반의 전황은 조선이 일방적으로 몰리는 형국이었지만 후금군은 의외로 신중했다. 그들은 의주성을 함락시킨 직후 총사령관 아민의 명의로 평안감사 윤훤에게 서신을 보내 강화 협상을 제의했다. 윤훤은 조정에 보고한 뒤 회답을 주겠다고 했고, 1월 18일 조정은 윤훤의 장계를 통해 후금이 화의를 제의한 사실을 알게 되었다.

승승장구하던 시점에 후금군은 왜 갑자기 화의를 제의했을까? 우선 당시 후금군의 병력이 충분하지 않았던 사실을 들 수 있다. 후금은 약 3만 명의 병력을 동원했는데 아민은 그 숫자로는 서울까지 진격하는 것이 어렵다고 보았다. 그는 청천강 이북을 점령했던 직후, 홍타이지에게 증원군을 보내달라고 요청한 바 있다. 3만 명의 병력으로는 전진을 계속하면서 다른 한편으로 점령 지역을 관리하고 조선 관민들을 통제하는 것이 어려웠기 때문이다.

또 영원성에 있던 원숭환의 위협을 염려했기 때문이었다. 당시 후금군이 조선 내륙으로 남하하면서 가장 우려했던 점은 명군이 자신들의 배후를 공격하는 것이었다. 실제로 정묘호란 발생 소식을 접한 명의 병부는, 후금군이 조선으로 깊숙이 들어간 틈을 이용하여 후금 지역을 공격하자고 건의한 바 있다. 산해관과 영원, 가도 등지의 병력을 동원하여 후금의 배후를 침으로써 조선을 원조하자는 내용이었다.

후금군이 강화를 제의했다는 소식을 처음 접했을 때 조선 조정은 미온적인 반응을 보였다. 언관들은 후금의 서신을 물리치지 못하고 답장을 주겠다고 응답한 평안감사 윤훤을 비난하고 인조에게 신중히 대처하라고 촉구했다. 후금 측이 강홍립의 종자인 언이彦伊 등을 윤훤에게 다시 보내 강화를 거듭 재촉하자 인조는 비변사 신료들을 불러 모았다. 인조는 "서신을 받자마자 화친을 허락하면 우리가 겁을 내서 그런다고 여길 것"이라고 우려했다. 신흠은 '명도 그들과 화친하려는 판에 우리만 화친을 피할 수는 없다'고 했고, 이귀는 '적이 평양으로 진격해오면 사태 수습이 불가능하다'며 답서를 꾸며 강홍립의 아들 강숙姜璛 편에 부치자고 제안했다.

최명길의 의견은 달랐다. 그는 서신을 보낸 주체가 홍타이지가 아니라 아민임을 문제 삼았다. 그러면서 도체찰사 장만의 명의로 답하되, 무고하게 침략하여 군민들을 도륙한 잘못을 따지고 '위협적인 맹약은 죽어도 따를 수 없으며 침략 사실을 명에 알리겠다'는 내용을 답서에 집어넣자고 했다. 명을 이용하여 후금군을 견제하려는 의도가 담긴 의견이었다.

인조와 반정공신들은 화친 요구를 받아들이는 쪽으로 가닥을 삽았지만 반대론도 만만치 않았다. 대사헌 박동선朴東善, 사간 윤황尹煌 등은 인조가 강화도로 떠나기 전부터 반정공신들을 맹렬히 비난했다. 윤황 등은 '전하께서 총애하는 김류, 이귀, 이서, 신경진, 김자점 등 반정공신들은 섬으로 들어가거나 산성으로 올라가고, 혹은 호위를 칭하거나 검찰檢察 직책을 맡아 안전하고 편안한 자리를 차지하고 오로지 힘 없고 배경이 없는 장만만을 맨손으로 적진에 보냈다'고 성토했다. 반대하는 신료들은, 도성을 버리고 파천하자고 맨 처음 주장한 자의 목을 베고 인조에게 군대를 이끌고 직접 친정親征에 나서라고 촉구했다.

1월 27일, 강숙 등은 조선 조정의 답서를 가지고 후금군 진영에 도착했다. 후금군은 이미 중화中和까지 남하해 있었다. 답서의 핵심은 이러했다. '조선은 명을 2백 년 이상 섬겨왔고 임진왜란 때 큰 은혜를 입었기 때문에 그들과의 관계를 끊을 수 없다'는 것이었다. 아민은 조선의 답서 내용에 반발했다. 그는 '조선은 명의 은혜만 강조하는데 과거 후금도 조선에 커다란 은혜를 베푼 적이 있다'고 맞받았다. 아민은 과거 선조 연간 해서여진의 일족인 울라烏拉의 부잔타이布占泰가 조선을 침략했을 때 자신들이 부잔타이를 설득해 침략을 중지시켰던 것, 1619년 심하 전투 때 포로로 잡은 조선 병사들을 송환해준 것 등 '은혜'를 열거했다. 그러면서 조선이 모문룡을 편들고 군량을 제공했던 것, 누르하치가 죽었을 때 조문弔問하지 않은 것 등을 침략하게 된 동기로 제시했다.

아민은 자신들의 원정이 정당하다고 강변하면서, 조선 사신들에게 계속 싸울 것인지 화약和約을 맺을 것인지 빨리 선택하라고 요구했다. 그러면서 화약을 원한다면 국왕이 신임하는 사람을 속히 보내라고 닦달했다. 아민은 강숙 일행이 돌아가는 편에 자신의 사자 아본阿本과 동나미董納密 등을 동행시켰다. 그들이 떠난 뒤 남하를 멈추고 중화에서 1주일을 더 머물렀다. 휴식을 취하면서 조선의 답변을 기다리겠다는 심산이었다. 당시 후금군이 조선과의 화의를 간절히 바라고 있었음을 보여주는 대목이다.

1월 28일 아민이 보낸 사신 일행이 강화도 건너편의 풍덕豊德 부근에 당도했다. 조선 조정은 '오랑캐 사신[호차胡差]'을 어느 길을 통해 강화도로 들어오게 하느냐를 놓고 논란을 벌였다. 인조는, 조선 사람들이 평소 이용하지 않는 샛길로 호차를 데려와야 한다고 했다. 그러면서 자신은 호차가 전하는 국서를 직접 받지 않겠다고 했다. 화약을 맺어 후금군을 돌아가게 하는 일이 급하기는 했지만 '오랑캐'와 직접 대면하는 것은 도무지 내키지 않았던 것이다.

2월 2일, 호차가 갑곶甲串을 통해 강화도로 들어왔다. 그가 소지한 국서에는 '명과의 관계를 끊되, 후금이 형이 되고 조선이 아우가 되는 형식으로 화약을 맺자'는 내용이 담겨 있었다. 인조는 신료들을 다시 불러 모았다. '명과의 관계를 끊는 것은 대의에 어긋나는 것이니 절대로 받아들일 수 없다'는 원칙이 재확인되었다. 인조는 그러면서 형제의 명칭은 다툴 필요가 없다고 했다.

조선은 후금 측이 조선과 명 사이의 기존 관계를 용인해준다면 화친을 받아들일 수 있다는 입장이었다. 하지만 척화파斥和派들이 들고 일어났다. 2월 3일, 태학생 윤명은尹命殷 등이 상소를 올렸다. '오랑캐 사신의 목을 베어 명으로 보내고 의병을 일으켜 성을 등지고 결전을 벌이자'는 내용이었다.

인조와 반정공신들이 주축인 비변사는 뜨끔했다. 비변사는 '오랑캐와 화친하려는 것은 전쟁을 완화시켜 종사를 보전하기 위한 부득이한 계책'이라고 강조했다. 그럼에도 외방에서는 '조정이 대의를 망각하고 더러운 오랑캐와 우호를 맺으려 한다'는 유언비어가 떠돌고 있다

갑곶甲串돈대

바다를 사이에 두고 김포의 통진과 마주보고 있는 갑곶은 강화도를 방어하는 데 가장 중요한 요충지였다.
사진은 오늘날 갑곶돈대의 모습.

고 우려했다. 인조는 화의에 비판적인 조야의 여론을 의식하여 다시 교서를 반포했다. '위기에 처한 종사를 구하기 위해 어쩔 수 없이 오랑캐와 화친하지만 명과 관계를 끊으라는 요구만은 절대로 따르지 않겠다'고 강조했다. '오랑캐와 화친했다'는 명분을 내세워 광해군 정권을 타도하고 들어선 마당에 광해군대의 '화친'을 반복하는 데 따른 따가운 여론이 부담스러웠던 것이다.

조선, 후금의 '아우'가 되다

2월 5일, 조선은 강인姜絪을 임시로 형조판서에 임명하여 회답사回答使로 파견했다. 조선은 강인에게 들려 보낸 국서에서 '명나라를 배신할 수 없다'는 뜻을 거듭 밝혔다. 또 의연히 천계 연호를 사용했다. 후금 측은 반발했다. 그들은 '천계'의 '계啓'자 대신 '총聰'자를 쓰라고 종용했다. 자신들의 연호인 '천총天聰'을 사용하라는 요구였다. 이를 받아들이지 않으면 서울까지 진격하여 1년 동안 머물며 철수하지 않겠다고 협박했다.

당시 황해도에 머물고 있던 후금군 지휘부는 계속 전진할지의 여부를 놓고 의견이 서로 갈렸다. 종사령관 아민은 다른 장수들의 의견을 무시하고 서울로 전진할 것을 고집했다. 귀순한 한족 출신 장수 이영방이 반대하자 아민은 발끈했다. 이영방에게 "내 어찌 너 같은 오랑캐 놈을 죽이지 못할까?"라고 면박을 주었다. 한족인 이영방이 만주족 아민에 의해 졸지에 '오랑캐'로 전락하는 순간이었다. 이영방은 입을 다물 수밖에 없었다. 결국 아민의 동생 지르가랑濟爾哈朗과 다른 장수들이 모두 나서서 설득한 뒤에야 아민은 전진하겠다는 고집을 꺾었다.

2월 9일, 후금의 사신으로 강홍립과 박난영朴蘭英, 한인 유해劉海 등이 강화도로 들어왔다. 후금군 지휘부가 강홍립과 박난영 등을 강화도에 사절로 파견한 것은 각별한 의미를 지니는 것이었다. 강홍립과 박난영은 모두 1619년 명을 도와 후금을 공격하는 심하 전투에 참전했다가 투항했던 인물들이다. 도원수都元帥였던 강홍립은 후금에 억류된 중에도 광해군에게 후금 측의 내부 사정과 동향을 수시로 전달했고, 창성부사였던 박난영은 심하 전투 직후 후금의 국서를 갖고 조선에 들어와 양국 사이의 화친을 이끌어내는 데 중요한 역할을 했었다. 그런 그들을 사신으로 보낸 것은 당시 후금군 지휘부가 강화 협상에 아주 적극적이었음을 보여주는 대목이다.

2월 10일, 인조는 강홍립과 박난영을 접견했다. 두 사람은 심하 전투에서 투항했던 이후 9년 만의 귀환이었다. 신료들은 강홍립 등의 목을 쳐야 한다고 아우성을 쳤지만 인조는 그들을 따뜻하게 맞아주었다. 강홍립은 인조에게 "모진 목숨 죽지 못하고 9년 만에 전하를 뵈니 드릴 말씀이 없다"고 머리를 조아렸다. 그러면서 인조에게 후금 측의 내부 사정을 상세하게 보고하고 강화를 맺는 것이 절실하다고 강조했다.

유해는 본래 명의 관인으로서 후금으로 귀순했던 인물이다. 후금 측이 그를 사신으로 보낸 것은, 조선이 명나라 관인이라면 사족을 못 쓰는 상황을 염두에 둔 조처였다. 실제로 유해는 조선 조정으로부터 과거 명의 칙사들처럼 대접받고 싶어 했다. 또 인조를 알현할 때 절을 할 수 없다며 누워서 움직이지 않기도 했다. 그는 '조선이 오로지 명분에만 집착하여 종사가 망하고 백성들이 죽어가는 현실을 외면하고 있다'고 비판하며 화친의 기회를 놓치지 말라고 촉구했다.

조정은 원창부령原昌副令 구玖를 원창군原昌君으로 삼아 왕제王弟라고 칭하여 후금군 진영으로 보내기로 했다. 일종의 볼모였다. 2월 15일에는 목면木綿 1만 5천 필, 면주綿紬 2백 필, 백저포白苧布 2백 5십 필 등을 후금군 진영에 보냈다. 일종의 세폐歲幣였다. 원창군을 파견하고 세폐를 보냄으로써 화친을 위한 기본 토대는 마련되었다.

마지막 걸림돌은 화약을 맺었다는 사실을 하늘에 고하고 맹세하는 문제였다. 후금 측은 인조와 후금 사신이 동참한 가운데 흰 말과 검은 소를 희생으로 잡아 하늘에 제사 지내는 의식을 거행하자고 요구했다. 조선 조정은 그것을 비루하게 여겨 거부하려 했다. 많은 신료들이 '존엄한 천승지국千乘之國의 임금이 개돼지와 더불어 맹세하는 것은 죽어도 받아들일 수 없다'고 격렬히 반대했다.

후금 측도 완강했다. 아민은, 맹세를 기피하는 것은 겉으로만 화친하려는 것으로 끝내 거부한다면 다시 싸워 승부를 가리자고 협박했다. 《청실록》이나 《만문노당滿文老檔》을 보면 누르하치가 주변 부족들을 공격하여 복속시킬 때마다 희생을 잡아 회맹會盟하는 장면이 나온다. 만주족의 입장에서 고천告天 맹서盟誓는 서로의 신의를 확인하는 의식이었다.

인조는 후금 측이 요구하는 맹세 의식에 대해 의외로 유연한 태도를 보였다. 그는 "맹세는 대의와는 무관하다. 두 마리 가축을 아끼려다가 위망을 초래할 수는 없다"며 맹세와 관련된 책임은 자신이 모두 지겠다고 나섰다.

3월 3일, 인조는 대청에 나아가 향을 피우고 하늘에 고하는 예를 몸소 거행했다. 조선 신료들과 호차들이 각각 동쪽과 서쪽 계단에 도열하여 그 장면을 지켜보았다. 인조가 예를 마치고 행궁으로 돌아가자 후금인들이 흰 말과 검은 소를 잡아 피와 골을 그릇에 담았다. 조선 신료들과 호차들은 새로 만든 서단誓壇에 서서 맹세문을 낭독했다. '조선이 향후 후금을 적대시하여 나쁜 마음을 품으면 이와 같이 피와 골이 나오게 되고, 후금이 나쁜 마음을 품으면 역시 피와 골이 나와 하늘 아래서 죽게 될 것이다!'

우여곡절 끝에 조선과 후금이 화약을 맺고 전쟁이 종결되는 순간이었다. 이괄의 난이 남긴 후유증 등 내정의 난제들을 추스르기에도 여유가 없었던 조선과 배후에 있는 원숭환의 위협을 고려하면서 조선으로부터 경제적 실익을 얻어내는 것이 절실했던 후금의 이해관계가 서로 맞아떨어지는 대목이기도 했다.

이제 후금이 조선의 '형'이 되고 조선은 후금의 '아우'가 되기로 맹세했다. 인조반정이 성공했던 직후 '오랑캐를 정벌하여 명의 은혜에 보답하겠다'고 내세웠던 '이상'은 사라지고 오히려 그 '오랑캐'를 '형'으로 섬겨야 하는 '현실'에 직면하게 된 것이다.

흰 말과 검은 소를 잡아 형제가 되기로 고천 맹서를 마친 직후 정온은 다음과 같이 시를 읊었다.

검은 소와 흰 말을 잡으니	黑牛兼白馬
비린내 나는 피 쟁반에 가득	腥血滿盤殷
상국은 비위가 좋기도 하고	相國無脾病

강화군 강화읍 월곳리에 있는 정자.
정묘호란 당시 조선과 후금의 강화협상이 열렸던 장소다.

모신은 기쁜 안색이로세   謀臣有喜顔

오랑캐들이 예식에 대해 말하고   侏離談禮式

짐승들이 의관에 섞였으니   犬羊雜衣冠

동해에 빠지는 일은 어렵지 않으나   東海非難蹈

조정을 바라보는 눈이 시리구나   朝門望眼寒

오랑캐는 사람이 아니라 개돼지만도 못한 존재라고 여기는 화이론 華夷論을 지니고 있던 조선 지식인들에게 후금과 화약을 맺은 현실은 충격 그 자체였던 것이다.

북쪽과 남쪽의 의병

1627년 3월 3일, 형제관계를 맺은 사실을 하늘에 고하고 그것을 준수하겠다는 맹세 의식을 치름으로써 정묘호란은 일단 끝났다. 후금군은 철수 길에 올랐다. 어렵사리 전쟁을 끝내게 되었지만 인조와 신료들은 상당한 부담감을 느낄 수밖에 없었다. '오랑캐'에게 세폐를 제공하고 화약을 맺은 것도 그랬지만 적이 깊숙이 들어올 때까지 변변한 승리를 거두지 못한 것이 마음에 걸렸기 때문이다. 그래서였을까? 화의가 성립된 직후 비변사 신료들은 인조에게 '적이 철수할 때 이상한 행동을 하면 지방 지휘관들에게 기회를 보아 공격하도록 지시하라'고 요청했다.

예상했던 대로 후금군은 곱게 물러가지 않았다. 그들은 철수하는 길에 각지에서 약탈을 자행했다. 3월 13일에 날아든 보고에 따르면 후금군의 약탈 때문에 평산, 서흥, 봉산, 해주, 문화 등 황해도의 여러 읍들이 텅 비었다고 했다. 3월 9일 조정은 선전관을 후금군 진영에 보내 약탈을 중지하라고 촉구하는 한편, 강홍립에게도 서신을 보내 후금군 지휘관들을 설득시켜 줄 것을 요청했다.

서북 지방의 조선군도 가만히 있지 않았다. 철수하는 길 주변에 매복했다가 후금군을 습격하여 병사들을 살해하거나 전마 등을 빼앗는 소규모 유격전을 도처에서 벌였다. 평안도 순안에서는 삭주부사 이명길李明吉, 평양판관 권이길權頤吉, 좌척후장 정지한鄭之罕 등이 이끄는 조선군과 후금군 사이에 격렬한 전투가 벌어졌다. 운산에서는 우후虞侯 이직李稷이 경상도 포수 등 3백 명의 병력을 이끌고 후금군 1천 명을 야습하여 승리를 거두었다. 후금군이 끌고 가던 민간인과 가축들도 되찾을 수 있었다.

조선군의 공격이 계속되자 후금군 지휘부 또한 조선 조정에 서신을 보내 공격을 중단하라고 요구했다. 조선 조정은 "귀국의 기마병들이 곳곳에서 노략질과 살육을 일삼기 때문에 촌민들이 자발적으로 복수하려고 일어선 것"이라고 응수했다. 3월 17일 총사령관 아민이 다시 서신을 보내왔다. 그는 '마음만 먹으면 서울을 점령하여 팔도를 다 차지할 수 있었고, 조공을 요구할 수도 있었는네 조선을 위해 자제했다'며 조선군이 공격을 멈추지 않으면 청천강 이북 지역을 반환하지 않을 수도 있다고 협박했다.

조선과 후금이 맺은 화약은 체결 직후부터 이렇게 삐걱거렸다. 하지만 평안도 지역의 전투는 쉽사리 멈추지 않았다. 그 중심에는 평안도 의병들이 있었다. 정묘호란 시기 평안도 의병들은 스스로를 지키기 위해 일어났다. 후금군의 침입로에서 가장 가까이 있는 데다, 조정이 사실상 임진강 이북의 방어를 포기해버린 상황에서 그들은 자신의 목숨을 스스로 지킬 수밖에 없었다.

평안도 지역의 의병 활동을 이끈 사람은 정봉수鄭鳳壽(1585~1668)였다. 그는 철산 출신으로 본래 사족은 아니었던 것으로 보인다. 그가 역사에 이름을 남기게 된 것은 용천 용골산성龍骨山城 전투에서 보여주었던 빛나는 활약 때문이다.

후금군이 의주를 함락시킨 직후, 용천부사였던 이희건李希建은 휘하 병력 5백 명과 용천 백성들을 용골산성으로 이주시켜 적의 공격에 대비했다. 그런데 이희건이 후금군의 이동을 탐지하여 유격전을 꾀하려 나갔다가 전사하자 그의 부하 장사준張士俊은 스스로 머리를 깎고 후금군에 투항해 버렸다. 후금군 지휘부는 그를 용천부사에 임명했고, 장사준은 용골산성을 나가 백성들을 선동하여 후금군에 저항하지 못하도록 했다.

바로 그 무렵 정봉수가 용골산성으로 들어왔다. 그는 남은 백성들을 타일러 다독이는 한편, 인근의 용천, 의주, 철산 출신 피난민들을 불러들여 약 4천 명의 병력을 모았다. 1627년 1월 16일 장사준이 후금군 수백 명을 이끌고 와서 항복하라고 협박했다. 정봉수는 성 밖에 미리 매복시켜 둔 병력을 이끌고 그들을 공격하여 장사준을 붙잡아 참수했다. 장사준을 처단하여 사기가 오른 의병들은 곧이어 벌어진 전투에서도 후금군의 공격을 물리쳤다.

화친이 이루어진 뒤인 3월 17일, 후금군의 대병력이 다시 공격해

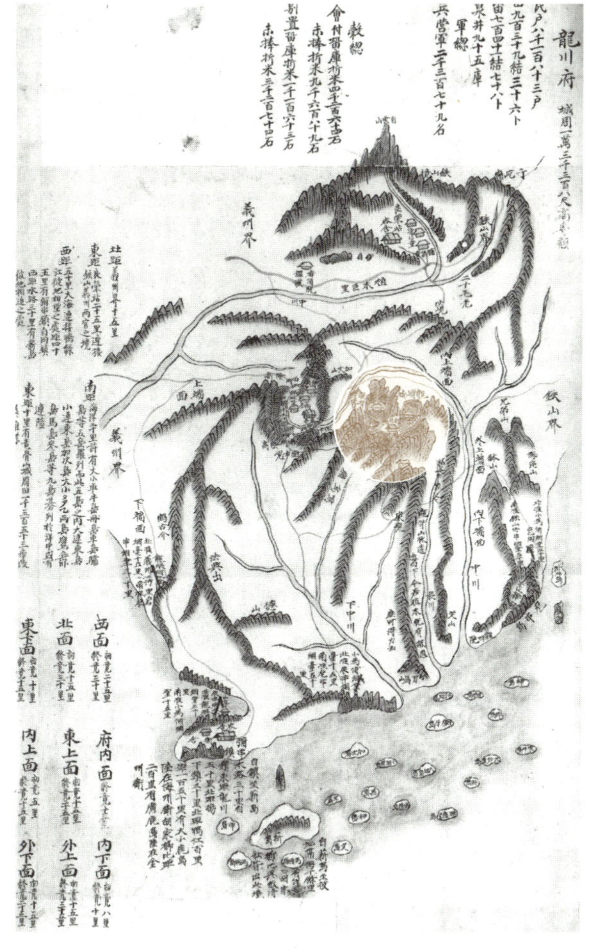

〈용천부지도龍川府地圖〉

1623년 3월 3일, 정묘호란은 일단 끝났다.
그러나 후금군은 철수하는 길에 각지에서 약탈을 자행했다.
이에 평안도 의병들은 스스로를 지키기 위해 일어났다. 평안도 지역의 의병 활동을 이끈 사람은 정봉수였다.
정봉수는 용골산성에 들어가 후금군의 수차에 걸친 공격을 잘 막아내는 전과를 거두었다.
지도는 《해동지도海東地圖》의 〈용천부〉(서울대학교 규장각 소장).
가운데 부분이 용골산성이다.

왔다. 아침 7시경부터 10시간 이상에 걸쳐 모두 5차례의 큰 전투가 벌어졌다. 정봉수 휘하의 의병들은 활과 조총, 돌 등으로 일제히 공격하여 적 기병 수백 명을 죽이는 전과를 올렸다. 물러났던 후금군은 4월 13일에도 청북 지역의 병력을 끌어 모아 공격을 퍼부었으나 끝내 용골산성을 함락시키지 못했다. 결국 그들은 공격을 포기하고 의주로 철수했다.

용골산성 싸움은 정묘호란 당시 조선군이 가장 큰 승리를 거둔 전투였다. 더욱이 정봉수 휘하의 병력은 정규군이 아닌 의병들이었다. 그들은 조정으로부터 외면 받고 아무런 지원도 없는 상황에서 스스로를 지킬 수밖에 없었다. 의병이 되고 싶어 된 사람들이 아니었다. 살아남기 위해 처절하게 사투를 벌일 수밖에 없었고 그 결과가 바로 용골산성에서의 승리로 나타났던 것이다.

남쪽에서도 의병들의 움직임이 있었다. 하지만 그들의 봉기 과정이나 전투 의지는 평안도 의병들과는 좀 달랐다. 인조는 후금군의 침략이 시작된 직후인 1627년 1월 19일, 정경세와 장현광張顯光을 각각 경상좌도 호소사號召使와 경상우도 호소사로, 김장생을 양호호소사兩湖號召使로 임명하고 그들에게 의병을 모집하여 근왕하라고 지시했다.

김장생(1548~1631)은 당시 이미 여든 살 가까운 고령으로 인조 정권의 '정신적 지주'였다. 서인들 학통의 정점에 있던 율곡 이이李珥의 제자인 데다 인조반정 성공 직후 반정 주체들에게 전체적인 시정의 방향을 제시한 인물이 바로 그였다. 김장생은 1월 23일 향리 연산에 본부를 설치하고 각 고을에 격문을 띄워 의병을 일으킬 것을 호소했다. 그의 호소에 호응하여 연산의 이복길李復吉, 니성의 윤전尹烇, 회덕의 송국택宋國澤, 전주의 송흥주宋興周, 보성의 안방준安邦俊, 광주의 고종후高從厚 등이 병력을 이끌고 모여들었다.

김장생은 호남의 의병들을 전주로 모이도록 한 뒤, 자신도 호서의 의병들을 이끌고 전주로 내려갔다. 당시 전주는 분조를 이끌고 남하했던 소현세자昭顯世子 일행이 머물던 곳이기 때문이었다. 김장생 휘하의 의병은 이후 소현세자를 호위하는 역할을 맡았다. 후금군이 임진강을 건넜다는 소식이 들려오자 분조의 신료들은 소현세자를 모시고 영남으로 옮겨가야 한다는 주장을 내놓았다. 분조를 옮긴다는 소식에 의병 진영은 동요했다. 그러자 김장생은 분조에 파견된 신료 가운데 최고위 인물인 이원익을 만나 이동의 부당성을 지적하고, 전주를 굳게 지키면서 장기전에 대비해야 한다고 역설했다.

임진왜란 당시 의병 활동이 활발했던 경상도에서는 정묘호란 시기 이렇다 할 움직임이 없었다. 특히 임진왜란 당시 의병들이 가장 먼저, 가장 대규모로 일어났던 경상 우도의 분위기는 썰렁했다. 그것은 인조 정권을 바라보는 지역 민심과 관련이 있었다. 경상우도 지역이 광해군대 집권 세력인 북인들, 그 가운데서도 대북파들의 정치적 근거지였던 것을 고려하면, 광해군 정권을 무너뜨린 인조 정권을 위해 지역의 사대부들이 궐기하는 것은 정서상 쉽지 않은 일이었다. 비록 병자호란 이후의 일이기는 하지만, 인조가 삼전도에서 항복했다는 소식이 전해진 직후 이 지역의 대북파 인사들 가운데는 잔치를 벌여 축하한 사람들도 있었다고 할 정도였다. 이 같은 지역 정서를 고려하면 정묘호란 무렵 의병이 일어나지 않은 까닭을 짐작하기는 어렵지 않다.

사실 김장생이 궐기를 호소했던 충청도 지역의 민심도 그다지 우호

김장생金長生

인조는 후금군의 침략이 시작되자 김장생(1548~1631)에게 의병을 모집하여 근왕하라는 지시를 내린다.
인조 정권의 '정신적 지주' 였던 김장생은 각 고을에 격문을 띄워 의병을 일으킬 것을 호소한다.
인조에 우호적이지 않던 민심에도 불구하고 김장생의 호소로 양호 지역에서는
이복길, 윤전, 고종후 등이 병력을 이끌고 모여들었다. 자료제공처: 국립중앙박물관.

적이지는 않았다. 김장생의 회고에 따르면, 청주 등지에서는 익명서 등을 통해 사족들에게 "의병 활동에 호응하지 말라"고 노골적으로 선동하는 움직임이 나타났을 정도였다. 이 같은 상황에서 비록 전투에 직접 참여하지는 않았지만 김장생이 이끌었던 호서 지역 의병의 존재는 그나마 인조 정권의 체면을 세워주는 것이었다.

서북 백성들의 비극과 모문룡의 사기 행각

1627년 4월 21일, 용골산성의 영웅 정봉수로부터 긴급 보고가 올라왔다. '평안도 구성龜城부터 곽산까지 후금군이 가득차 있고 용골산성은 고립되어 있다. 성 안에는 7천 명 가까운 군사가 있지만 양식이 다 떨어져 굶어 죽은 자가 이미 30명이 넘었다. 후금군에 잡혔다가 탈출해 오는 백성이 무수히 많지만 그들을 먹여 살릴 방도가 없다'는 내용이었다. 정봉수는 굶어 죽어 가고 있는 평안도 백성들을 살릴 진휼賑恤 대책을 속히 마련해 달라고 호소했다.

정묘호란 시기 평안도와 황해도 백성들이 겪어야 했던 고초는 끔찍했다. 조정에서 버림받은 채 후금군의 칼날 앞에 가장 먼저 노출되었던 그들이었다. 많은 이들이 후금군에게 목숨을 잃거나 포로가 되었다. 또 많은 사람들이 살던 곳을 버리고 피란을 떠났다. 피란길에 오른 대부분의 사람들은 서해에 있는 섬으로 들어갔다. 후금군이 바다에 익숙하지 못하므로 섬으로 들어가면 목숨은 건질 수 있다고 생각했기 때문이다. 하지만 그것은 오산이었다. 갑자기 들어간 섬 안에 식량이 제대로 준비되어 있을 리 없었다. 후금군은 겨우 피했지만 섬에서 굶어 죽는 사람들이 적지 않았다.

강화가 맺어져 전쟁은 끝났지만 서북 백성들의 고난은 끝나지 않았다. 어느 고을을 가든 아사 직전까지 내몰린 사람들로 넘쳐났다. '황해도의 마을들은 열 집 가운데 아홉 집이 비어 있고, 평양성 안에는 시체가 산처럼 쌓여 있다'고 했다. 압록강 부근에서 들려오는 이야기도 처참했다. 후금군에 끌려가던 사람들이 압록강을 건널 때 강물로 뛰어들었던 것이다. 후금군은, 조선인들의 투신을 막으려고 그들을 결박하고 배에다 울타리를 치기도 했지만 별 효과가 없었다. 워낙 많은 사람들이 강으로 뛰어들어 '압록강이 시체로 뒤덮였다'는 소문까지 돌고 있었다.

비극은 여기서 그치지 않았다. 정묘호란이 일어났던 직후, 평안도 백성들 가운데는 후금군의 앞잡이가 되어 모문룡 휘하의 명군[毛兵]을 공격하는 데 가담했던 사람들이 있었다. 정묘호란이 일어나기 이전까지 모병들이 자행한 극심한 민폐 때문에 원한을 품은 사람들이었다. 강화가 이루어지고 후금군이 철수하자 모병들의 보복이 시작되었다. 곽산, 구성, 삭주, 선천, 창성, 철산, 의주 등 모병의 주둔지 부근에 살고 있던 무고한 양민들이 모병들에 의해 살해되었다.

모병들의 살육과 약탈은 좀처럼 수그러들지 않았다. 1627년 4월 19일 무렵, 모문룡의 부하 모유후毛有厚는 안주에 정박해 있던 조선 선박 세 척을 나포했다. 조선 피난민들이 타고 있는 배들이었다. 모유후는 배들을 기습하여 건장한 남자들과 노약자들은 모두 살해하고 여자들과 화물만을 싣고 갔다. 중군中軍 진계성이라는 자는 조선 조정이 황해도 장연의 선박들을 쇄환하려는 데 불만을 품고 조선인 역관을 잡아다가 곤장을 치고 귀를 자르는 악행을 저질렀다. 전쟁 때문에 서북 지역에 조선의 행정력이 제대로 미치지 않는 상황에서 모병들은 마구잡이로 날뛰고 있었다.

홍타이지가 정묘호란을 일으키면서 가장 중요한 목표로 내세운 것은 모문룡을 제거하는 것이었다. 하지만 모문룡은 후금군의 공격이 시작되자마자 가도에서 다른 섬으로 도피하여 용케 목숨을 보전했다. 그는 이후 전쟁 기간 동안 평안도 연해 일대를 돌아다니며 상황을 관망했다. 조선 조정은 그가 배후에서 후금군을 공격하거나 견제해 줄 것을 기대했지만, 모문룡은 아무런 역할도 하지 않았다. 대신 조선 정부의 통제력이 사라진 틈을 이용하여 청북 지역 주민들에 대해 자신의 영향력을 높이려고 시도했다.

실제로 정묘호란 당시 평안도 지역의 의병이나 백성들 가운데는 모문룡에게 의지하고자 했던 사람들이 있었다. 용골산성 싸움에서 공을 세웠던 중군 이립李岦과 품관 장희범張希範 등은 자신들이 벤 후금군의 수급을 모문룡에게 바쳤다. 용천의 군관 김여의金汝義는 수급뿐 아니라 후금군으로부터 노획한 말까지 바쳤다. 모문룡은 그들에게 은이나 식량 등을 상으로 주었다. 적과 싸워 군공을 세워도 조선 조정으로부터 합당한 포상을 받지 못했던 의병들의 입장에서는 모문룡이 상으로 주는 식량 등이 요긴한 것일 수밖에 없었다. 그런데 모문룡에게 수급을 바친 사람들 가운데는 조선인의 머리를 베어 후금군의 것인 양 속여서 바치는 자들도 있었다. 모문룡은 그렇게 얻은 수급을, 마치 적과 직접 싸워 얻은 것처럼 명 조정에 자신의 군공이라고 천연덕스럽게 보고했다. 청북 지역에 대한 조선 조정의 통제력이 사라진 데서 비롯된 비극이었다.

조선 조정은 후금과 화약을 맺은 이후 모문룡에게 문안사를 보냈다. 1627년 4월 27일, 문안사 신달도申達道는 모문룡을 면담했다. 신달도가 "수로와 육로가 모두 막혀 이제야 노야老爺를 찾아뵙게 되었다"고 공손히 인사할 때까지만 해도 분위기가 괜찮았다. 하지만 신달도가 가져간 자문咨文의 내용 때문에 사달이 빚어졌다. 자문 속에는 '귀하의 진영에서 조선을 돕기 위해 한 무리의 군대도 동원하지 않아 섭섭하다'는 내용이 들어 있었다. 자문을 읽은 뒤 모문룡은 길길이 날뛰었다. 그는 '조선이 후금군을 끌어들여 명군을 도살했고, 의주부윤 이완은 후금군이 자신을 죽이게 하려고 고의적으로 방임했다'고 목소리를 높였다. 그러면서 조선이 후금과 화약을 체결한 것은 명이 베푼 은혜를 배신한 '패륜 행위'라고 맹렬히 비난했다.

신달도가 '오랑캐와 화약을 체결한 것은 조선의 본심이 아니며 적을 기미羈縻(어르고 달래는 것)하기 위한 목적에서 부득이하게 선택한 것'이라고 변명했지만 모문룡은 들으려 하지 않았다. 그는 '조선 백성들을 죽이거나 약탈하지 못하도록 부하들을 단속해 달라'는 신달도의 요청도 묵살했다. '조선 사람들이 먼저 자신의 부하들에게 적대 행위를 했기 때문에 보복한 것'이라며 입을 막았다.

4월 28일, 정묘호란의 전말을 명 조정에 보고하기 위해 북경으로 가고 있던 주문사 일행이 가도에 도착했다. 주문사 일행은 모문룡에게 면담을 신청했지만, 그는 몸이 좋지 않다는 핑계로 만나 주지 않았다. 그러면서 모문룡은 부하들을 시켜 조선의 주문사 일행의 출항을 저지하도록 했다. 주문사 일행의 보고를 통해 정묘호란 중 자신의 행적이 탄로날까 두려웠기 때문이다.

모문룡은 아예 주문사 일행에게 명 조정으로 가져가는 보고서의 내용을 뜯어 고치라고 강요했다. '조선이 후금군의 침략을 받아 망하기 직전까지 몰렸는데 모문룡의 활약 덕분에 적을 크게 물리쳐 쫓아냈다'는 내용으로 고치라는 것이었다. 자신의 요구를 거부하면 북경으로 가는 해로를 열어 주지 않겠다고 협박했다. 주문사 일행은 북경으로 가기 위해 결국 그의 요구대로 따랐다.

정묘호란 직후 명의 천계제는 모문룡의 사기 행각에 완전히 넘어갔다. 요동에 파견되었던 태감太監 유응곤劉應坤은 정묘호란과 모문룡에 관련된 보고서를 명 조정에 올렸다. 그것은 한마디로 '소설'이었다. '오랑캐 군사 6만이 조선을 공격했는데 모문룡이 기책奇策을 내어 제압하여 그들이 심양으로 도망쳤다'는 내용이었다. 모문룡은 다른 경로로 올린 보고서에서는 '자신이 세 차례 대승을 거둠으로써 조선이 보전되었다'고 허풍을 치는가 하면 '조선이 요민들이 끼치는 민폐에 불만을 품고 후금의 첩자 노릇을 하고 있다'고 무고까지 했다.

1627년 5월 천계제는 모문룡의 '군공'을 치하하고 그에게 미곡 5만 석과 양곡 구입 자금으로 은 10만 냥을 주도록 재가했다. 평소 위충현을 비롯한 환관들을 뇌물로 '구워삶았던' 모문룡의 노력이 빛을 발하는 순간이었다. 동시에 황제마저 환관과 간신들에게 철저히 농락당하고 있던 명의 앞날이 어떤 모습일지를 예감케 하는 대목이기도 하다.

자괴감, 위기의식, 그리고 무대책

'오랑캐'와 화친한 자괴감이 커지다 | 그치지 않는 모반과 역모들 | 총체적인 난국에 직면하다 | 표방은 있으되 실천은 없다

밖에서는 추악한 오랑캐가
공갈을 치고, 안에서는
역적 모의가 누차 일어나고
가난한 백성들도 모두
기강을 범하려고
산과 늪에서 무리들을 불러 모으고 있으니,
오늘의 국세와 인심은 몹시 위태롭습니다.

'오랑캐'와 화친한 자괴감이 커지다

인조는 1627년 4월 12일, 강화도에서 서울로 돌아와 경덕궁으로 들어갔다. 1624년 이괄의 난을 맞아 서울을 버렸다가 되찾았던 경험을 3년 만에 되풀이했던 것이다. 이번에도 어렵사리 정권은 지킬 수 있었지만 그 후유증은 컸다. 청북에서는 의병들이 계속 저항하는 와중에 모병과 후금병 사이의 충돌도 끊이지 않았다. 명은 '조선이 오랑캐와 화친했다'고 의혹의 눈길을 보냈고 후금은 '속히 모문룡을 잡아 죽이라'고 조선을 채근했다. 민생 문제가 시급한 와중에 조정 신료들은 후금과 화약을 맺은 것에 대해 시비와 논란을 멈추지 않았다. 어디서부터 문제를 풀어야 할지 막막한 상황이었다.

　화약을 체결한 뒤 후금군 대부분은 압록강을 건너 철수했다. 하지만 홍타이지는 의주를 조선에 바로 돌려주지 않았다. 병력을 당분간 의주에 주둔시켜 모문룡을 제거하려는 목적이었다. 의주에 주둔하던 후금군은 몽골병들을 포함하여 수천 명에 이르렀는데 아예 농사를 지으면서 장기간 머물 태세를 보이고 있었다. 조선은 사신을 보내 완전히 철수하라고 종용했지만 후금 측은 듣지 않았다. "조선이 모문룡을 제거해 주면 철수하겠다"는 말만 되풀이했다. 후금군은 1627년 9월경에야 비로소 의주에서 물러난다.

인조와 조선 신료들은 명이 후금과의 화친에 의혹의 눈길을 보내자 당혹스러울 수밖에 없었다. '오랑캐와 화약을 맺는 바람에 반정 당시 내세웠던 명분이 크게 훼손되었다'고 스스로 이미 찜찜해 하던 차였다. '광해군이 명을 배신하고 후금과 화친했기 때문에 타도한다'고 외쳤던 인조 정권의 입장에서 명의 비난은 극심한 굴욕으로 다가올 수밖에 없었다.

실제로 《인조실록》과 장유의 《계곡만필谿谷漫筆》에는 다음과 같은 내용이 나온다.

정묘호란 당시 강화도의 분위기는 흉흉했다. 불과 100리 밖까지 적의 대병이 압박해 왔기 때문이다. 그래서 조정 신료들은 대개 화친이 이루어지기를 바랐다. 척화파들도 큰소리를 치긴 했지만 속으로는 마찬가지였다. 하지만 여론이 무서워 자기 입으로 화의를 말하지 못했다. 그런데 유독 최명길만이 주저하지 않고 화의의 필요성을 역설했다.

현실적으로는 후금과의 화의가 불가피하다고 생각하면서도 '오랑캐와 화약을 맺을 수는 없다'는 명분 때문에 고민하고 있었던 것이다.

인조는 척화파 윤황의 발언 때문에 이미 마음에 상처를 입은 바 있었다. 윤황은 1627년 2월, 후금과의 화의에 반대하면서 "오늘의 화친은 이름만 화친일 뿐 실제로는 항복입니다. 전하는 요행을 바라는 간신들에게 넘어가 더러운 오랑캐 사자를 접견하고도 부끄러워할 줄을 모르십니다"라고 직격탄을 날렸었다. '항복'이라는 말에 격분한 인조는 '유식한 그대들은 오랑캐에게 항복한 임금을 섬기는 것이 부끄럽지 않은가?'라고 맞받았다. 그러면서 윤황을 잡아다가 국문하라고 지시했다.

서울로 돌아온 뒤 논란은 재연되었다. 7월 1일, 생원 이흥발李興渤 등이 상소를 올렸다. "명나라 장수가 우리 경내에서 피살되었음에도 전하는 오랑캐 사신을 객관에 머물게 하고 극진히 예우하는 까닭이 무엇입니까? 적 사신의 목을 베어 명나라로 보내지 않으면 우리는 끝내 중국을 배신하게 될 것입니다"라고 했다. 마땅히 대꾸할 말이 없었던 인조는 "그대들이 가상하다. 나도 후회하고 있다"며 물러섰다.

화친에 대한 자괴감과 명에 대한 미안함은 신료들에게 엉뚱한 자격지심을 촉발시켰다. 후금군은 철수하면서 강홍립과 박난영 등이 조선에 남도록 허용했다. 이어 강홍립이 후금에 억류되었을 때 거느리던 사람들도 조선으로 송환했다. 화친이 이루어진 데 대한 만족감의 표시였다. 송환된 사람 가운데는 강홍립이 후금에서 재취再娶했던 부인도 있었다. 그녀는 한족 출신 장군 동기공佟命切의 딸이었다. 그녀가 강홍립에게 가겠다고 하자 신료들은 아우성을 쳤다. '오랑캐에게 항복하여 누르하치와 홍타이지를 섬긴 자에게 한족 여인을 다시 거느리게 해 주는 것은 참람하다'는 것이 반대 명분이었다.

인조는 그녀를 강홍립에게 보내주라고 했지만 신료들은 반대했다.

강홍립姜弘立 묘

1619년 심하 전투에 참전했다가 패한 뒤 후금에 항복했던 강홍립은 정묘호란 당시 조선에 들어왔다.
그는 명청교체의 소용돌이에 휘말려 희생되었던 경계인이었다.

그들은 그녀를 명나라로 보내야 한다고 강조했다. 동기공의 딸은 '조선에서 살 수 없으면 죽어버리겠다'고 호소했지만 여의치 않았다. 논란이 한창이던 7월 27일 강홍립이 세상을 떠났다. 자신을 '매국노'로 매도하는 분위기 때문에 생긴 스트레스 때문이었을까? 그의 죽음과 함께 논란은 종식되었다.

화의를 둘러싼 논란이 여전히 그치지 않고 있던 1627년 9월, 모반 사건까지 터졌다. 강원도 횡성橫城에 살던 유학幼學 이인거李仁居가 주도한 사건이었다. 이인거는 9월 26일, 원주목사 홍보와 강원감사 최현崔晛을 찾아간 자리에서 자신의 계획을 털어놓았다. 내용은 이러했다. '조정에서 오랑캐와 화친했으니 내가 의병을 일으켜 곧바로 서울로 올라가겠다. 전하께 주화파主和派 간신 한 사람의 목을 베도록 청한 다음 서쪽으로 달려가 오랑캐를 토벌하겠다.' 최현 등이 미심쩍게 여겨 반신반의하고 있던 9월 29일, 이인거는 군사를 일으켜 횡성현의 무기고를 탈취한 뒤 스스로를 창의중흥대장倡義中興大將이라 칭했다.

10월 1일, 이인거의 상소가 조정에 도착했다. 이인거는 '전하는 호란을 맞아 몸소 갑옷을 입고 와신상담하는 자세로 적과 맞서야 했습니다. 그럼에도 오랑캐 사신의 접대나 일삼고 눈치만 살폈으니 천지와 귀신이 공분하고 나라가 견융犬戎의 땅으로 변하고 말았습니다'라고 일갈한 뒤, 자신에게 병권을 달라고 요구했다.

인조와 조정은 경악했다. 선전관을 급히 보내 강원감사 최현을 잡아들이는 한편, 서울과 경기도의 병력 수천 명을 동원하여 전진시켰다. 궁궐의 호위를 강화하기 위해 호위대장이 군관들을 거느리고 대궐 밖에서 숙직하도록 하고, 동대문에서 횡성에 이르는 길의 요소요

소마다 정탐병을 배치했다.

이인거가 거느렸던 병력은 고작 70명 남짓이었다. 그는 9월 30일, 횡성읍에서 벌어진 가벼운 교전 끝에 이미 체포되었다. 싱거운 해프닝이었다. 하지만 처벌은 참혹했다. 심문 과정에서 모두 20명이 죽고 14명이 유배되었다.

이인거의 모반 시도 사건을 진압한 뒤 인조는 모든 책임을 윤황에게 돌렸다. 윤황이, 화약 맺은 것을 '항복'이라고 운운하는 바람에 이인거 등이 민심의 불만을 틈타 일을 저질렀다고 질타했다. 하지만 인조와 화의를 주도한 신료들의 마음 또한 편치 않았다. 이인거의 시도는 그야말로 '해프닝'으로 끝났지만 후금과의 화의에 대한 싸늘한 여론을 확인했기 때문이다. 정묘호란 직후 조선의 분위기는 그렇게 어수선하고 착잡했다.

그치지 않는 모반과 역모들

정묘호란을 계기로 인조 정권의 권위는 크게 실추되었다. 무엇보다 '오랑캐'와 화약을 맺은 것은 광해군 정권을 무너뜨리면서 내세웠던 명분을 무색하게 만들었다. '오랑캐와 화친한 것을 응징하겠다'는 명분으로 이인거가 반란을 꾀하자 인조 정권은 큰 충격을 받았다. 싱겁게 끝난 '해프닝' 수준의 반란을 진압하면서 20명을 처형했고, 진압 사실을 종묘에 고하는 행사[告廟]까지 시행했을 정도였다.

1627년 10월, 우레가 치자 인조는 몸을 낮춘다. 신료들은 '가을에 우레가 치는 것은 하늘의 경고'라며 직언을 받아들이고 실덕實德을 쌓아야만 백성들의 원망과 하늘의 재앙을 해소할 수 있다고 강조했다. 인조는 '즉위 이래 하늘이 노하고 백성들이 원망하는 것이 두려워 하루도 편히 잔 적이 없다'며 자신의 잘못을 지적해달라고 촉구했다.

인조가 반성하는 자세를 보였지만 파란은 멈추지 않았다. 1628년 1월, 죽산竹山에 사는 김진성金振聲 등이 고변告變했다. 허유許逌, 허정許珽, 안집중安執中 등이 유효립柳孝立과 함께 모반을 꾀하여 반란군이 이미 한강에 도착했다는 내용이었다. 실제로 무기를 소지하고 서울로 잠입했던 자들이 체포되었다. 혐의자들을 심문하는 과정에서 '인조는 영명하지만 이서 등의 무리가 포학하여 백성들이 고통스럽다', '인조를 시해하고 광해군을 복위시킨 뒤 인성군에게 왕위를 넘기려 한다', '호패법과 군적법 때문에 민심이 돌아섰으니 두 법의 주창자들을 제거하면 민심이 안정될 것이다' 등의 진술이 나왔다. 수사 과정에서 50여 명이 처형되었다. 또 인성군의 처벌 문제가 현안으로 떠올랐다.

충격이 채 가시기도 전인 1628년 3월, 유학幼學 임지후任之後가 고변했다. 고변서에는 '반정공신들을 모두 죽이고 광해군을 복위시킨 뒤 인성군에게 전위하려 한다'는 등의 내용이 들어 있었다. 체포된 관련자들 중에는 구정귀과 이괄의 잔당 등이 포함되어 있었다. 심길원沈吉元이라는 사람의 공초에서는 "반정을 할 당시에도 군사가 겨우 200여 명이었는데 지금 거사하는 데 무슨 어려움이 있겠느냐?"는 진술이 나왔다.

인성군이 계속 거론되자 신료들은 그를 죽이라고 아우성을 쳤다. 인조는 완강히 거부했다. 자신의 부친 정원군, 동생 능창군을 비롯하여 광해군의 세자, 흥안군 등 선조宣祖의 후손들이 줄줄이 비명횡사했던 상황에서 인성군마저 죽이는 것이 부담스러웠기 때문이다. 하지만 신료들은 집요하게 채근했다. 어떤 날은 하루 동안 대간이 일곱 차례, 옥당이 다섯 차례, 대신과 백관이 다섯 차례나 나서서 인성군을 처치하라고 촉구했다. 결국 인조는 1628년 5월 14일, 인성군에게 자결하라는 명을 내린다.

인성군이 사라진 뒤에도 역모와 고변은 멈추지 않았다. 1628년 12월, 남원 사람 송광유宋匡裕가 고변했다. '전 좌랑 윤운구尹雲衢 등이 모반했는데 일이 성사되지 않으면 일본에 원병을 요청하려 했다'는 진술이 나왔다. 윤운구가 '송광유가 자신에게 사감을 품고 날조했다'고 반박하자 송광유는 무고죄로 처벌되었다. 하지만 1629년 2월, 김경현金景賢이라는 사람이 윤운구 등을 역모의 주모자로 다시 고발했다. 윤운구는 형신을 받다가 죽었다. 윤운구는 본래 인조반정의 거사에 동참하려 했는데, '허풍이 심하고 신중하지 못한' 그의 언행을 우려한 주도자들이 거사 날짜를 알려주지 않아 참여하지 못했다고 한다. 윤운구는 자신이 공신이 되지 못한 것을 반정공신들 탓으로 돌리며 원망을 품고 시사를 비방했다는 것이다.

1629년 2월 처형된 이충경李忠慶 등의 역모 사건은 충격적이었다. 황해도에서 활동하던 명화적明火賊 출신의 이충경은 정묘호란을 계기로 떠도는 유민流民들을 규합하여 반란을 꾀했다. 이들은 《개국대전改國大典》이라는 일종의 규약規約이자 법전까지 만들어 기존의 체제와 모순을 뜯어고치려 했다고 한다.

1629년 윤4월, 훈련도감 포수 윤경사尹景思 등이 붙잡혀 처형된다.

공초에서는 '한양의 지기地氣가 이미 쇠했으므로 연산의 신도新都로 도읍을 옮겨야 한다', '군대를 일으켜 훈련대장을 죽인 뒤 광해군을 복위시키려 했다'는 등의 진술이 나왔다.

1629년 11월에는 함경도에서 양경홍梁景鴻 등의 반역 사건이 발각되었다. '그가 후금에 투항한 양계현梁繼賢 등과 함께 오랑캐를 끌어들여 조선을 공격하려 했다'는 진술이 나왔다. 또 혐의자로 거명된 정운백鄭雲白, 한옥韓玉, 신상연申尙淵 등은 '정묘호란이 일어난 것을 축하하고, 화약이 맺어져 침략이 멈춘 것을 아쉬워했다'고 한다. 이들은 인조 정권을 '적당賊黨'이라 규정하고, 후금으로 도망쳤던 이괄의 잔당 한윤 등과도 연결을 꾀했다고 한다. 주목되는 것은 양경홍이 지어 불렀다는 노래 가사의 내용이다.

우습구나 삼각산아	笑矣三角山
옛 임금은 지금 어디 있나	舊主今安在
지난번에 강도 만나	頃者遇强盜
강화도에 가 있다네	往在江華島

인조와 반정공신들을 광해군의 왕위를 빼앗은 '강도'라고 표현했다. 양경홍, 한옥 등 주모자들은 혐의 내용을 대부분 인정한 상태에서 처형되었다. 인조 정권의 충격이 더 클 수밖에 없었다. 인조는 민심을 다독이기 위해 함경도에 유시문을 보내고 다른 지방에도 교서를 반포했다. 또 양경홍 등을 처형했다는 사실을 고묘했다.

1629년 3월 2일, 도승지 김상헌金尙憲 등은 상소를 올려 역모가 빈발하는 상황을 진단했다.

나라가 어수선해진 날을 당하여 성상께서 근심하고 애쓰시는 때에 좋은 징후는 보이지 않고 재이災異만 자꾸 일어납니다. 겨울의 천둥, 별의 이변, 지진 등의 경고가 겹쳐 나타났고 금년 3월 1일에는 흰 무지개가 해를 가로지르는 이변이 하루에 두 번이나 있었습니다 …… 갑자년과 정묘년 1월에도 모두 그 같은 이변이 있었는데 열흘도 못 되어 변란이 일어났습니다. 그 경고의 절박함과 징후에 대한 감응의 빠르기가 이처럼 심할 수가 없었으니, 어찌 크게 두려운 일이 아니겠습니까. 하물며 지금 보이는 것이 온통 상처투성이인 데다 나라 곳곳에 걱정스런 일이 많습니다. 밖에서는 추악한 오랑캐가 공갈을 치고, 안에서는 역적 모의가 누차 일어나고 가난한 백성들도 모두 기강을 범하려고 산과 늪에서 무리들을 불러 모으고 있으니, 오늘의 국세와 인심은 몹시 위태롭습니다. 그럼에도 임금과 신하들은 한결같이 느긋하게 헛된 형식과 자잘한 절차만 내세워 무사하기를 바라면서 문서와 회계조차 정리하지 못하고 있습니다.

'밖에서는 오랑캐가 공갈을 치고, 안에서는 역모가 이어지고 가난한 백성들도 무리들을 불러 모으고 있다!' 1629년 김상헌 등이 진단했던 조선의 현실이었다.

역모 사건은 이후에도 그치지 않았다. 1633년 금원령錦原令 탁偉은 "하늘의 뜻과 백성들의 의사에 순종하여 인성군이 나왔다"고 했고, 1635년 무고 혐의로 처형된 박천건朴天健은 "병자년에 국운이 다할 것"이라는 이야기를 퍼뜨렸다. 같은 해 삼례三禮의 생원 이기안李基

安은 '능양군은 믿을 수가 없다, 그가 오래 갈 수 있을까?'라는 불경한 말을 내뱉었다가 처형되었다.

이기안이 '능양군' 운운하면서 인조의 권위를 부정했던 것에서 보이듯이 정묘호란 이후 역모의 주모자들 가운데는 '광해군 복위'나 '인성군 추대'를 내세웠던 사람들이 많았다. 그것은 인조반정이 성공하고 상당한 시간이 지났지만 새 정권이 구정권과 다른 모습을 보여주지 못했던 현실과 깊이 관련되어 있었다. 집권 직후 개혁을 표방했지만 이괄의 난 등으로 정치적 혼란이 가중되고 개혁이 사실상 무산되면서 민생의 고통은 심각했다. 거기에 정묘호란까지 일어나자 정권을 잃은 뒤 '숨죽이면서' 새 정권의 행로를 주시했던 구정권의 '잔당'들, 그리고 새 정권에 기대를 걸었던 사민들 가운데 불만을 품은 자들이 역모를 주도했던 것이다.

총체적인 난국에 직면하다

이괄의 난과 정묘호란을 겪으면서 인조 정권은 어디서부터 국정의 실마리를 풀어야 할지 모르는 난감한 상황에 직면했던 것으로 보인다. 반란을 겨우 진압했던 직후인 1624~1626년 무렵에는 백성들을 다독거려 정권을 안정시키는 것이 급선무였다. 이 같은 처지에서 후금을 정벌한다는 것은 어불성설이었다. 정벌은커녕 그들의 침략을 막기 위한 대책을 마련하는 것조차 버거웠다. 무엇보다 궁핍한 재정이 가장 큰 걸림돌이었다. 1625년(인조 3) 10월 27일, 호조판서 김신국은 열악한 재정 상황을 다음과 같이 토로한 바 있다.

지금 나라의 저축은 고갈되었는데 써야할 용도는 한이 없어 각사各司는 하루 경비를 대기에도 어려운 형편이고 국고에는 몇 달 사용할 물자조차 없습니다. 그런데 모문룡에게 줄 채단綵緞 값과 여러 곳에서 외상으로 쓴 물건 값이 대략 은 5~6만 냥을 밑돌지 않습니다. 비유컨대 가난한 집에서 아침에 저녁 끼니를 걱정해야 할 형편에, 계약서를 들고 와 묵은 빚을 악착같이 받아내려는 자가 문 밖에 줄을 서고 방안에 가득 찬 격이니 어떻게 견뎌내겠습니까. 국가가 누적된 폐단을 이어받은 데다 이괄의 난을 피해 파천했다가 돌아온 뒤에는 아무 것도 없는 상태에서 경비를 거둬들였습니다. 거기에 천고千古에 없는 조사詔使를 만나 공사의 저축이 깡그리 사라지고 말았으니 국사가 이 지경에 이른 것은 괴이할 것이 없습니다.

'아침에 저녁 끼니를 걱정해야 하는 가난한 집안에 빚쟁이가 가득하다!' 김신국이 묘사한 조선의 재정 형편이었다. 이전부터 누적된 폐단, 이괄의 난, 왕민정과 호양보의 무지막지한 수탈, 거기에 모문룡에 대한 접제 부담까지 더해지면서 재정은 사실상 파탄 상태였다.

정묘호란 이후 1년 세입은 대체로 9만 석 안팎을 밑돌았다. 1630년 무렵에는, 평균적으로 1년 세출보다 세입이 2만 석 가량 부족한 상황이 이어지고 있었다. 국가의 제사를 지내고 백관의 녹봉을 주기에도 벅찬 형편이었다. 빨리 양전을 실시해야 한다는 주장이 제기되었다. 하지만 도중에 중단된 호패법과 군적법 때문에 이미 민심이 동요했던 상황에서 양전을 바로 시행하는 것은 쉬운 일이 아니었다. 양전은

1635년에야 겨우 실시된다. 김신국은 재정 문제를 타개하기 위해 세 가지 방안을 제시했다. 비용을 줄여 절약할 것, 화폐를 사용할 것, 바다에서 나는 이익을 활용할 것 등이 그것이다.

정묘호란 이후 상황은 더 심각해졌다. 당장 후금에 보내기로 한 세폐歲幣 비용까지 추가되었기 때문이다. 자연히 백성들의 부담이 더 커지면서 민원民怨이 높아질 수밖에 없었다. 역모 사건이 잇따라 일어났던 것은 그와 관련이 있었다. 민생을 안정시켜 민심을 수습하고 후금의 재침에 대비하는 것이 절박했지만 국정은 총체적으로 난국에 빠져 있었다.

1628년 8월, 광주廣州의 선비 이오李晤가 상소했다. 이오의 소疏는 인조가 '위기 극복'을 위해 안팎의 신료들에게 의견을 제시하라고 요청했던 것에 호응하여 올린 것이었다. 이른바 구언求言에 응한 응지소應旨疏였다. 이오는 인조 정권의 문제점으로 10가지를 지적한 뒤 통렬하게 비판했다.

1. 조정에서 하는 일이 전반적으로 사리에 맞지 않는다[處事乖當].
2. 이괄의 난 이후 역모 수사 과정에서 무고한 사람들을 너무 많이 죽였다[無辜橫罹].
3. 훈신들과 그들에게 뇌물을 써서 등용된 자들이 조정을 장악하고 있는데 이들은 국가 안위에는 전혀 관심이 없다[用舍失宜].
4. 죄를 지어도 뇌물로 석방되고 훈신들은 살인을 저질러도 처벌받지 않는데 파천 당시 호위했던 하천下賤과 무부武夫들은 아무런 상도 받지 못했다[刑賞不信].

5. 권세가의 토지는 면세되는데 가난한 농민에게만 부역이 집중되고 있다[賦役不均].

6. 전하가 직언을 싫어하여, 입을 닫고 말조심하는 분위기가 퍼져 있다[言路杜塞].

7. 막중한 국가 제사의 업무를 모두 하잘것없는 인물들에게 맡기고 있다[享祀不潔].

8. 벼슬을 노리는 자들이 뇌물을 들고 밤낮으로 척리戚里들의 집을 두드리고 있다[賄賂公行].

9. 훈척들이 의지할 곳 없는 백성들의 땅과 반노叛奴들을 차지하여 수심과 한탄이 깊어가고 있다[閭閻愁歎].

10. 당파끼리 불화하고 신료들의 논의가 대립되는 와중에 참소하는 자들만 득세하고 있다[私謁之昌].

이오는 특히 훈신과 척신들이 민간의 토지와 노비를 강탈하는 것을 비난한 뒤, "조정의 권귀들이 광해군 시절과 달라진 것은 다만 얼굴 뿐"이라는 민간의 냉소를 전하고 있다. 앞에서 언급했던 상시가의 내용 그대로였다.

이오는 "호란이 끝난 뒤 조정 신료들은 농담이나 하고 담배나 피우고, 변방 지휘관들은 기생을 끼고 술타령을 할 따름"이라고 비판했다. 또 호란 당시 적이 오는 길목에 있던 어느 진陣도 교전을 벌인 적이 없다고 했다. 그는 그 이유를 훈신들을 장수로 임명한 데서 찾았다. '이미 부귀가 극에 이른' 훈신들은 공을 세우려는 마음이 없는 데다 패하거나 도망쳐도 처벌을 받지 않기 때문에 싸우려 들지 않는다는 것이다.

이오는 백성들의 원망이 극에 이르렀다고 경고했다. 호패법과 군적 정리 때문에, 탐관오리의 수탈 때문에, 과도한 공물 징수 때문에 고달 픈 데다 권세가의 침탈은 옛날과 다름없고 여러 궁가宮家의 작폐는 과 거보다 배나 심하여 민원이 하늘을 찌른다고 했다. 빈발하는 천재天災 는 결국 민원에서 비롯된 것이라고 진단했다.

정권의 총체적인 문제점에 대한 이오의 신랄한 비판을 접한 뒤 인 조는 긍정적인 답변을 내놓았다. "숨김없이 할 말을 다한 그대의 정성 을 아름답게 여긴다. 아뢴 일을 가슴에 새기고 채택하여 시행하겠다" 고. 하지만 다짐만 했을 뿐 시행된 것은 없었다.

1628년은 전국적으로 가뭄이 극심하여 기근이 심각했다. 이오가 상소했던 직후인 9월 6일, 인조는 각도의 감사들에게 "수령들을 엄격 히 단속하여 굶어죽는 백성이 발생하지 않도록 철저히 대비하라"고 지시한다. 이어 "만약 굶어죽은 백성이 생길 경우 수령과 감사들을 절 대로 용서하지 않겠다"고 엄포를 놓았다. 하지만 인조는 말과 행동이 모순되는 모습을 드러냈다. 지방관들에게는 '위기에 처한 백성을 보 호하라'고 일갈했지만 '백성을 보호하기 위해' 절실히 필요했던 근본 적인 문제 제기에 대해서는 귀를 막았다. 당시 궁가들이 황해도의 갈 대밭을 독차지하여 백성들이 이용하지 못하도록 막아버렸던 것을 시 정하라는 요청, 내수사에 비축된 재물을 풀어 굶주린 백성들을 구제 하라는 요청에는 모르쇠로 일관했다. 《인조실록》의 사관史官은 '인조 는 요순堯舜의 마음을 갖고 있지만, 그것을 실천으로 옮기는 행동은 하지 않는다'고 꼬집었다.

표방은 있으되 실천은 없다

총체적인 난국을 극복하기 위해 인조 정권이 제시했던 대책은 무엇이었을까? 당시 시급한 것은 민심을 안정시키고 재정을 확보하는 문제였다. 특히 재정 문제가 절박했다. 재정을 확보해야 후금의 침략에 대비할 군사력을 양성하거나, 후금과 '평화'를 유지하는 데 필요한 세폐 비용을 감당할 수 있었다. 가도의 명군과 요민들을 접제接濟하고 명사들을 접대하는 데 소요되는 '친명親明' 비용, 왜관에 물자를 공급하는 데 필요한 비용 또한 재정이 뒷받침되어야 충당할 수 있었다.

하지만 민심 안정과 재정 확보는 서로 모순되는 속성을 지니고 있었다. 재정의 대부분을 백성들에게서 거둬들이는 이상, 과도한 징세는 민심을 이반시킬 가능성이 높았다. 그렇다면 어떻게 해야 민심을 고려하면서도 재정을 확보할 수 있을까? 당장 양전을 실시할 수 없는 상황에서는 김신국의 제안처럼 화폐를 활용하거나 은광을 개발하여 재정을 보충하는 것이 절실했다. 하지만 실천되지 못했다. 이 같은 상황에서 재정 확보를 위한 대책으로 그나마 실현 가능성이 있었던 것은 둔전, 산림山林, 해택海澤 등의 이익을 활용하는 것이었다. 하지만 그것도 쉬운 일이 아니었다. 궁가를 비롯한 권력자들이 그 이익을 독점한 채 세금을 내지 않고 있었기 때문이다. 1625년 11월, 사간원은 인조에게 그 실상을 아뢰고 개선을 촉구했다.

요즘 각 아문과 여러 궁가에서 산택山澤의 이익을 독점하는 폐단이 고질이 되었으니 통렬히 없애지 않으면 안 됩니다. 우리나라의 어염魚塩 생산은 세상 어느 나라도 미칠 수 없는데 한 해에 거둬들이는 세금은 1백 곡斛도 안 되어 매일 상공上供하기에도 부족하니, 감히 부강하게 될 밑천으로 취하기를 바라겠습니까. 지난번 호조에서 차자를 올린 것은, 서울의 아문과 여러 궁가와 감영, 병영, 수영에 소속된 것들로 하여금 반드시 표標를 받아 해조에 납세하도록 하려는 것이었습니다 …… 이것은 약간 변통을 가하여 목전의 위기를 해소해 보려는 의도에서 나온 것입니다. 그런데 전하께서 여러 궁가에 소속된 것은 세금을 거두지 말라고 하교하셨으니, 어찌 사사로움이 없어야 하는 왕자王者의 도리를 손상시키는 흠이 되지 않겠습니까. 절수折受한 것이 비록 한때의 사은私恩에 관계된 것이라 해도 이렇게까지 심한 지경에 이른다면 어찌 조종조의 본뜻이라 하겠습니까. 해조로 하여금 낱낱이 조사하도록 하여 국가에 환속시킴으로써 나라를 경영하는 비용을 돕도록 하소서.

사간원은 어염 등의 이익에 세금을 부과함으로써 재정을 보충하라고 촉구했다. 하지만 당시 어염을 비롯한 바다의 이권은 궁가를 비롯한 권세가들이 독점하고 있었다. 궁가는 절수(이권을 불하받는 것)를 통해 얻은 이권을 움켜쥐고 내놓으려 하지 않았다. 점유했던 토지, 산림, 시장柴場(땔감 채취 장소), 어전漁箭(어장), 염분鹽盆(소금 굽는 시설), 선박 등에서 사적으로 이익을 챙기면서도 면세 혜택끼지 받고 있었다. 아예 산이나 저수지를 통째로 독점한 채 땔감 채취나 용수 확보를 위해 접근하는 백성들을 차단했다. 또 궁노宮奴들을 시켜 어선이나 염분에서 사사로이 세금을 징수하고, 자신들의 요구를 받아들이지 않으면 어민들의 어로 활동 자체를 방해했다.

광해군대 권신들은 외방에 진陣이라 불리는 광대한 농장을 갖고 있었다. 그것을 차지하면서 여러 불법을 자행하고, 면세의 혜택도 누렸다. 거기에 죄를 짓고 떠도는 자들까지 모여들면서 폐단이 극심했다. 인조 정권은 1623년 집권 직후 진들을 혁파하고 면세 조처도 철회한다고 선언했다. 하지만 잠시뿐이었다. 이미 1623년 연말 무렵부터 대군방大君房이라 불리는 궁가의 농장과 훈신들이 장악한 진이 다시 문제가 되었다. 광해군대의 상황이 재현되었던 것이다. 1625년 무렵에는 "궁가들이 산택과 어염의 이익을 독점하는 폐단이 극에 이르렀다"는 통탄이 나오고 있는 실정이었다.

재정 문제가 심각해지자 1626년 이후 신료들은 궁가, 내수사 등이 육지와 바다의 이권을 독점하는 것을 혁파하라고 촉구했다. 또 내수사 노비들에게 면역, 면세의 혜택을 주는 것도 철회하라고 했다. 하지만 인조는 마이동풍이었다. 말로는 '민생을 안정시키고 민폐를 제거하라'고 강조했지만 궁가 이야기만 나오면 귀를 닫았다. 1628년에는, 반정 직후 국가로 반환되었던 이현궁梨峴宮과 수진궁壽進宮 소속의 어전들을 다시 돌려주라고 지시했다. 그러면서 인조는 "선 왕조의 관례였다"는 명분을 들이댔다. 역주행이었다.

공신들도 마찬가지였다. 1629년 1월, 최명길은 '공신들이 적몰籍沒을 사칭하며 남의 전답과 집을 빼앗는 폐단을 금지하라'고 촉구했다. 하지만 시행되지 못했다. 당시 역모 사건이 빈발하면서, 고변 등을 통해 공신이 되는 자들의 수가 대폭 늘어나고 있었다. 공신들의 경제적 이권을 건드리면 역모를 적발하는 것이 어렵다고 생각했기 때문일까? 반정을 통해 집권한 데다 이어지는 역모와 고변 때문에 인조 정권은 공신들에게 집착할 수밖에 없었다. 악순환이었다.

궁가와 공신들을 비호하는 인조의 자세는 달라지지 않았다. 1630년대 이후에도 궁가와 각 관서들은 둔전이라는 명목으로 백성들의 토지를 강탈하여 커다란 문제가 되었다. 뿐만 아니라 궁가가 백성들에게 고리대를 벌여 이익을 챙기고, 북경에 가는 역관들에게 헐값을 주고 무역을 요구한 뒤 귀환한 뒤에는 몇 배나 비싼 물건을 탈취하고 있었다. 1631년 10월 부제학 이경여李敬輿 등은 "백성들이 궁노와 관청 서리들을 보면 사나운 귀신을 만난 것처럼 여긴다"고 지적했다.

반정을 주도했던 훈신들의 탐욕과 부패, 불법 행위 또한 극에 이렀다. 훈신들이 남의 토지를 강탈하는 일이 빈번해지자 "주인만 바뀌었을 뿐 탈취당하는 것은 매한가지"라는 비아냥과 원망이 일어나고 있었다. 1634년 훈신 신경진은 포도청 마루 아래 땅을 파고 감옥을 만든 뒤, 사감私憾이 있는 자들을 모조리 붙잡아다 감금하여 문제가 되었다. 하지만 인조는 그를 파직하라는 요구를 받아들이지 않았다.

1634년 무렵, 궁가의 폐단은 극에 이른다. 대군진大君陣이라 불리는 궁가의 농장들이 곳곳에 퍼져 면세 혜택을 받으며 백성들을 침탈하고 있었다. 또 바다에서 나는 이익 또한 모두 궁가로 들어가고 있다는 실정이었다. 신료들이 수년에 걸쳐 '궁가가 면세의 혜택을 누리면서 산과 바다의 이익을 독점하는 것을 혁파하라'고 누수히 촉구했음에도 인조는 귀를 기울이지 않았다. 그 같은 행태가 지속되는 한 민심을 다독이고 재정을 확보하는 것은 공염불일 뿐이었다.

뒤에서 다시 언급하겠지만, 1630년 1월 홍타이지가 북경을 기습하여 황성을 포위했다는 소식을 들었을 때 인조는 "우리에게 병력이 있다면 지금이야말로 오랑캐의 본거지로 쳐들어가 엎어버릴 적기"라고 토로한 바 있다. 오랑캐를 토벌하겠다는 의지는 대단했다. 하지만 그럼에도 불구하고 병력을 양성하려는 노력, 그리고 그 기반이 되는 재정을 확보하기 위한 구체적인 노력은 제대로 기울이지 않았다. 진정으로 안민安民, 양병養兵의 의지가 있었다면 궁가, 훈신, 공신들이 육지와 바다의 이권을 독점하고 있던 구조를 혁파시켰어야 했다. 그리고 그 이익으로 국가 재정을 보충했어야 했다. 하지만 인조 정권은 그러지 않았다. 그것은 분명 한계였다.

이렇게 표방과 실천이 서로 괴리되는 모습을 보였던 인조의 행태에 대해 1630년 3월, 가평군수 유백증俞伯曾은 직격탄을 날린다.

아, 오늘날 할 말이 많은데 나라의 흥망은 전적으로 군덕君德의 득실에 달려 있습니다. 전하께서는 지나치게 자신하여 남을 따르는 점이 부족하고, 의심이 많으면서 이기기를 좋아하는 단점이 있으며, 인자함은 충분하나 위엄과 과단성이 부족하고, 근심하고 애쓰는 것은 간절하나 실덕實德은 드러나지 않습니다 …… 안으로는 주석柱石처럼 의지할 만한 신하가 없고, 밖으로는 외적을 막는데 간성干城처럼 맡길 만한 인물이 없습니다. 인심이 원망하고 등을 돌려 역변이 잇따라 일어나고 공안貢案이 고쳐지지 않아 부역이 불균등하기만 합니다. 호령을 내리는 것도 조변석개朝變夕改라 은혜와 믿음은 백성에게 미치지 못하고, 이익만 따르고 공도公道가 무너져 벼슬길이 혼탁해져 뇌물 꾸러미가 조정에 횡행하고 있습니다. 나라가 위급한 것이 마치 끊어지려는 실끈과 같은데, 신은 광해光海가 아직 죽기 전에 종사가 먼저 망해 천고의 웃음거리가 될까 두렵기만 합니다.

'광해가 죽기 전에 인조의 종사가 먼저 망할까봐 두렵다'. 정묘호란 이후 인조 정권이 직면했던 난맥상에 대한 유백증의 비판과 경고는 섬뜩한 것이었다.

일본의
기가
되살아나다

'하늘을 함께 이고 살 수 없는 원수'
| '원수', 절호의 상경 기회를 잡다 |
'공허지국' 조선, 상경을 허용하다

정묘년에 미친 오랑캐들이 잠시 서쪽 변방을
시끄럽게 했지만 얼마 뒤 모두 평정되었다.
그대들이 요동 평정을 운운하는 것은 그럴싸하나
그까짓 하찮은 추물들이야 황조皇朝가 자력으로도
충분히 토벌하는 것이 가능하다.

'하늘을 함께 이고 살 수 없는 원수'

정묘호란의 발생은 조선과 일본의 관계에도 영향을 미쳤다. 일본의 쓰시마와 도쿠가와德川 바쿠후幕府는 동원할 수 있는 채널을 모두 가동하여 전쟁의 추이와 승패를 파악하려 했다. 그들은 조선과 후금의 동향을 주시하면서 전쟁이 자신들에게 미칠 파장을 따져보았다. 그러면서 '오랑캐'의 침략으로 곤경에 처한 조선의 약점을 자신들에게 유리한 방향으로 이용하려고 시도했다. 그것은 우선 임진왜란 이후 조선의 완강한 거부 때문에 실현되지 못했던 왜사倭使의 상경上京을 관철시키려는 움직임으로 나타났다.

　임진왜란을 겪은 뒤 조선 사람들의 일본에 대한 감정은 격앙되었다. 무고하게 침략하여 처참한 살육과 약탈을 자행한 데 대한 원한과 적개심이 높아질 수밖에 없었다. 조선은 특히 선릉宣陵과 정릉靖陵 등 왕릉을 파헤쳤던 일본군의 행위에 격분했다. 왜란 직후의 기록에는 일본을 가리켜 '영원히 함께할 수 없는 원수[萬世不共之讐]'라고 하는 표현이 심심치 않게 등장한다. 심지어 1607년(선조 40) 일본에 갔던 회답겸쇄환사回答兼刷還使가 소지했던 국서 속에도 '의리상 귀국과는 하늘을 함께 이고 살 수 없다'는 내용이 들어가 있을 정도였다.

이 같은 적개심을 고려하면 임진왜란 직후 조선이 일본과 국교를 재개한다는 것은 생각하기조차 어려웠다. 하지만 쓰시마는 절박했다. 농토가 적고 척박하여 경제적으로 자활할 수 없었던 그들은 조선과의 교역이 생명선이나 마찬가지였다. 그 때문에 쓰시마 도주島主 소오씨宗氏는 15세기부터 조선과의 교역에 사활을 걸었고, 임진왜란이 일어나기 직전에도 조선과 도요토미 히데요시 사이에서 어떻게든 전쟁을 피해보려고 안간힘을 썼다. 1587년 히데요시가 큐슈九州를 정복한 뒤 자신들에게 조선 국왕을 입조入朝시키라고 명령했을 때에도 소오씨는 히데요시의 '명령' 내용을 조선에 곧이곧대로 전달하지 않았다. 자존심이 센 조선에게 '입조' 운운했다가 노여움을 사게 될 경우, 관계가 완전히 파탄나지 않을까 우려했기 때문이다. 소오씨는 '입조'라는 말을 빼고 '히데요시가 분열되었던 일본을 통일했으니 그것을 축하하는 통신 사절을 보내 달라'고 간청했다. 조선 측이 '바닷길이 험해 통신사를 보내기 어렵다'고 난색을 표하자 소오씨는 자신이 직접 바닷길을 안내하겠다고 나설 정도였다. 그러나 사력을 다한 쓰시마의 교섭에도 불구하고 양국의 관계는 파탄에 이르렀고, 히데요시는 침략 전쟁을 도발했다. 소오씨 또한 히데요시 군의 앞잡이가 되어 조선 침략에 동참할 수밖에 없었다.

1598년 히데요시가 죽고 임진왜란이 끝나자 쓰시마는 다시 필사적

농토가 거의 없고 토질마저 척박했던 쓰시마는
일찍부터 조선과의 무역에 기대어 생활해야 하는 조건에 처해 있었다.
사진은 대마도 도주의 전용 선착장이었고 조선 통신사도 이용했다는 오후나에 유적.

으로 조선에 매달렸다. 자신들에 대한 조선의 원한과 적개심이 어떠한지를 잘 알고 있었지만 염치고 체면이고 따질 겨를이 없었다. 1599년 쓰시마는 국교 재개를 요청하기 위해 가케하시 시치다유梯七太夫와 요시조에 사콘吉副左近 등의 사절을 조선에 보냈다. 1600년에는 유타니 야스케柚谷彌介를 다시 보냈다. 하지만 이들은 모두 살아서 귀환하지 못했다. 쓰시마 또한 그것을 각오하고 보낸 사절이었다.

쓰시마는 한편으로는 왜란 당시 잡아간 조선인 포로들을 돌려보내는 등 '성의'를 표시하면서 다른 한편으로는 '조선이 국교 재개 요청을 계속 거부하면 다시 침략이 있을 것'이라고 협박했다. 실제 1603년, 사쓰마薩摩에 억류되어 있다가 조선으로 송환되었던 하동 출신 유학幼學 김광金光의 보고 내용은 심상치 않았다. 그는 '도쿠가와 이에야스德川家康가 조선과 다시 화친하려는 의지를 갖고 있다'는 것과 '화친 요청을 거부할 경우 재침이 있을 것'이라고 진술했다.

조선은 긴장 속에서 승려 유정惟政을 탐적사探賊使라는 명목으로 파견하여 일본의 정세를 살피도록 했다. 1605년 4월, 유정은 후시미 성伏見城에서 도쿠가와 이에야스를 만나 화친에 대한 그의 의도를 탐지하고 조선인 포로들을 데리고 귀국했다. 조선은 이어 '일본이 먼저 화친을 요청하는 국서를 보낼 것', '선릉과 정릉을 파헤친 범인[犯陵賊]을 묶어 보낼 것', '조선인 포로들을 돌려보낼 것' 등을 국교 재개를 위한 전제 조건으로 제시했다.

쓰시마는 조선이 제시한 요구에 신속히 응답했다. 그들은 1606년 9월, 이에야스 명의의 국서와 범릉적을 조선에 보냈다. 국서는 위조된 것이었고, 범릉적 또한 사형수 가운데서 급히 뽑은 가짜였다. 조선은

사명대사 유정四溟大師 惟政

임진왜란 당시 승병장으로 크게 활약했던 유정은
전쟁이 끝난 뒤 일본과의 국교를 재개하는 과정에서도 중요한 외교적 역할을 담당했다.
자료제공처: 원광대학교 박물관.

'진실'을 알았지만 문제 삼지 않았다. 이윽고 1607년 조선은 강화講和를 위해 회답겸쇄환사라는 명칭으로 통신사를 일본에 파견했다. 임진왜란 때문에 단절되었던 양국의 국교가 회복되는 출발점이었다.

사절단의 명칭을 굳이 '회답겸쇄환사'라 칭한 데에는 조선의 고뇌가 담겨 있었다. 조선의 입장에서는, 씻을 수 없는 상처를 남긴 '만세불공지수' 일본과 국교를 재개하는 것은 솔직히 내키지 않는 일이었다. 하지만 임진왜란 직후 조선이 처한 안팎의 상황은 엄중했다. 안으로는 피폐해진 사회경제적 기반을 재건하고 민생을 안정시키는 일이 여의치 않았다. 밖의 상황은 더 심각했다. 임진왜란이 겨우 끝나 일본군은 물러갔지만 요동 지역의 정세가 몹시 불온했다. 누르하치의 건주여진이 굴기하여 명과 조선을 위협하고 있었다. '늑대가 물러가니 호랑이가 나타나는' 상황이 빚어졌던 셈이다. 이제 국방의 중심축을 동남방에서 서북방으로 옮기는 것이 절실해졌다. 이런 상황에서 바쿠후와 쓰시마의 국교 재개 요청을 언제까지나 무시할 수는 없었다. 누르하치의 위협에 대처하려면 일본과의 관계를 안정시키는 것이 필수적이었기 때문이다. 서북방과 동남방 양쪽 모두를 적으로 만들 수 없는 불리한 지정학적 조건을 고려해야만 했다.

하지만 그렇다고 해서 피해자 조선이 가해자 일본에게 먼저 화해의 손을 내밀 수는 없었다. 마지못한 것이긴 하지만 화해를 하려면 그럴듯한 명분이 필요했다. 조선이 일본에 국교 재개의 조건으로 이런저런 요구 사항을 제시한 것은 이 때문이었다. 특히 화친을 요청하는 국서를 먼저 보내라고 일본 바쿠후에 요구한 것은 중요한 의미가 있었다. 대규모 전쟁을 벌인 뒤 쌍방 사이의 원한이 높아진 상황에서 먼저 국서를 보내는 것은 패배를 자인하는 의미를 지니는 것이었기 때문이다. 그런데 바쿠후와 쓰시마는 비록 '가짜'였지만 국서와 범릉적을 보내옴으로써 조선이 제시한 조건들을 어쨌든 충족시켜 주었다. 조선도 가만히 있을 수 없었다. '회답回答'이라는 명칭에는 '일본이 국교를 재개하자고 먼저 요청한 데 대해 답한다'는 의미가, '쇄환刷還'이라는 명칭에는 '침략 전쟁 중에 끌려간 우리 백성들을 되찾아온다'는 의미가 깃들어 있었다. 요컨대 '조선의 국가 체면을 생각하면 원수 일본과의 국교 재개는 가당치도 않지만 일본이 먼저 간곡하게 재개를 요청해왔으므로 그 성의를 생각하여 사신을 보낸다'는 명분을 만들어냈던 것이다. 회답겸쇄환사라는 명칭에는 바로 이 같은 조선의 고민과 딜레마가 담겨 있었다.

조선은 또한 도쿠가와 이에야스는 도요토미 히데요시가 주도한 조선 침략에 동참하지 않았다는 것도 국교 재개를 허용하는 명분으로 삼았다. 나아가 그가 히데요시의 잔당을 제거한 것을 '조선의 원수를 대신 갚아준 행위'라고 적극적으로 평가했다. 도쿠가와 이에야스가 1600년 세키가하라関ヶ原 전투에서 히데요시 추종 세력들을 물리쳤던 것을 염두에 둔 것이었다. 조선은 이어 1609년(광해군 1)에는 기유약조己酉約條를 맺어 쓰시마와 교역을 재개하는 것을 허용했다. 광해군은 일본과의 외교에서도 철저히 현실적이고 실리적인 차원에서 접근했다. 1617년에는 2차 회답겸쇄환사를 보내 도쿠가와 이에야스가 도요토미 히데요시의 잔당들을 완전히 소탕한 것을 축하했다.

국교를 재개하고 교역을 허용했지만 일본에 대한 적개심과 경계의식은 쉽사리 사라지지 않았다. 조선 정부는, 쓰시마에서 왕래하는 교

세키가하라関ケ原 전쟁터

1600년 세키가하라에서 벌어진 전투에서 도쿠가와 이에야스가 이끄는 동군은
도요토미 히데요시를 추종하는 이시다 미츠나리石田三成, 고니시 유키나가小西行長 등의
서군에게 승리함으로써 패권을 장악하게 된다.

역선의 숫자를 왜란 이전에 비해 대폭 줄였고 왜관에 머무는 일본인들에 대한 감시도 강화했다. 특히 왜사들이 서울로 올라오는 것은 엄격히 금지했다. 왜란 이전 그들에게 상경을 허용함으로써 부산에서 서울에 이르는 산천 형세와 지리 정보가 모두 유출되었던 전철을 되풀이하지 않으려는 조처였다. 쓰시마는 상경을 불허한 조선의 조처에 답답해했다. 그러나 조선은 요지부동이었다.

'원수', 절호의 상경 기회를 잡다

조선은 임진왜란 이후 서북방에서 후금과의 군사적 긴장이 높아가고 있을 때부터 그 사실을 왜관의 일본인들이 알지 못하도록 숨기려고 했다. 일본이 조선의 내부 사정을 자세히 알게 될 경우, 그것을 계기로 또 어떤 요구를 해올지 모른다고 우려했기 때문이다. 하지만 정묘호란과 같은 전면적인 전쟁의 발생 사실을 언제까지나 숨길 수는 없는 노릇이었다. 더욱이 당시 왜관이나 쓰시마의 일본인들이 지닌 정보 파악 능력은 결코 만만치 않았다. 조선 조정은 결국 1627년 2월, 정묘호란이 일어났다는 사실을 왜관에 통보하고 전란이 끝날 때까지 사선使船의 파견을 중지해 달라고 요청했다.

정묘호란이 일어났다는 소식을 들은 왜관과 쓰시마는 기민하게 움직였다. 쓰시마 도주島主 소오 요시나리宗義成는 조선에 사람을 보내 '이미 파견한 선박을 회항시키는 것은 어렵고, 그럴 경우 조선이 훨씬 더 많은 대가를 지급해야 한다'고 요구했다. 그는 또한 조선을 돕기 위해 병력을 보내고 조총 등 무기를 원조하겠다고 제의했다. 쓰시마는 정묘호란을, 위기에 처한 조선으로부터 경제적 이득을 얻어내고 자신의 존재를 과시할 수 있는 절호의 기회로 활용하려고 했던 것이다.

일본은 당시 여진을 달단韃靼이라고 불렀는데, 도요토미 히데요시의 집권 무렵부터 만주의 정세와 여진의 동향에 대해 관심이 많았다. 이미 1592년 여름, 함경도 회령까지 북상했던 가토 기요마사加藤淸正가 두만강을 건너 여진 부락에 침입하여 그들과 군사적으로 충돌했던 경험이 있었다. 이후 달단이 더욱 강성해져 후금을 건국하고 요동을 점령하자 일본의 위기의식은 높아갔다. 도쿠가와 바쿠후는, 후금이 1621년 요동을 점령했다는 정보를 당시 나가사키長崎에 왕래했던 명나라 상인들을 통해 알고 있었다. 1623년 새로 쇼군이 된 도쿠가와 이에미쓰德川家光는, 후금 관련 정보를 제대로 수집하여 보고하지 않았다며 쓰시마의 가로家老 야나가와 시게오키柳川調興를 질책한 바 있다. 다급해진 소오 요시나리와 야나가와 시게오키는 조선에 조총 등을 보내는 한편, 요동 사정을 탐문하려고 혈안이 되었다. 하지만 조선이 여전히 일본 사절들의 상경을 허용하지 않자 쓰시마 측의 조바심은 높아갔다.

정묘호란이 일어나자 쓰시마 측은 조선을 압박했다. 즉 '전에도 바쿠후가 요동 사정을 제대로 보고하지 않았다고 질책했는데, 만일 이번에 야나가와가 잘 주선하지 않으면 바쿠후가 요동의 후금을 공격하기 위해 군대를 일으킬 것이고 그러면 조선과 쓰시마가 피해를 입을 것'이라는 내용이었다.

1627년 11월, 소오 요시나리는 에도江戸로 가서 정묘호란과 관련된 전후 상황을 바쿠후에 보고했다. 조선과 대륙 정세 변화를 주시하고 있던 바쿠후는 요시나리에게 조선과 대륙 정세를 상세히 조사하여 다시 보고하라는 지시를 내렸다. 1628년 11월, 쓰시마로 돌아온 요시나리는 승려 겐포玄方를 차출했다.

겐포(1588~1661)는 17세기 초반의 조일관계에서 뚜렷한 발자취를 남긴 승려였다. 그의 정식 이름은 기하쿠 겐포規伯玄方였고 호를 백운白雲 또는 회계晦溪라고 했다. 큐슈 하카다博多에서 태어난 그는 출가한 이후 쓰시마로 건너갔는데, 출가한 이유에 대해서는 알려진 것이 없다. 겐포에게 외교술을 가르쳐준 스승은 게이테쓰 겐소景轍玄蘇였다. 본래 하카다 성복사聖福寺의 주지였던 겐소는 1580년 쓰시마로 건너갔다. 겐소는 뛰어난 한문 실력을 바탕으로 쓰시마에서 조선과의 외교 교섭을 담당하는 책임자로 활약했다. 조선과의 교역이 경제적 생명선이나 마찬가지였던 쓰시마의 입장에서는 능숙하게 외교문서를 다룰 수 있는 전문가가 절실했다. 문화적으로 일본인들을 '한 수 아래'로 보았던 조선 관인들과 접촉하려면 한문 실력뿐 아니라 시문 등을 수작할 수 있을 만큼 문학적 재능도 필요했는데 겐소는 바로 그 같은 임무에 적격이었다.

겐소는 임진왜란에도 참전했다. 왜란 당시 명군 지휘부는 그를 일본군의 모주謀主 가운데 한 명으로 지목하여 그의 목을 가져오는 사람에게는 엄청난 상금을 주겠다고 공약한 바 있다. 겐소의 활약은 왜란이 끝난 뒤에도 이어졌다. 겐소는 조선과 국교를 재개하고 기유약조를 체결하는 과정에서도 중요한 역할을 했다. 조선과의 관계를 놓고

게이테쓰 겐소景轍玄蘇의 무덤과 이정암以酊庵

쓰시마 섬에 있는 게이테쓰 겐소의 무덤과 이정암의 모습.
겐소는 쓰시마 섬의 외교승이자 기하쿠 겐포規伯玄方의 스승이었다. 그는 임진왜란에 참전하기도 했다.
이정암은 조선과의 외교를 담당했던 승려들이 머물던 곳이다. 지금은 서산사西山寺라고 불린다.

볼 때, 겐소는 산전수전 다 겪은 노련한 외교관이었던 셈이다.

겐포는 17세부터 쓰시마의 이정암以酊庵이라는 곳에서 겐소를 보좌하면서 조선과의 외교를 배웠다. 1611년 겐소가 세상을 떠나자 스승을 이어 쓰시마의 외교문서를 담당하게 되었다. 하지만 소오씨는 겐포의 나이가 아직 어린 점을 고려하여 그를 교토로 보내 좀 더 학문을 닦도록 했다. 그가 쓰시마의 외교 업무를 다시 맡은 것은 1619년부터였다. 겐포는 1621년(광해군 13)에도 국왕사國王使라는 직함을 갖고 부산에 왔던 적이 있었다. 요컨대 겐포는 스승 겐소와 쓰시마 당국에 의해 체계적으로 훈육된 외교 전문가, 조선 전문가였던 셈이다.

1629년 윤 2월, 겐포는 '조선과 대륙 정세 파악'이라는 중책을 안고 부산에 상륙했다. 소오 요시나리는 이미 조선에 서계書契를 보내 겐포 일행의 상경을 허용하라고 촉구했다. 조선은 여전히 거부했지만 이번에는 겐포 일행도 물러서지 않았다. 자신들이 도쿠가와 바쿠후 장군의 명령을 받아 온 사자, 즉 국왕사라고 강변하고 상경을 허용하지 않으면 문제가 생길 것이라고 공갈을 쳤다. 조선 조정은 그들이 진짜 국왕사인지를 확인하기 위해 정홍명鄭弘溟을 선위사宣慰使로 삼아 왜관에 보냈다. 하지만 겐포 일행은 국왕사가 마땅히 지참해야 할 국서를 갖고 있지 않았다. 조선은 당연히 상경을 다시 거부했다. 겐포 일행은 자신들이 국왕사라고 계속 우기며 협박을 멈추지 않았다. 상경의 허용 여부를 둘러싼 실랑이는 쉽사리 끝날 기미가 보이지 않았다.

'공허지국' 조선, 상경을 허용하다

겐포가 부산에 머물며 상경을 고집하고 있다는 보고를 받았을 때 조선 조정은 고민했다. 인조는 강경했다. 그는 '왜놈들은 우리의 원수'라고 전제한 뒤 일단 금제禁制를 풀면 이후의 폐단을 막을 수 없다는 것과 대의를 고려하여 상경을 절대로 허용할 수 없다고 강조했다. 또 '상경을 허용하면 공갈과 협박에 굴복하는 셈이 되고, 일본은 분명 조선에 사람이 없다고 여길 것'이라고 우려했다.

신료들의 의견은 사뭇 달랐다. 병조판서 이귀는 '선조께서도 일본을 이웃 나라로 대우했는데 이웃 나라 사신의 상경을 불허하는 것은 곤란하다'고 했다. 그는 현실론을 내세웠다. '정묘호란 때문에 만신창이가 된 현실에서 왜인들의 비위를 거스를 수는 없으며 유순한 태도로 강자를 제압하는 것이야말로 보국保國의 방책'이라고 강조했다. 다른 신료들의 생각도 대체로 이귀의 주장과 같았다. 하지만 인조가 워낙 강경하게 반대하여 결론은 쉽사리 내려지지 않았다.

시간이 지나자 현실론이 다시 고개를 들었다. 겐포가 부산에 머물며 공갈 치고 있을 무렵, 안팎의 사정이 너무 뒤숭숭했기 때문이다. 1629년 2월 후금 사신 만월개滿月介가 서울에 들어왔고, 같은 달 후금군은 평안도 선사포에 있는 모문룡의 둔전을 습격했다. 이 때문에 서울에는 후금이 다시 쳐들어올 것이라는 흉흉한 소문이 퍼졌다. 도성을 떠나 피난길에 오르는 사람들이 줄을 이었다. 3월에는 홍타이지가 국서를 보내와 조선이 형제관계를 맺으면서 제시했던 맹약을 지키지 않는다고 질책하고 '모문룡과 관계를 끊으라'고 다시 협박했다. 그런가 하면 전국적으로 가뭄이 계속되는 와중에 명화적 등이 발생했다. 나라 안팎으로 어느 것 하나 믿을만한 구석이 없었던 셈이다. 이 같은 상황을 염두에 두고 4월 20일, 우의정 이정구는 겐포 일행의 상경을 특별히 허용하자고 촉구했다. 그가 인조에게 올린 차자에는 당시 조선이 처한 힘겨운 현실이 절절하게 드러나 있다.

신이 생각건대 겐포는 본래 관백關白이 보낸 것이 아니고, 다만 자신들끼리 절박한 염려가 있어 도주가 상경을 미끼로 허풍을 떨어보려는 것뿐입니다. 관백이 군대를 이끌고 쳐들어오는 것과 그들에게 상경을 허락하는 여부와는 아무런 상관이 없습니다. 그럼에도 여러 신료들이 논의하여 그들의 상경을 꼭 허락하려고 하는 것은 대개 공허한 나라의 처지에서 남과 북으로부터 번갈아 침입을 받는 데다 그들이 하루아침에 짐을 싸서 돌아가 버리면, 또 무슨 간특한 꾀를 부릴지 알 수 없고 앞으로 무사하리라는 것을 감히 다짐하여 말할 수 없기 때문입니다 …… 지금은 특소特김라는 명분으로 겐포에게 몇몇 종자만을 데리고 빨리 올라오게 하고 나머지 인원들은 전처럼 부산의 객관에서 접대하게 하는 것이 좋겠습니다.

이정구의 이야기에서 특히 주목되는 것은 조선을 '공허한 나라空虛之國'라고 규정한 대목이다. 임진왜란이 남긴 후유증을 채 극복하지 못한 상황에서 다시 정묘호란을 겪고, 호란이 끝난 이후에도 안팎으로 위협받고 있던 '골병든 나라', 조선의 고단한 처지를 '공허지국'이라 표현했던 것이다.

이귀 또한 '후금과 갈등을 야기하고 있는 상황에서 일본과도 사단을 만들 수는 없다'며 겐포 일행의 상경을 허용하자고 다시 강조했다. 대다수 신료들의 의견이 상경을 허용하자는 쪽으로 모아지자 인조도 '절대 불가'라는 고집을 꺾을 수밖에 없었다. 절충안이 부산으로 전달되었다. 조선 조정은 겐포 일행에게 상경을 허용하면서 그들을 국왕사가 아닌 바로 아래의 거추사巨酋使 급으로 대우하기로 결정했다. 국서가 없었기 때문이다. 국왕사의 사절 정원은 25인이었는데 거추사의 정원은 15인이었다.

겐포는 반발하면서 거추사의 인원에 수행원 4인을 더 추가해야 한다고 강청했다. 또 자신이 '걷기가 불편하다'는 핑계를 내세워 가마를 타고 상경할 수 있게 해달라고 요구했다. 정홍명은 겐포 일행의 집요한 요구에 밀려 타협안을 제시할 수밖에 없었다. 이윽고 1629년 4월 6일, 19명으로 구성된 겐포 일행은 부산을 출발하여 서울로 향했다. 임진왜란 이후 처음이자 마지막으로 열린 일본 사신들의 상경길이었다.

겐포 일행은 4월 22일 서울로 들어왔다. 그들은 4월 25일, 경덕궁에서 인조에게 인사를 올리는 숙배肅拜를 행하고 5월 21일 출발할 때까지 약 한 달 동안 서울에 머물렀다. 그들은 인조를 알현할 때 진상품으로 조총 20정을 비롯하여 화약 원료인 유황과 염초焰硝 수백 근을 바쳤다. 조선이 후금과 막 전쟁을 치렀던 것을 염두에 둔 예물이었다. 전쟁을 치른 조선이 가장 아쉬워할 수밖에 없는 무기류를 헌상함으로써 쓰시마의 존재 가치를 환기시키려는 의도가 담겨 있기도 했다.

겐포 일행이 내한했던 가장 중요한 목적은, 바쿠후의 명령을 받아 정묘호란 이후의 조선과 대륙의 정세를 파악하는 것이었다. 그들은 조선 관인들에게 "요동을 평정하여 명으로 가는 조공로를 다시 열고 싶다"고 떠벌였다. 겐포 일행은 서울에 머무는 동안 조선 내부 사정은 물론 명과 후금의 동향을 파악하기 위해 부심했다. 조선 관인들을 통해 얻어들은 정보를 기행문 등에 꼼꼼하게 적었는가 하면, 대동했던 화가를 시켜 조선에서 목도했던 상황을 그림으로 그려 기록하는 치밀함까지 보였다.

겐포 일행은 경제적 실리를 챙기는 것도 잊지 않았다. 쓰시마 도주 소오 요시나리가 특별히 보낸 스기무라 우네메杉村采女는 무기류 등을 헌상하여 조선의 환심을 사는 한편, 당시 이런저런 이유로 조선으로부터 받지 못했던 목면을 지급해 달라고 요청했다. 스기무라가 요청한 목면의 양은 600동同이었다. 600동이면 자그마치 3만 필이나 되는 엄청난 양이었다. 전쟁의 후유증에서 벗어나지 못했던 조선 조정은 당연히 거절했다. 자신들의 요구가 받아들여지지 않자 겐포 일행은 5월 21일 서울을 뛰쳐나갔다. 조선 조정이 쓰시마 도주에게 보내는 서계의 접수도 거부했다.

조선 조정은 난감했다. 최명길 등은 남쪽 변방의 안정을 도모하려면 일본을 달랠 수밖에 없다고 강조했다. 조선은 결국 목면을 지급하기로 결정했다. 부산의 왜관에 머물며 답변을 기다리던 겐포 일행은 목면을 지급하겠다는 소식을 듣고 6월 12일 유유히 귀국선에 올랐다. 정묘호란이 남긴 여파를 수습하느라 정신이 없던 소선은 결국 쓰시미에게 허를 찔리고 말았던 것이다.

겐포 일행이 돌아가자 조정에서는 다시 논란이 빚어졌다. 겐포 등이 서울에 머물 때 떠벌였던 사안들을 명에 알리는 여부 때문이었다. 대사헌 김상헌은 "요동을 평정하여 조공로를 다시 열겠다"고 운운했다는 사실을 명에 알려야 한다고 주장했다. 인조는 "임진년과는 상황이 다르다"며 반대했다. 비변사는 겐포의 말은 근거가 없지만 명의 병부와 예부, 그리고 모문룡과 원숭환에게는 알려야 한다고 했다.

예조는 이윽고 쓰시마에 보낼 회답서를 작성했다. 일본 측이 받아가지 못한 목면 미수분을 기유약조에 준하여 특별히 지급한다는 것을 통보했다. 또 겐포에게도 편지를 보내 노고를 치하한 뒤 그가 떠벌였던 '요동 평정[平遼]'과 조공로를 다시 여는 문제에 대해 언급했다. 내용의 핵심은 대략 이러했다.

정묘년에 미친 오랑캐들이 잠시 서쪽 변방을 시끄럽게 했지만 얼마 뒤 모두 평정되었다. 그들이 조선과 화친을 청했기에 그것을 허락하여 지금은 개 한 마리 짖는 시끄러움도 없으니 귀국에게 걱정을 끼칠 일이 없다. 그대들이 요동 평정을 운운하는 것은 그럴싸하나 그까짓 하찮은 추물들이야 황조皇朝가 자력으로도 충분히 토벌하는 것이 가능하다. 옛날부터 바다를 건너와 남의 나라를 수천 리나 통과하여 남과 싸운다는 말을 들어보지 못했다. 황조에서 이 말을 갑자기 들으면 의심할 것이니 우리의 입장에서도 감히 알릴 수 없다. 그러니 귀국도 입 밖에 내지 말기 바란다.

대단한 호기였다. 후금을 가리켜 '미친 오랑캐', '하찮은 추물[蕞爾小醜]'이라고 했다. '후금 정도는 조선과 명이 다 알아서 처리할 수 있으니 일본은 상관하지 말라'는 내용이었다. 또 조선이 정묘호란을 맞아 후금을 별 어려움 없이 처리했다고 강조했다. 후금 때문에 위기에 처한 조선의 궁박한 현실을 일본이 눈치채는 것을 막아보려는 안간힘이 엿보인다. 혹시라도 일본이 '평요' 운운하면서 다시 쳐들어올지 모른다는 위기의식도 담겨 있다. 아무튼 조선은 일본을 달래기 위해 지급 기한이 이미 지난 목면 수만 필을 공급할 수밖에 없었다. 1629년 무렵, '공허지국' 조선은 정면에서는 명과 후금의 압박을 피하고 배후에서는 일본까지 다독여야 하는 최악의 상황에 놓여 있었다.

명,
자멸하기
시작하다

모문룡의 본질이 폭로되다 | '국제
사기꾼'의 최후 | 홍타이지, 허를 찌
르고 반간계를 쓰다 | '장성'이 무너
지다

원숭환이 죽음으로써 명이 드디어 망했고
애신각라씨愛新覺羅氏가 중원을 차지하게 되었다.
이신들까지 포용할 줄 알았던 홍타이지는 탁월했고,
사람과 대국을 볼 줄 몰랐던 숭정제는 어리석었다.

모문룡의 본질이 폭로되다

이미 언급했듯이 정묘호란이 벌어지는 동안 모문룡은 조선에 아무런 도움도
주지 않았다. 도움은커녕 모문룡 부하들의 작폐 때문에 청북 백성들의 고통은
극에 달했다. 그럼에도 모문룡은 명 주정에 보낸 보고서에서 '자신의 활약 덕
분에 후금군을 물리치고 조선이 위기에서 벗어났다'고 천연덕스럽게 거짓말
을 했다. 그리고 전쟁이 끝나자 아무 일도 없었다는 듯 '해외천자', '밀수 왕초'
의 본래 모습으로 되돌아갔다.

모문룡이 가도로 들어가 군사 거점을 마련했던 해가 1622년이므로 정묘호
란이 끝날 무렵이면 햇수로 5년이 지난 셈이 된다. 모문룡은 그동안 '요동 수
복'을 외치며 엄청난 군량과 군수 물자를 소모했다. 그런데 이렇다 할 성과가
없었다. 간혹 배를 타고 서해에서 압록강을 오르내리며 게릴라 활동을 벌이
고, 봉황성 등지에 출몰하여 후금군과 소소한 전투를 벌였지만 그것은 '요동

봉황산/鳳凰山

모문룡은 단둥에서 가까운 봉황산 일대에 출몰하면서 후금 정벌을 내세우며 작전을 벌이는 시늉을 했다.
사진은 현재의 봉황산 입구 모습.

수복'에 별 도움이 되지 않는 행동이었다. 오히려 후금을 자극하여 자신과 조선의 안전을 위협할 뿐이었다.

명에서는 일찍부터 모문룡의 효용성에 의문을 제기하는 사람들이 있었다. 1622년 12월, 어사 하지령夏之齡은 황제에게 올린 상소에서 모문룡을 명 본토로 철수시키라고 건의했다. 모문룡이 바다 바깥의 고립된 지역에 머물고 있기 때문에 그를 지원하는 것이 어렵다는 이유를 댔다. 대학사 섭향고 또한 명의 재정 형편이 어렵다는 점을 내세워 하지령의 의견에 동조했다. 하지만 천계제는 모문룡을 적극 옹호하면서 섭향고 등의 건의를 일축했다. 천계제가 제위에 있는 동안은 모문룡의 '안전'에 별 문제가 없었다. 환관 위충현 또한 그의 뒤를 든든하게 받쳐주었다.

모문룡은 명에서 조선으로 사신이 왕래할 때마다 위기의식을 느꼈다. 사신들이 조선에 오려면 반드시 가도에 들러야 하는데 행여 그들을 통해 자신의 실상과 본질이 탄로날까봐 두려웠기 때문이다. 1626년 윤6월 조선 방문을 마치고 귀국 길에 올랐던 한림원 편수 강왈광이 동강진에 들렀을 때, 두 사람이 나눈 대화의 내용은 흥미롭다. 모문룡은 만주 지도를 꺼내 놓고 강왈광에게 자신의 작전 계획을 장황하게 설명했다. 강왈광이 관심을 보이며 "이제 장군이 공을 세워야 할 때"라고 맞장구를 치자 모문룡은 본심을 드러냈다. '공을 세우고 싶지만 군량이 없다'고 하소연했던 것이다. 강왈광도 물러서지 않았다. '군량이 부족하면 정예병만을 추려내서 싸우면 된다'고 충고했다. 강왈광은 더 나아가 '군량이 없다는 이유로 조선에서 계속 뜯어내려 한다면 조선이 필시 딴 마음을 품을 것'이라고 우려를 표명했다. 이미 서울에 머물면서 조선의 피폐한 실상을 파악했기 때문에 했던 충고였다.

시간이 지나면서 모문룡을 철수시켜야 한다는 주장이 다시 고개를 들었다. 1626년 5월, 총독 염명태閻鳴泰는 '바다 바깥에 병력을 배치한 것은 적의 배후를 견제하기 위함인데 모문룡은 오히려 후금에 견제당하는 신세가 되었다'며 그를 속히 여순旅順으로 철수시키라고 촉구했다. 원임 등래순무 무지망武之望도 '모문룡은 후금군을 두려워하여 물러나려고만 하여 조선 군신들과 갈등을 일으키고 나라를 욕되게 하고 있다'며 비난을 퍼부었다. 바야흐로 '모문룡 문제'가 명 조정에서 정쟁의 '이슈'로 떠오르고 있었다.

이런저런 이유를 들어 철수시키라는 요구가 이어졌음에도 명 조정이 그와 가도의 동강진을 계속 유지하려 했던 까닭은 무엇일까? 물론 천계제와 위충현의 모문룡 비호가 결정적이었지만, 그것 때문만은 아니었다. 명의 신료들 가운데는 모문룡이 지닌 효용 가치를 다른 측면에서 찾는 사람들이 있었다. 주문욱이 '조선이 후금에게 시달리면서도 명을 배신하지 못하는 이유는 모문룡이 견제하기 때문'이라며 모문룡의 효용성을 높이 평가했다는 것은 이미 언급한 바 있다. 풍성후豊城侯 이승조李承祚도 비슷한 의견을 폈다. 그는 '모문룡의 진영을 옮길 경우 곧바로 조선이 후금에 병탄될 것이고, 그러면 후금은 더욱 거리낌 없이 명을 공격할 것'이라고 했다. 그는 모문룡의 거점을 본토로 옮기는 대신 어사를 파견하여 군량을 감독하고 그에게 전진하도록 명령하라고 촉구했다. 하지만 이후에도 모문룡에 대한 감사는 유야무야되고 말았다.

그런 와중에 정묘호란 이후 모문룡이 보인 행태는 갈수록 가관이었다. 거짓말로 가득찬 보고서를 올렸음에도 환관들의 비호 덕분에 황제의 신임을 얻게 되자 그는 더 대담해졌다. 모문룡은 정묘호란 이후 후금 측과 사절을 교환하면서 사실상 내통하고 있었다. 양측의 사절들이 창성昌城을 경유하여 심양을 왕래하는 것은 조선의 지방 수령들에 의해서도 빈번히 목격되었다. 실제로 1627년 12월, 서울에 왔던 후금 사신 용골대龍骨大도 양측이 '화친' 운운하면서 사절을 서로 왕래시키고 있다는 사실을 부인하지 않았다.

모문룡은 그러면서도 정작 조선에 대해서는 다른 이야기를 했다. 그는 1627년 12월 26일, 조선 조정에 보낸 서한에서 조선이 후금과 화친한 것을 질책한 뒤 '자신은 군사를 이끌고 후금을 일망타진할 것이니 조선도 두려워하지 말고 협력하라'고 촉구했다. 도무지 앞뒤가 맞지 않는 언동이었다.

'국제 사기꾼'의 최후

감시의 사각지대에 머물며 희희낙락했던 모문룡에게도 종말이 다가오고 있었다. 모문룡에게 종말을 가져다준 당사자는 다름 아닌 원숭환이었다. 원숭환은 모문룡을 극도로 혐오했다. 그가 가도에 '퍼질러 앉아' 군량만 축내면서 정작 후금 공략에는 전혀 도움이 되지 않는 데 대한 반감 때문이었다. 원숭환의 반감은, 모문룡을 싫어하는 명 조정 신료들의 '관념적인' 반감과는 질적으로 다른 것이었다. 산해관 바깥의 방어를 책임지고 있는 사령관으로서, 최전방 격인 영원성에서

후금군과 대치하고 있는 무장으로서, 그가 모문룡에게 느끼는 배신감
은 훨씬 구체적이고 엄중했다.

백기종柏起宗의 《동강시말東江始末》에 따르면 원숭환은 일찍부터 모
문룡을 '처리'하려고 했던 것 같다. 조정에 상소를 올릴 때마다 매번
'모문룡 문제'를 거론했다고 한다. 문관을 파견하여 모문룡을 감시하
도록 건의하는가 하면 그 스스로도 가도에 대해 해금海禁 조치를 취하
려 했다. 여순을 차단하여 모문룡의 진영으로 장정들이 유입되는 것
을 막으려 하는 한편, 명으로 오는 조선 사신들이 가도에 들른 이후에
는 반드시 영원성을 거치도록 했다. 모두 모문룡을 견제하려는 조처
였다.

천계 연간에는 모문룡을 제거하는 것이 여의치 않았다. 천계제와
위충현 등이 모두 모문룡을 비호했기 때문이다. 1627년 7월, 천계제
가 세상을 떠났다. 천계제의 죽음은 위충현 권세의 종말을 의미했다.
모문룡에게도 불길한 소식이었다.

1629년(숭정 2) 5월 22일, 원숭환은 가도로 전령을 보냈다. 전령은
요동 경략 원숭환의 명령서를 내밀었다. 원숭환은 모문룡에게 쌍도雙
島로 오라고 명령했다. 쌍도는 여순에서 육로로 80리, 해로로 40리 떨
어진 곳에 있었다. 5월 25일, 동북풍이 불자 모문룡은 쌍도를 향해 출
발했다. '해외천자'의 마지막 항해였다.

모문룡은 쌍도로 향하면서 엄청난 수의 병력을 대동했다. 수백 척
의 선박에 2만 8천 명의 병력을 싣고 갔다고 한다. 3만 명 가까운 경
호원을 대동한 셈이다. 원숭환으로부터 소환 통보를 받았을 때 무엇
인가 불길한 예감이 들었기 때문일 것이다. 북경 조정과 조선, 그리고

후금 사이에 머물면서 산전수전을 다 겪었던 그는 분위기 파악의 귀재였다.

모문룡은 1629년 5월 26일 쌍도에 도착했다. 6월 3일 모문룡은 술자리를 마련하여 원숭환을 초청했다. 술자리가 무르익자 원숭환은 모문룡에게 '공이 이제 나이가 들었는데 어찌 병권을 내놓고 향리로 돌아가지 않느냐?'며 은근히 은퇴를 종용했다. 모문룡은 '내가 귀향하지 못하는 것은 요사遼事가 아직 끝나지 않았기 때문'이라며 응수했다. '요사'란 후금군을 몰아내고 요동을 수복하는 것을 가리킨다. 그러면서 그는 '요사가 끝나면 조선을 기습하여 차지하겠다'고 떠벌렸다. 평소 조선에 대해 품고 있던 솔직한 생각을 원숭환 앞에서 토로한 것이다.

두 사람은 6월 5일에도 만났다. 원숭환은 자신의 부하들과 모문룡이 거느리고 온 병사들에게 활쏘기 시합을 시켰다. 그리고 섬의 산꼭대기에 설치해둔 장막으로 모문룡을 불렀다. 장막 부근에는 복병을 미리 배치하여 모문룡 부하들의 접근을 차단했다. 장막에서 원숭환은 앞으로 자신이 동강진을 직접 챙기겠다는 뜻을 전달했다. 동강향부東江餉部라는 것을 만들어 영원으로부터 군량을 공급하되 그 회계 내역을 엄격히 감사하겠다는 내용을 통고했다.

원숭환은 이윽고 부하들에게 모문룡을 포박하라고 지시했다. 그러면서 모문룡이 저지른 '12가지의 죄악'을 열거하고 그를 질책했다. '병마兵馬와 전량錢糧을 사용하면서 전혀 감사를 받지 않은 죄', '제대로 적과 싸우지 않았으면서도 공을 세웠다고 황제를 속인 죄', '사사로이 시장을 열어 오랑캐와 내통한 죄', '상인들을 약탈하여 장물을 쌓아두고 스스로 도적이 된 죄', '부하와 여염의 부녀자들을 빼앗아

첩을 삼고 음행을 일삼은 죄', '위충현을 아비처럼 섬기고 환관배들과 결탁한 죄', '진陣을 연 지 8년이 지났지만 한 뼘의 땅도 수복하지 못하고 관망한 죄' 등이 그것이었다. 한마디로 엄당의 비호 아래 '감시의 사각지대'에서 '밀수 왕초'가 되어 흥청망청 '해외천자'처럼 군림했던 과오에 대한 단죄였다.

모문룡은 겁에 질려 대꾸도 제대로 못했다고 한다. 원숭환은 북경을 향해 머리를 조아리면서 "신이 문룡을 주벌하는 것은 삼군의 기강을 바로잡기 위함입니다. 신이 성공하지 못한다면 폐하께서 또한 문룡을 죽인 죄로 저를 주벌하실 것입니다"라고 외쳤다. 이어 상방검으로 모문룡의 목을 베었다. 수많은 모문룡의 부하들이 장막 아래 있었지만 그들도 겁에 질려 엎드린 채 감히 위쪽을 쳐다보지 못했다. 원숭환의 일갈이 추상같은 데다 워낙 전격적으로 처형이 집행되었기 때문이다. 원숭환은 아주 치밀하게 모문룡을 제거할 계획을 세웠던 것이다.

이튿날 원숭환은 예를 갖춰 모문룡의 장례를 치러 주었다. 그는 제문에서 "어제 그대를 죽인 것은 조정의 대법大法을 밝힌 것이고 오늘 그대를 제사함은 동료의 사정私情에서 나온 것"이라며 눈물을 뿌렸다. 자신이 모문룡을 죽인 것이 결코 사사로운 감정에서 비롯된 일이 아님을 강조한 것이다.

원숭환은 모문룡을 처단하면서 황제로부터 재가를 받지 않았다. 모문룡 같은 '거물'을 황제의 허락도 없이 죽인 것은 분명 엄청난 문제였다. 실제 원숭환은 모문룡을 군법에 따라 처리했다고 강조했지만 그 배후에는 치열했던 명 조정의 당쟁의 여파가 자리 잡고 있었다. 모문룡의 죽음과 관련하여 당시 민간에서는 여러 가지 이야기들이 떠돌고 있었다. 다음의 이야기도 그 가운데 하나다.

모문룡의 생일을 맞아 어떤 사람이 그에게 수장壽帳을 보냈다고 한다. 수장이란 오늘날로 치면 만수무강을 기원하는 '축하 카드'에 해당한다. 수장에는 당시 명의 대학자이자 문장가인 진계유陳繼儒와 역시 석학이자 화가로도 잘 알려진 동기창董其昌이 쓴 글이 들어 있었다. 모문룡은 수장에 대한 답례로 동기창에게는 인삼 1근을, 진계유에게는 인삼 반 근을 보냈는데 그것이 화근이었다. 진계유는 모문룡이 자신을 업신여겼다고 분노하여 깊이 유감을 품게 되었다고 한다. 그러던 차에 원숭환이 계요경략薊遼經略으로 승진했다는 소식을 듣는다. 이윽고 진계유는 원숭환을 만났을 때, "터럭 하나[一毛]를 뽑아 천하를 이롭게 하는 것이 어떤가?"라고 권유했다는 것이다. '일모'란 물론 모문룡을 가리키는 것이다.

원숭환이 모문룡을 처단하는 데는 대학사 전용석錢龍錫의 입김이 결정적으로 작용했다. 전용석은 동림당 계열의 문신으로 천계 연간 예부시랑까지 올랐지만 위충현의 눈 밖에 나서 벼슬에서 쫓겨났던 인물이다. 천계제가 죽고 숭정제崇禎帝가 즉위하면서 조정으로 복귀한 전용석은 위충현 실각 이후 엄당을 제거하는 데 커다란 역할을 담당했다. 전용석의 고향 선배였던 진계유는 전용석에게도 '일모를 제거하여 천하를 이롭게 하라'고 풍유諷諭했다고 한다.

전용석은 그 말의 뜻을 알지 못한 채 북경으로 돌아왔는데, 얼마 후 자신의 문인 격인 원숭환이 그에게 '모문룡 처리' 문제를 자문했다는 것이다. 그제야 '일모 제거'의 뜻을 간파한 전용석은 원숭환의 '거사'에 동의했다. 요컨대 원숭환이 모문룡을 제거하는 과정에는 천계 연간 명 조정에서 빚어졌던 동림당과 엄당 사이의 격렬한 상쟁과 복수의 여파가 자리 잡고 있었다. 환관들의 당파인 엄당에 대한 혐오가, 그들과 밀착되어 있던 모문룡의 죽음으로 연결되었던 것이다.

엄당의 잔여 세력들도 당하고만 있지는 않았다. 그들도 동림당에 대한 복수의 기회를 엿보게 된다. 그리고 그들의 복수는 홍타이지의 반간계反間計와 맞물려 원숭환의 비명횡사라는 비극적인 결과로 나타나게 된다.

홍타이지, 허를 찌르고 반간계를 쓰다

모문룡이 처형된 직후인 1629년 10월, 홍타이지는 몽골의 코르친科爾沁 부족을 길잡이로 앞세워 북경 공략에 나섰다. 홍타이지는 원숭환이 굳게 지키고 있던 영원성과 산해관을 우회하여, 준화遵化 관할의 희봉구喜峰口라는 곳을 통해 만리장성을 통과했다. 희봉구로 들어서면 준화, 계주薊州, 통주通州를 거쳐 바로 북경의 황성을 공략할 수 있었다. 산해관에서 영원성으로 이어지는 후금군의 주공로主攻路 방어에 집중하고 있던 명군은 허를 찔렸다. 일찍부터 혼인 정책 등을 통해 몽골 부족을 회유하여, 산해관 동북의 장성 외곽을 돌파하려 했던 후금의 시도가 성공했던 것이다.

이 원정의 의미는 참으로 중대했다. 산해관이라는 정문이 아닌 만리장성 외곽의 우회로를 통해 침입한 홍타이지가 황성까지 포위하고 북경 주변을 공포로 몰아넣었기 때문이다. 저명한 중국인 사학자 염

산해관山海關의 천하제일관天下第一關

요동에서 북경으로 들어가기 위한 관문이다.
1629년 홍타이지는 철옹성 산해관을 우회하여 북경을 기습함으로서 명을 위기로 몰아넣었다.

숭년은 이 전역의 성격을 고려하여 '우도원습연경지역迂道遠襲燕京之役'
이라 명명한 바 있다. '멀리 길을 우회하여 연경을 기습한 전역' 정도
의 의미를 지닌다. 의미는 정확하지만 너무 길다는 느낌이 든다. 필자
는 '1629년 황성 기습'으로 부르도록 하겠다.

이 같은 사태는 원숭환이 이미 예견했던 것이다. 그는 일찍이 황제
에게 올린 상소에서 산해관을 제외한 장성 외곽의 방어 태세가 몹시
취약하다는 것, 후금이 몽골 부족의 안내를 받아 쳐들어 올 경우 심각
한 사태가 일어날지도 모른다고 경고한 바 있다. 하지만 대책은 마련
되지 않았다. 10월 26일, 후금군은 황성 바로 코앞인 경기 지역까지
들이닥쳤다.

영원성에 머물던 중에 소식을 접한 원숭환은 경악했다. 그는 병력
을 끌어 모아 그야말로 미친 듯이 북경을 향해 달려갔다. 원숭환은 산
해관에 도착한 직후 참장參將 조솔교趙率敎에게 병력 4천 명을 주어 준
화 지역을 구원하라고 명령했다. 11월 4일, 후금군은 준화성 공격에
나섰다. 왕원아王元雅가 이끄는 명군은 힘껏 저항했지만 곧 무너지고
말았다. 성 안에서 후금군에게 내응하는 자가 있었기 때문이다. 준화
를 향해 달려오던 조솔교는 중간에서 복병을 만나 전사하고 말았다.
성 함락 후 준화에서는 후금군에 의해 대학살이 자행되었다.

준화 함락과 대학살 소식에 북경은 전율했다. 11월 17일, 9천여 명
의 병력을 이끌고 달려온 원숭환은 북경 광거문廣渠門 앞에 이르렀다.
병사와 말 모두 굶주림도 잊고 휴식도 없이 달려온 길이었다. 부총병
주문욱은 일단 휴식을 취하고 상황을 보아 북경으로 들어가자고 했지
만 원숭환은 듣지 않았다. 황성이 포위되려는 마당에 휴식을 생각할

홍타이지가 북경을 기습했다는 사실에 놀라 달려온 원숭환은
북경의 광거문 부근에서 격전을 벌여 청군을 물리친다. 하지만 황제는 원숭환의 노고는 무시하고
그에게 노여움을 품고 하옥시킨다.

여유가 없었던 것이다.

이윽고 11월 20일, 원숭환의 명군은 광거문 앞에서 후금군과 치열한 전투를 벌였다. 6시간 이상 벌어진 10여 차례의 사투 끝에 후금군은 뒤로 물러났다. 무리한 행군과 굶주림 속에서도 정신력으로 버틴 끝에 얻은 승리였다.

11월 23일, 후금군을 물리친 뒤 원숭환은 숭정제에게 장거리 행군과 전투, 그리고 노숙에 지친 병사들이 성 안으로 들어가 휴식할 수 있도록 해달라고 청했다. 숭정제는 허락하지 않았다. 원숭환이 분전 끝에 승리를 거두었음에도 불구하고 숭정제는 이미 원숭환에게 노여움을 품고 있었다. 후금군이 북경을 기습하게 된 것이 원숭환의 책임이라고 여겼기 때문이다.

원숭환 휘하의 병력은 엄동에 다시 노숙할 수밖에 없었다. 11월 27일 좌안문左安門 부근에서 벌어진 전투에서도 원숭환은 후금군을 격파했다. 원숭환이 있는 한 북경을 도모하는 것이 어렵다고 판단한 홍타이지는 병력을 돌려 북경 외곽의 남해자南海子라는 곳으로 철수시켰다. 그는 물러나면서 숭정제에게 서신을 보내 화친을 맺자고 요구했다. 일종의 양동작전이었다.

홍타이지는 이후 북경의 상황을 관망하면서 북경 주변의 경기 지역에 병력을 풀어놓았다. 후금군은 영평永平, 준화, 난주灤州, 천안遷安 등지의 성과 촌들을 마구잡이로 겁략했다. 그들은 도처에서 사람과 가축, 각종 물자를 약탈하고 저항하는 인원들을 도륙했다. 황성 방어에 총력을 기울이고 있던 명군은, 후금군이 외곽 지역에서 벌이고 있던 약탈전에 제대로 대처할 수 없었다. 후금군은 통주 등지에서는 1천 적

가까운 조운선을 불태웠다. 수만 명의 포로를 획득하고, 후금군 병사 한 사람에게 모두 1필씩 돌아갈 만큼의 우마를 획득했다. 잔혹한 학살과 방화, 그리고 약탈 때문에 북경 주변은 초토화되었다. 비록 황성을 어렵사리 지켜냈지만 명은 심장부가 유린되는 엄청난 피해를 입었다.

그것만이 아니었다. 홍타이지는 원정을 통해 또 다른 명의 장성長城을 피 한 방울 흘리지 않고 무너뜨리게 된다. 그 '장성'이란 다름 아닌 원숭환이다. 후금군은 광거문 전투에서 원숭환에게 패했지만 귀중한 포로 두 사람을 사로잡았다. 마방태감馬房太監 양춘楊春과 왕성덕王成德이 그들이었다. 홍타이지는 이 두 사람의 환관 포로를 활용하여 원숭환과 숭정제를 이간시킬 수 있는 반간계를 구상했다.

양춘과 왕성덕을 감금해 놓은 방 바로 옆에서 홍타이지의 부하 고홍중高鴻中과 포승선鮑承先이 밀담을 나누었다. 밀담은 '원숭환이 이미 홍타이지와 몰래 약속하여 북경을 탈취하기로 했고 곧 함락될 것'이라는 내용이었다. 겨우 벽 하나로 나눠진 옆방에서 환관 두 사람은 고홍중과 포승선의 밀담 내용을 모두 들을 수 있었다고 한다. 홍타이지와 후금군 지휘부가 의도적으로 그 같은 상황을 연출했음은 물론이다.

11월 29일, 홍타이지의 명을 받은 고홍중과 포승선은 태감 두 사람을 풀어주었다. 부리나케 자금성으로 달려온 두 환관은 숭정제에게 그 사실을 고했다. 홍타이지가 북경을 기습한 직후부터 명 조정에 있던 엄당의 잔당들도 원숭환을 제거하기 위한 함정을 이미 만들어 놓고 있었다. '원숭환이 오랑캐를 일부러 사주하여 북경으로 끌어들였다'는 참소가 주된 내용이었다. 또 '원숭환이 병력을 이끌고 북경 옆의 통주에 다다를 때까지 후금군과 한 번도 싸움을 벌이지 않았다'는 등의 이야기도 함께 흘렀다.

당시 19살에 불과한 데다, 대국大局을 볼 수 있는 역량이 없었던 숭정제는 홍타이지가 던진 '미끼'를 덥석 물었다. 1629년 12월 1일, 황제는 원숭환을 황성으로 불렀다. 명목은 '군량 문제를 의논하자'는 것이었으나 실상은 그를 체포하기 위해서였다. '원숭환이 오랑캐와 내통하고 있다'고 굳게 믿었던 숭정제는 혹시라도 원숭환이 낌새를 채고 오지 않을까 두려웠기 때문에 '군량 문제'를 운운했던 것이다.

원숭환이 황성 앞에 도착했을 때 문지기들은 성문을 열어 주지 않았다. '오랑캐'에게 북경 주변이 포위되어 계엄령이 내려졌기 때문이다. 문이 열리는 대신 성 위에서 밧줄에 달린 바구니가 내려왔다. 당시 계요총독이자 병부상서였던 원숭환은 바구니에 실린 채 황성으로 끌어올려졌다. 그것 자체가 치욕이었다.

황성으로 들어선 직후 원숭환은 금의위錦衣衛의 감옥에 구금되었다. 반면에 그와 동행했던 총병 만계와 흑운룡黑雲龍 등은 황제로부터 칭찬을 듣고 승진했다. 내각 대학사 성기명成基命이 원숭환을 구명하기 위해 숭정제에게 애써 호소했지만 황제는 꿈쩍도 하지 않았다. 동림당에게 복수하기로 작심했던 엄당의 잔당들은 원숭환을 죽이라고 아우성이었다. 원숭환은 동림당 계열의 대학사 전용석의 문인이었기 때문에, 원숭환의 '죄'를 물고 늘어지면 동림당 계열을 일망타진할 수 있다고 여겼기 때문이다. 엄당 계열의 신료 온체인溫體仁은 다섯 차례나 상소를 통해 원숭환을 죽이라고 촉구했다. 반면 동림당 계열의 신료들은 "적이 성 아래까지 와 있는 상황에서 스스로 '장성'을 허물 수는 없다"며 숭정제에게 구명을 호소했다. 원숭환의 생사는 바야흐로 동림당과 엄당 잔당들 대결의 핵심 현안으로 등장했다. 절체절명의 순간 숭정제는 엄당의 손을 들어준다.

'장성'이 무너지다

1630년 9월 22일, 원숭환은 북경 서시西市 거리에서 '황제를 속여 모반을 꾀한 죄'로 처형되었다. 원숭환은 책형磔刑이라 불리는 가장 잔혹한 형을 받았다. 기둥에 묶어 놓고 형리들이 달려들어 칼로 온몸의 살점을 발라내고, 나중에는 두개골까지 부숴 버리는 상상을 초월하는 끔찍한 형벌이었다.

　홍타이지가 던진 반간계에 휘말려 원숭환을 처형했던 사람은 숭정제였지만 그 일련의 과정에서 원숭환을 죽이고 동림당 계열을 제거할 음모를 주도한 자들은 온체인과 왕영광王永光 등이었다. 이들은 숭정제 즉위 후 약화된 자신들의 권세를 만회하기 위해 엄당의 잔당들을 규합하려 했다. 온체인은 모문룡과 같은 고향인 절강 출신이었다. 위충현을 찬양하는 송가頌歌를 지을 만큼 엄당의 앞잡이 노릇을 했던 온체인은, 모문룡을 살해한 원숭환에 대해 빈감을 품고 있었다. 이부상서 왕영광 또한 위충현의 잔당으로서 늘 동림당에 대한 보복을 꾀하고 있던 자였다.

　그렇다면 이들의 원숭환 제거 시도와 '모문룡 문제'는 어떻게 연결되어 있었을까? 이미 언급했지만, 모문룡은 가도에 위충현의 소상을

원숭환袁崇煥

원숭환은 1626년 이래 사실상 명의 국가적 동량이었다.
홍타이지는 명의 숭정제의 암우를 이용하여 피 한 방울 흘리지 않고 명의 동량을 제거했다.

세울 만큼 그와 밀착해 있었다. 모문룡은 해마다 자신에게 공급되는 막대한 요향遼餉(명 조정이 요동으로 보내던 군량) 가운데 상당한 양을 횡령했고, 그렇게 착복한 '리베이트' 자금을 바탕으로 위충현 등 엄당의 요인들에게 뇌물을 바쳤다. 그런데 그 모문룡이 죽었다. 때마다 쏠쏠하게 들어오던 뇌물도 뚝 끊겼다. 당연히 모문룡을 죽인 원숭환에 대한 반감과 그와 연결된 동림당에 대한 적의는 높아갈 수밖에 없었다.

다른 신료들 중에도 원숭환에게 반감을 품은 자들이 있었다. 그들 가운데는 북경 주변의 경기 지역에 원림園林이나 정사亭숨를 소유한 자들도 포함되어 있었다. 말하자면 북경 외곽에 별장을 갖고 있는 자들이었다. 후금군이 장성을 넘어와 경기 지역을 유린하자 그들이 소유한 원림이나 정사가 망가지거나 파괴되었다. 그런데 그들은 이를 원숭환 탓으로 돌리고, 궁극에는 그가 후금군을 고의로 끌어들였다고 여기게 되었다고 한다.

원숭환의 죽음을 계기로 명은 자멸의 길로 확실히 들어섰다. 원숭환을 제거하고 전용석 등 동림당 관인들을 몰아내는 데 성공한 온체인 등은 숭정제를 주무르며 정권을 농락하기 시작했다. 상황 파악이 어두운 황제와 그에게 달라붙은 간신들의 발호 속에 후금에 대한 방어 대책이 제대로 마련될 리 없었다. 한 예로 원숭환을 믿고 따랐던 부하 조대수는 주장主將이 투옥과 죽음을 통탄하다가 결국 후금으로 투항한다.

명에 대한 후금의 도전이 본격화되었던 만력 연간부터 숭정 연간까지 원숭환은 명의 마지막 장성이자 보루였다. 그런 그가 어처구니없이 죽자 많은 사람들이 비탄에 잠겼다. 원숭환은 자연스럽게 과거 송

宋 시절 금金의 공격을 막아내기 위해 분투하다가 주화파 진회秦檜 등에 의해 제거되었던 명장 악비岳飛에 비견되었다.

청나라 말엽 반청흥한反淸興漢의 열기가 높아갈 무렵 '한족의 영웅'으로서 원숭환을 추모하는 분위기도 고조되었다. 변법자강운동에 가담했던 양계초梁啓超는 원숭환을 기려《원독수전袁督師傳》이라는 글을 썼다. 광서光緖 연간 일본에 유학했던 장백정張伯楨은 누구보다도 열렬한 원숭환 숭앙론자였다. 원숭환과 같은 광동 출신이었던 그는 원숭환이 남긴 시문을 수집하여 문집을 만들고 그를 추모하는 사업을 주도했다.《원숭환유집袁崇煥遺集》의 발문에서 그는 '원숭환이 죽음으로써 명이 드디어 망했고 애신각라씨愛新覺羅氏가 중원을 차지하게 되었다'라고 썼다. 장백정은 원숭환을 죽음에 이르도록 만든 명의 문제점을 지적했지만, '궁극적으로 반간계를 써서 원숭환을 죽게 만든 것은 청'이라고 하여 청에 대한 반감과 복수심을 드러냈다. '반청흥한'의 분위기 속에서 원숭환이 재발견되었던 것이다.

원숭환에 대한 추모 분위기는 계속 이어졌다. 염숭년에 따르면 1952년 북경시 정부

악비岳飛

가 도시 정비 차원에서 원숭환의 묘를 외곽으로 옮기려 할 때, 북경의 지식인들은 모택동毛澤東에게 원숭환의 묘를 보전해야 한다고 건의했다. 이에 모택동은 당시 북경시장 팽진彭眞에게 원숭환의 묘를 원위치에 보전하도록 지시했다. 모택동 또한 원숭환을 '민족영웅'으로, 후세 사람들을 감동시킬 '애국주의의 화신'으로 평가했다고 한다.

한편 피 한 방울 흘리지 않고 명의 '장성'을 무너뜨렸던 홍타이지의 능력에 대해서도 생각해볼 필요가 있다. 그 '능력'이란 결국 포용력이었다. 원숭환을 제거하는 반간계를 구상하고 실행했던 주체는 이신貳臣들이었다. 이신이란 명에서 후금으로 귀순하거나 투항하여 벼슬했던 한족 출신 신료들을 가리킨다. 이들은 명의 입장에서 보면 배신자였지만 후금의 입장에서는 소중한 존재였다. 홍타이지는 이신들을 우대하고 중용하여 권력 기반을 강화하고 제도와 체제를 정비하는 데 활용했다.

원숭환을 제거한 반간계를 기획한 이신은 범문정范文程이다. 그는 심양의 명문 출신으로 증조는 명에서 병부상서까지 지냈다. 그는 1618년 누르하치가 무순을 공격했을 때 자발적

범문정范文程

홍타이지가 중용했던 범문정은 원숭환을 제거하는 반간계를 구상했다.
명 정권의 말기적 양상이 이신貳臣들을 대거 낳았거니와 이신들은 결국 명 조정에 비수를 꽂았다.
출처: 陳捷先,《皇太極寫眞》, 遠流出版公社, 2004, 香港.

으로 투항했다. 홍타이지는 이후 그의 재주를 높이 사서 자신의 책사
策士로 기용했다. 1629년 홍타이지의 황성 기습전에 수행했던 범문정
은 원숭환 때문에 전황이 교착 상태에 빠지자 반간계를 구상했다. 숭
정제가 평소 시기심과 의심이 많다는 것을 정확히 알고 있었기 때문
이다. 범문정은 순치順治 연간에도 시정의 계책과 방향을 제시하여 청
이 중원을 통치하는 데 중요한 역할을 했다. 뿐만 아니라 병자호란 이
후 청이 조선을 '제어하는' 과정에도 깊이 관여했다. 포로로 잡힌 환
관들의 옆방에 머물며 반간계의 미끼를 던졌던 고홍중과 포승선도 이
신 출신이었다.

이후에도 이신들은 계속 나타났다. 그들이 명을 버리고 청으로 귀
순했던 이유는 다양했다. 하지만 모두 명으로부터 무엇인가 '상처'를
받았다는 공통점을 갖고 있었다. 북경까지 달려와 사투 끝에 적을 물
리쳤지만, 간신들의 참소에 넘어가 원숭환을 처형하는 숭정제를 보면
서 조대수는 어떤 생각을 했을까? 이신들의 후금으로의 귀순은 결국
'부메랑'이 되어 명의 목줄을 겨누게 된다. 요컨대 이신들까지 포용할
줄 알았던 홍타이지는 탁월했고, 사람과 대국을 볼 줄 몰랐던 숭정제
는 어리석었다. 지도자의 국량局量의 차이가 결국 후금과 명의 운명을
극명하게 갈라놓은 것이다. 원숭환의 죽음과 이신들의 존재를 돌아보
며 '자멸한 왕조' 명이 던지는 역사의 교훈을 다시 떠올리게 된다.

'샌드위치' 조선, 가도 정벌을 시도하다

조선, '샌드위치'가 되다 | 모문룡의 죽음과 조선 | '1629년 황성 기습'의 여파와 조선의 진퇴양난 | 유흥치의 반란과 조선의 가도 정벌 해프닝 | 유흥치의 역공과 죽음, 코가 꿰인 인조

지금 역신逆臣 유흥치는 스스로
사사로운 불화를 조성하여 가슴에 음모를 품고
승냥이나 이리 같은 흉악한 세력을 끼고
벌이나 전갈처럼 독기를 뿜어댔다.
이에 우리 전하께서 한 번 크게 성내시어
군사를 대대적으로 동원했다.

조선, '샌드위치'가 되다

정묘호란을 맞아 후금과 화약을 맺음으로써 조선은 대외적으로 이중의 정체
성을 갖게 된다. 명을 '임금'으로 섬기며 '신하'로 자처하던 상황에서 이제 후
금을 '형'으로 받들며 '아우'가 되기로 했기 때문이다. '명의 신하'이면서 동시
에 '후금의 아우'가 된 조선의 처지는 참으로 피곤한 것이었다. 군사적 대결을
벌이고 있는 명과 후금이 조선에게 각각 '신하'와 '아우'의 역할을 요구할 경우
조선의 입장이 난감해지기 때문이다. 실제 정묘호란 이후 조선은 명과 후금과
의 관계를 '모두' 원만하게 유지하려고 노력한다. 하지만 아무리 노력하더라도
명과 후금의 관계가 계속 악화될 경우 노력은 물거품이 되고, 끝내는 두 나라
가운데 하나를 선택할 수밖에 없는 것이 조선의 처지였다. 요컨대 정묘호란이
끝난 1627년부터 병자호란이 일어나는 1636년까지 10년은 '끼여 있는 약소국'
이자 '샌드위치' 처지였던 조선이 명과 후금의 대결에 치이다가 끝내는 선택의

기로로 내몰려갔던 시간이었다. 그야말로 '잃어버린 10년'이었다

조선이 후금의 '아우'가 된 후유증은 정묘호란 직후 곧바로 나타났다. 앞에서도 언급했지만, 모문룡은 "조선이 후금군을 끌어들였다"고 명 조정에 무고하고 '자신의 활약 덕분에 후금군을 물리치고 조선을 구원했다'며 허풍을 떤 바 있었다. 그는 한편에서는 조선이 후금과 화약을 맺은 것을 '천조天朝를 배신한 행위'라고 비난하면서 다른 한편에서는 조선 조정이 파견한 주문사 황박黃珀 일행이 명으로 가는 것을 막았다. 주문사의 보고를 통해 정묘호란의 실상과 자신의 치부가 북경 조정에 알려지는 것을 저지하기 위한 목적이었다.

이윽고 모문룡과 그의 부하들은 조선이 후금과 화친한 것을 빌미로 갖은 민폐를 자행했다. 1627년 5월, 모문룡의 부하 모유백毛有伯은 후금군을 정탐한다는 구실로 안주로 들어왔다. 그는 조선이 후금 사신을 맞아들이고 강홍립과 박난영이 거느리고 있던 한인을 받아들인 것에 민감하게 반응했다. 그러면서 "오랑캐에게 항복한 장수를 죽이지 않고 그들의 처자까지 구호하고 있는 까닭을 알기 어렵지 않다"며 조선의 '변심'을 질타했다. 나아가 '조선이 후금에게 항복한 것이 아니냐?'고 다그쳤다.

정묘호란 무렵부터 가도의 모병들은 수시로 청천강 부근의 고을에 들이닥쳤다. 그들은 곡물 등 물자를 약탈하고 그에 항의하는 조선 관민들을 구타했으며 관아와 여염에 방화까지 일삼았다. 또 후금군에 잡혀갔다가 탈출해오는 조선 백성들을 중간에서 살해하거나 그렇게 획득한 조선 백성들의 시신을 진달眞㺚의 시신으로 가장하여 상부에 바친 뒤 상을 받기까지 했다. 진달이란 '진짜 달자㺚子'라는 뜻으로 만

주족 출신의 후금군을 가리키는 말이다. 실제로 정묘호란 직후인 1627년 4월 19일자 《인조실록》에 나타난 정주와 선천 등 평안도 일대의 상황은 처참하다.

김기종金起宗이 치계하기를 "청기靑旗, 백기白旗의 적이 옛 정주로 옮겨 가서 벼를 베어 가지고 선천으로 수송했는데 사람들은 죽이지 않고 다만 옷가지만 빼앗아갔다고 합니다. 안주목사 이염李焰의 첩보에 따르면 '모문룡의 병선 다섯 척이 일시에 안융창安戎倉에 정박했는데 민가를 불태우고 백성들을 살해하여 시체가 들판에 즐비한 것을 차마 눈을 뜨고 볼 수 없다고 합니다. 정주로 피난했던 남녀 1만여 명도 모병들로부터 노략을 당하여 물로 뛰어들었는데 살아난 사람은 겨우 3백 명뿐이라고 합니다. 그래서 김여수金汝水를 장수로 삼아 북도의 병마 1백 명을 거느리고 그날로 들여보내 한편으로는 군사의 위엄을 보여주고 한편으로는 타이르게 했는데, 그래도 만약 한결같이 살육을 저지르면 그들과 싸우게 했다'고 했습니다.

정묘호란 이후 후금군과 모병 사이에서 사실상 '무정부 상태'가 되어버린 청천강 이북 지역의 참상이 적나라하다. 후금 팔기병들은 조선인들의 옷가지만 빼앗아간 데 비해 모문룡 휘하의 병력들은 배까지 동원하여 마구잡이로 살육과 약탈을 자행했다. 모병들의 작폐가 오죽했으면 병마를 동원하여 진정시키려고 시도하다가 최악의 경우 그들과의 교전도 불사하겠다는 보고가 올라오고 있었다. 실제로 당시 모병들의 작폐에 넌더리를 냈던 조선 신료들 가운데 그들을 가리켜 '한적漢賊'이라고 부르는 사람도 있을 정도였다.

무엇보다 심각한 문제는 모문룡의 부하들이, 조선을 왕래하는 후금 사신들을 중간에서 습격하여 죽이거나 체포하려고 시도했던 사실이다. 모병들은 1627년 3월, 조선에서 얻은 식량을 운반하던 후금 군사들을 기습하여 60여 명을 살해했다. 이후에도 모병들은 길목에 매복해 있다가 후금 사신들을 공격했다. 이렇게 소소한 전공이나마 세움으로써 명 조정에 대해 '후금의 배후를 견제하고 있다'고 선전하려는 것이 모문룡의 깜냥이었다.

모병들의 습격이 이어지고 피해가 잇따르자 후금은 격앙되었다. 그 원망은 당장 조선으로 향할 수밖에 없었다. 후금 측은 '조선이 모문룡과 결탁하여 사신들을 죽이려 한다'고 비난했는가 하면 사신 왕래 시에 무장 병력을 대동시키는 등 긴장이 고조되었다.

1628년 6월, 후금은 조선을 힐난하는 국서를 보내왔다. 그들은 먼저 정묘년에 화약을 맺을 당시 조선이 모문룡 휘하 병력들의 상륙을 불허하기로 약속한 사실을 환기시켰다. 이어 조선이 모병들을 통제할 능력이 없으면 자신들에게 배를 빌려달라고 요구했다. 자신들이 배를 이용하여 가도를 공격, 모문룡을 제거함으로써 아예 후환을 없애 버리겠다는 제의였다.

급기야 1629년 1월, 후금 측은 직접 실력 행사에 돌입했다. 병력을 이끌고 압록강을 건너 철산의 선사포로 들이닥쳤다. 선사포에는 모문룡의 별장別將 임세과任世科 등이 경작하는 둔전이 널려 있었다. 기습을 받은 임세과는 배를 타고 바다로 도주하여 목숨을 겨우 건졌다. 하지만 후금군은 주변 지역을 수색하여 모병들을 붙잡아 가거나 살해했다. 후금군이 선사포로 쳐들어왔다는 소식이 서울에 알려지자 민심이 동요했다. 다시 난리가 터진다는 소문에 도성을 버리고 피난하는 사람들이 줄을 이을 정도였다. 정묘호란 이후에도 평안도 일대 모병들의 존재가 후금의 침략을 다시 불러들이는 '인계 철선'임을 여실히 보여주는 장면이었다.

정묘호란 이후 조선은 이렇게 모병과 후금군 사이에서 난감한 처지로 내몰리고 있었다. 모문룡은 조선이 '오랑캐' 후금과 화약을 맺은 것을 힐난했고, 후금은 그들대로 조선이 맹약을 어기고 자신들을 배신했다고 비난했다. 조선 조정은 양자 사이에 끼여 노심초사할 수밖에 없었다. 모문룡에게 후금과 화약을 맺은 것이 부득이한 기미책羈縻策임을 설명하고 양해를 구하면서 후금 사신들의 통행을 방해하지 말아 달라고 호소했다. 하지만 효과가 없었다. 모병들은 이후에도 계속 사단을 일으켰고, 후금군도 그에 맞서 병력을 풀어 요격하는 상황이 빚어졌다. 모병들은 후금군에게 피해를 입을 경우 조선 관민들에게 분풀이를 했다. 요컨대 정묘호란 이후 조선은 '샌드위치'가 되었고 청천강 이북 지역은 화약고가 되었다.

모문룡의 죽음과 조선

그렇다면 1629년 6월 원숭환이 모문룡을 제거했던 것은 조선에 어떤 영향을 남겼는가? 평안도 일대를 자신의 앞마당처럼 횡행하면서 징색을 일삼았던 그가 사라진 것은 조선의 입장에서는 일견 긍정적인 변화였다고 할 수 있다. 더욱이 그가 '조선을 탈취하겠다'고 떠벌렸던 사실 등을 고려하면 조선으로서는 '화근'이 사라졌음을 의미했다. 실제로 훗날 황경원黃景源(1709~1787)은 원숭환이 '모문룡을 처단함으로써 조선에 베푼 은혜는 임진왜란 때 조선을 구해준 이여송李如松에 못지않다'고 찬양한 뒤, 원숭환의 위패를 이여송을 모신 무열사武烈祠에 같이 모셔 추앙해야 한다고 촉구한 바 있다.

경제적 측면에서도 모문룡의 죽음은 조선이 다소나마 부담을 덜 수 있는 계기가 될 수 있었다. 실제로 정묘호란 무렵, 조선이 매년 모문룡 진영에 군량을 대주느라 소모하는 비용이 국가 경비의 3분의 1에 이른다고 할 정도였기 때문이다. 하지만 문제는 간단치 않았다.

원숭환은 모문룡을 제거한 직후 조선에 편지를 보내왔다. 그는 편지에서 모문룡을 처단하게 된 전말을 설명하고, 과거 모문룡과 부하들이 조선에 커다란 피해를 끼쳤던 것에 대해 유감을 표시했다. 그러면서 '앞으로는 가도의 명군이 조선에 민폐를 끼치지 않도록 하겠다'고 다짐했다. 문제는 그 다음의 언급이었다. 원숭환은 후금을 공격하겠다는 결의를 밝히고 조선도 병력을 동원하여 같이 협공하자고 종용했다.

그것은 상황의 급변을 의미했다. 원숭환은 모문룡과는 질적으로 전혀 다른 인물이었다. 모문룡은 조선이 자신의 욕심을 일정 부분 채워주기만 하면 다른 문제는 대충 넘어갔다. 애초부터 후금과 군사적 대결을 벌이겠다는 의지가 없는지라 조선에 대해서도 후금과 결전하라고 강요하지 않았다. 비록 사회경제적으로는 괴로웠지만, 모문룡이 살아 있는 동안 조선은 후금을 자극하지 않고 전면적인 군사적 대결을 피할 수 있었다. 하지만 원숭환은 '오랑캐 제거'와 '요동 수복'을 비원처럼 가슴에 품고 있던 장수였다. 철두철미한 '중화中華민족주의자' 이기도 했다. 그런 그가 오랑캐를 협공하라고 요구한 것은 조선에 커다란 부담으로 다가올 수밖에 없었다.

원숭환의 편지를 받았을 때 조선 조정은 조심스런 반응을 보였다. 최명길은, 원숭환이 당장 군대를 보내라고 요구한 것이 아닌 만큼 마치 시기에 맞춰 파병할 것처럼 답해서는 안 된다고 강조했다. 고민 끝에 조정은 원숭환에게 답서를 보냈다. '조선은 명의 은혜를 잊지 않고 있지만 몹시 피폐한 처지에 있다'는 점을 강조하고 '정묘호란 당시 어쩔 수 없이 후금과 화친했지만 명이 후금을 정벌할 경우에는 돕겠다'는 내용을 완곡하게 담았다. 모문룡은 죽었지만 조선은 이제 또 다른 난제에 직면하게 되었다.

원숭환은 모문룡의 죽음 이후 동요하고 있던 가도에 대한 정비 작업에 나섰다. 부총병 진계성에게 임시로 가도의 군병들을 지휘토록 하는 한편, 유해를 시켜 진계성을 보좌하도록 했다. 그리고 자신의 휘하인 부총병 서부주徐敷奏를 가도로 보내 주민들을 다독이고 군병을 점검했다. 그 과정에서 과거 모문룡과 결탁했던 인물들을 제거하고, 노약자들을 찾아내어 등주 등지로 이주시켰다. 바야흐로 가도를 요동 탈환을 위한 전진기지로 개편하려 했던 것이다.

가도의 노약자들을 명 내지로 송환하는 일은 조선의 숙원이었다. 그들의 식량을 대부분 조선이 공급해야 했기 때문이다. 조선은 이미 광해군 시절부터 '전투 병력만 남기고 노약자들을 색출하여 등래登萊 지역으로 보내라'고 간청했지만 모문룡은 조선의 요청을 무시했었다. 그런데 원숭환이 조선에 폐를 끼치지 않도록 군병들을 단속하겠다고 약속하고 노약자들까지 송환했으니 조선으로서는 기꺼울 수밖에 없었다.

원숭환은 조선을 통제하려는 조처도 빼놓지 않았다. 조선 사신들이 북경으로 갈 때 이용하는 해로의 경유지를 바꿨던 것이다. 가도에 들렀다가 여순 근처의 섬들을 지나 산동반도의 등주로 상륙하는 기존의 사행로使行路를 폐지하고, 각화도를 거쳐 자신이 머물던 영원에 들러가도록 했다. 북경을 왕래하는 조선 사신들을 자신이 직접 챙기겠다는 의지의 표현이었다. 조선이 모문룡의 작폐로 인해 고통을 겪었던 사실은 인정했지만, 조선 또한 모문룡에게 길들여져 후금과 대결하겠다는 의지가 없어졌다고 생각했기 때문이다. 나아가 조선을 길들여 후금과의 결전에 투입하려 했던 것이다. 전형적인 이이제이 구상이었다.

'1629년 황성 기습'의 여파와 조선의 진퇴양난

조선을 후금과의 대결로 끌어들이려 했던 원숭환이 가도를 장악하자 '샌드위치' 조선의 입장은 더 곤란해졌다. 당장 서부주와 진계성 등 원숭환이 임명한 가도의 새로운 지휘부가 후금과의 대결에 훨씬 적극적인 자세를 보였기 때문이다. 실제로 1629년(인조 7) 8월, 추신사秋信使 박난영 일행이 후금에서 돌아올 때, 아지호阿之好와 중남仲男 등 후금의 사신들도 서울로 향하고 있었다. 당시 가도에 있던 부총병 서부주는 후금 사신들을 공격하여 죽이려는 계획을 세웠다. 하지만 진계성 등이 적극적으로 뜯어말려 미수에 그쳤다. 이제 서울을 왕래하는 후금 사신들은 청북 지역을 지날 때 명군의 위협에 더 심각하게 노출되었다. 자연히 그 사이에서 조선의 가슴앓이도 더 심해질 수밖에 없었다.

서부주의 시도는 불발에 그쳤지만, 1630년(인조 8)에 접어들면서 결국 험악한 사태가 빚어지고 말았다. 발단은 1629년 10월, 홍타이지가 장성을 넘어 북경의 황성을 기습한 사건이었다. 앞에서 언급했듯이 황성이 습격 받은 소식에 놀란 원숭환은 북경까지 달려가 후금군을 물리쳤지만, 황성까지 '오랑캐'가 들이닥친 사실에 숭정제는 격노했고 급기야 원숭환은 투옥되었다.

1630년 1월, 평안병사의 장계를 통해 황성이 포위되었다는 소식을 듣고 조선 또한 경악했다. 인조는 번국의 신하로서 숭정 황제의 안전을 기원하는 차원에서 정전이 아닌 월랑月廊에 머물면서 신료들을 불러 모았다. 신료들은 가도에 사람을 보내 정확한 정보부터 탐지하자고 했다. 인조는 "장계를 보니 경악을 금할 수 없다"며 "우리나라에 약간의 병력만 있다면 지금이야말로 오랑캐의 본거지로 쳐들어가 뒤엎어 버릴 적기"라며 아쉬움을 토로했다.

'황성 기습' 소식은 정묘호란 이후 잠복되었던 조선의 명에 대한 부채의식을 환기시키는 계기가 되었다. 신료들은 후금에 대한 적개심과 명에 대한 자괴감을 쏟아냈다. 2월에 열린 경언 자리에서 이귀는 "우리와 중국의 관계는 의리로 보면 군신이고 은혜로 보면 부자"라며 "군부君父가 환란을 겪고 있는데 어떻게 수수방관할 수 있느냐?"며 대책 마련을 촉구했다. 그는 병력을 동원하여 오랑캐의 소굴을 짓밟아야 한다고 주장했다. 김광현金光炫은 "오랑캐가 황성을 포위하고 있는 상황에서 군사를 징발하여 자식의 의리를 보여주기는커녕 조정은 풍정豐呈(잔치)의 명목으로 풍악을 울리며 춤추고 있다"고 통탄했다.

조선 군신들의 후금에 대한 적개심이 높아지고 있을 무렵 가도의 명군 지휘부도 움직이기 시작했다. 그들은 '후금군의 배후에 있으면서 황성이 포위되었음에도 팔짱만 끼고 있다'는 명 조정의 힐책을 피하기 위해서도 뭔가 시도할 수밖에 없는 처지였다. 그것은 후금 사절들을 체포하려는 시도로 구체화된다.

1630년 2월, 진계성과 유흥치劉興治 등은 의주부윤 이시영李時英 등에게 후금 사신을 체포하겠다는 계획을 알리고 조선도 협조하라고 촉구했다. 이런 와중에 같은 해 2월, 후금 사신 중남이 은과 인삼을 가지고 청포靑布를 구입하기 위해 압록강을 건너왔다. 그는 서울로 올라가겠다고 고집했다. 평안감사 김시양金時讓 등은 그를 설득하여 상경을 단념시켰다. 그리고 은과 인삼은 미리 받되, 청포는 같은 해 5월에 넘겨주기로 약속했다. 그런데 중남 일행이 후금으로 돌아가려 하던 3월 17일, 진계성과 유흥치 등이 병력 2천여 명을 동원하여 중남 일행을 습격하려고 시도했다. 이시영은 진계성 등에게 협조하겠다고 약속하는 한편 중남 일행에게 미리 알려 그들의 귀환을 도왔다. 양자 모두를 자극하지 않으려는 고육지책이었다. 중남 일행은 명군을 피해 의주에서 삭주, 창성을 거쳐 압록강을 건너 귀환하는 데 성공했다. 진계성 등은 중남을 놓치자 그 분풀이로 의주성에 난입하여 이시영 등 조선 관민들을 마구 구타했다. 또 성안의 조선 백성들이 달아나자, 후금군에게 원병을 요청하러 가는 것으로 여겨 성안의 창고를 부수고 화살까지 난사하여 살상을 자행했다.

　진계성 등 가도의 명군이 의주성에서 난동을 벌이고 있을 무렵, 춘신사로 심양에 갔던 박난영 일행이 후금의 회답사와 함께 귀환하고 있었다. 박난영 일행은 의주성에 가득찬 명군들을 피해 우회로를 통해 귀환하고 후금의 회답사는 심양으로 돌아갔다. 회답사가 그냥 돌아오자 이번에는 후금의 용골대 등이 병력을 이끌고 의주로 들이닥쳤다. 일촉즉발의 위기였다. 용골대 등은 조선이 명군과 공모하여 중남을 체포하려 했다고 의심했다. 그들은 가도의 명군이 의주에서 난동을 일으키고 의주부윤을 구타했다는 사실을 믿지 않았다. 조선 측이 간곡하게 전말을 설명한 뒤에야 비로소 병력을 철수시켰다.

　당시까지 조선은 후금과의 관계가 파탄으로 치닫는 것을 원하지 않았다. 이에 중남을 위로하고 조선의 입장을 설명하기 위해 선약해宣若海라는 인물을 후금에 파견했다. 일종의 특사였다. 선약해 일행은 의주를 통해 심양으로 갈 경우, 명군과 조우할 것을 우려하여 다른 길을 잡았다. 창성에서 압록강을 건넌 뒤 닷새 정도 걸리는 새로운 경로를 통해 심양으로 들어갔다. 그러자 후금 측은 선약해 일행이 기존의 사행로가 아닌 다른 길을 택한 까닭을 의심했다. 당시 홍타이지가 북경 원정에 나가 있는 상황에서 혹시라도 조선이 자신들의 배후를 치려는 것은 아닌지 의심했던 것이다.

　실제로 선약해가 심양으로 가는 길에 만난 피로인被擄人 출신 조선인에게 들었다는 이야기의 내용은 흥미롭다. 당시 홍타이지가 북경 원정에 나선 상황에서, 후금은 조선의 춘신사가 제때 들어오지 않자 조선에 대한 경계심을 크게 높였다고 한다. 조선이 항왜들을 이끌고 쳐들어오거나 또는 가도의 명군들과 연합하여 기습해 오는 상황을 가

상했다는 것이다. 그래서 곳곳에 정탐병과 복병을 두어 침략에 대비하다가 박난영이 들어오고 중남이 귀환하자 비로소 의심을 풀었다고 한다.

박난영이 조정에 보고했던 내용도 흥미롭다. 용골대 등은 박난영 등에게 늦게 입국한 이유를 따지면서 "혹시 우리가 명과 전쟁을 하고 있어 결과를 관망하려는 것이냐?"고 힐문했다고 한다. 이에 박난영 등이 "칸이 출전했다는 말을 듣고 국서를 전할 수 없을까봐 늦었다"고 응수하자 용골대는 "원숭환이 우리와 같은 마음을 품고 있었는데 일이 누설되어 체포되었다"고 했다. 조선에 대해서도 일종의 반간계를 쓰려고 했던 것이다.

이처럼 후금은 정묘호란을 맞아 조선과 형제관계를 맺었지만, 조선을 신뢰하지 않고 있었다. 더욱이 명과 전쟁을 벌이던 당시 상황에서 조선이 자신들의 뒤통수를 치지나 않을까 우려했다. 이런 때에 가도의 새로운 명군 지휘부까지 다독여 현상을 유지해야 했던 조선의 조바심은 날이 갈수록 커질 수밖에 없었다.

유흥치의 반란과 조선의 가도 정벌 해프닝

한편 가도를 '요동 수복의 전진 기지'로 재편하려 했던 원숭환이 투옥되자 가도의 정세는 다시 혼란에 빠졌다. 섬 전체를 장악할 만한 지휘관이 없었기 때문이다. 원숭환에 의해 가도의 책임자로 임명되었던 진계성은 제대로 힘을 쓰지 못했다. 사람이 본래 무른 데다, 딸이 모문룡의 첩이었기에 원숭환의 부하들 앞에서 위축될 수밖에 없었기 때문이다. 그에 비해 진계성의 보좌관 유해는 민완하고 눈치가 빨랐다. 시간이 지나면서 가도의 모든 권한은 유해와 그의 형제들에게 집중되어 갔다. 급기야 1630년 4월, 유해의 동생 유흥치가 반란을 일으켜 진계성을 살해하고 가도의 권력을 장악했다. 원숭환이 투옥된 여파가 극단적인 형태로 나타났던 것이다.

가도에서 반란이 일어났다는 보고를 접하고 인조는 흥분했다. 그는 4월 21일 비변사 신료들을 만난 자리에서 유흥치를 '명 조정의 반적叛賊'으로 규정하고 군사를 일으켜 토벌해야 한다고 강조했다. 좌의정 김류도 유흥치가 분명 오랑캐에게 투항할 것이라며 속히 토벌하자고 동조했다. 부원수 정충신은, 수군 3천 명을 동원하여 유흥치 일당의 배를 소각하면 역도逆徒들을 진압할 수 있을 것이라며 자신감을 보였다. 인조는 토벌군의 대장에 총융사 이서, 수군 사령관에 정충신을 지명했다. 반대하는 신료들이 의견을 채 제시하기도 전에 '유흥치 토벌'은 이미 기정사실이 되었다.

반대론도 만만치 않았다. 병조판서 이귀는 '주장 진계성을 함부로 살해한 유흥치를 토벌하는 것은 당연하다'면서도 '바다 건너 정벌하는 데 한 달 이상 걸리고, 명 조정과 상의하지 않을 경우 의심을 살 우려가 있다'며 재고하라고 촉구했다. 그러자 인조는 노기 띤 목소리로 "이 자리는 반역자 토벌을 논의하는 자리지 군대 해산을 논의하는 자리가 아니다"라며 이귀의 주장을 일축했다. 유흥치의 반란을 응징하겠다는 인조의 결의는 확고해 보였다.

이귀는 다시 '훈련도 제대로 안 된 병력을 멀리 보내 성공 가능성이

정충신鄭忠信

정충신(1576~1636)은 이괄의 난을 진압하는 데 큰 공을 세웠다.
광해군대 후금에 직접 다녀왔던 경험이 있는 그는 1633년 후금과의 섣부른 단교에 반대했던
유연한 전략가이기도 했다. 자료제공처: 나주정씨종친회.

희박한 일을 시도하지 말라'고 맞섰다. 인조는 '병조판서가 그렇게 말하면 병사들의 맥이 풀린다'며 계속 반대하면 처벌할 수도 있다고 경고했다. 이귀도 물러서지 않았다. 그는 '군법을 내린다면 기꺼이 죽을 것'이라며 자신의 충고를 받아달라고 촉구했다. 이귀가 '죽음' 운운하자 인조는 노여움을 이기지 못하고 회의를 파해버렸다.

1630년 4월 27일에도 갑론을박은 지속되었다. 이정구는 먼저 황제에게 주문한 뒤 성지聖旨를 받들어 토벌하자고 주장했다. 인조는 "배반한 적은 누구나 토벌할 수 있는 것"이라며 명 조정에서 회답이 올 때까지 기다리면 일을 성사시킬 수 없다고 했다. 인조가 워낙 강하게 나오자 신료들은 멈칫할 수밖에 없었다. 인조는 마치 '토벌 강박증'에 걸린 것 같았다. 그는 "우리나라가 중국을 돕기에는 역부족이지만 맹세코 이 적을 섬멸하여 황은에 보답하고 싶다. 무기는 흉한 물건이고 전쟁은 위험한 것인데 난들 좋아서 하겠는가?"라며 신료들의 감성에 호소했다. 김류는, 출정 기일이 다가오는데 논의가 계속 분분하면 장수들이 동요할 것이라며 군법을 엄격히 밝혀야 한다고 강조했다. 인조 또한 "의심을 품으면 성공할 수 없다"고 맞장구를 쳤다.

4월 28일, 이귀가 다시 재고할 것을 촉구하고 삼사의 신료들도 나서 출정 명령을 거두라고 촉구했다. 인조는 "계속 망령되이 반대하는 자는 법으로 엄히 처단하겠다"고 배수진을 쳤다. 그럼에도 이귀가 반대 의견을 굽히지 않자 인조는 그를 파직시켰다. 곧 이어 출정을 앞두고 인사하러 온 총융사 이서에게 갑주甲胄와 궁시弓矢를 하사했다.

토벌 준비는 일사천리로 진행되었다. 비변사는 병선 열다섯 척을 징발하여 격졸格卒과 군량 등을 싣고 5월 15일 전까지 강화도 교동 앞

바다에 대기하도록 조처했다. 4월 29일에는 정벌에 즈음하여 가도의 중국인들에게 보내는 격문까지 제작했다.

지금 역신逆臣 유흥치는 스스로 사사로운 불화를 조성하여 가슴에 음모를 품고 승냥이나 이리 같은 흉악한 세력을 끼고 벌이나 전갈처럼 독기를 뿜어댔다. 붙잡혀 온 달족㺚族(후금 출신 투항자)들을 불러 모아 감히 반란을 일으켜 주장을 멋대로 해쳤는가 하면 통판通判 등과 각부各部에서 파견한 관리도 아울러 죽여 반역의 기운이 하늘까지 닿았다 …… 이에 우리 전하께서 한 번 크게 성내시어 군사를 대대적으로 동원했다. 본관이 나라의 명을 삼가 받들어 삼군을 이끌고 바다와 육로로 일제히 진격하며 동서에서 동시에 포위하려 하는데, 의기에 격동되어 사기가 저절로 배나 치솟고 있으니, 탄환彈丸만한 너희 일개 섬이 어떻게 빠져 달아날 수 있겠는가? 그대들은 반역의 변고가 호로胡虜보다 심하다는 것을 깨닫고 빨리 유흥치를 묶어 군문 앞으로 끌고 오라.

반란을 일으킨 유흥치 일당에 대한 토벌의 정당성을 강조하고 조선군에게 저항하지 말라고 경고하는 내용을 담고 있다.

5월 4일 인조는 도승지를 서쪽 교외로 보내, 가도로 출정하는 총융사 이서와 부원수 정충신의 장도를 축원하는 송별식을 열어 주도록 했다. 이서는 어영군 병력을 이끌고 황해감사 이여황李如璜, 황해병사 신경인申景禋 등과 함께 안악으로 나아가 주둔했다. 정충신은 전라도와 충청도의 수군 병력을 이끌고 은율로 나아가 출전 명령을 기다렸다.

조선군이 이렇게 가도 공격을 준비하고 있을 때 상황은 엉뚱한 방향으로 바뀌어가고 있었다. 유흥치가 전함 49척을 이끌고 가도를 떠나 등주를 향해 출발했던 것이다. 평안감사 김시양의 장계를 통해 이 소식을 접한 조정은 당황했다. 토벌의 일차 대상인 유흥치가 가도를 비우고 사라졌기 때문이다. 김시양은, 유흥치가 없는 이상 가도로 진격하여 그의 심복들을 사로잡고 창고를 봉한 뒤 황제의 명령을 기다리자고 했다. 총융사 이서는, 소굴이 비었으니 가도 공격이 무익해졌다며 아군의 대선大船을 숨기고 선봉을 접근시켜 유흥치를 유인해야 한다는 계책을 제시했다. 유흥치가 섬을 비우는 바람에 조선의 정벌은 자칫하면 '싸움을 위한 싸움', '공격을 위한 공격'으로 전락할 판이었다.

비변사 신료들은 인조에게 먼저 가도 사정을 철저히 정탐하자고 촉구했다. 유흥치가 병력을 이끌고 섬을 떠난 탓에 그가 명 본토를 공격하려는 것인지, 후금에 투항하려는 것인지, 요동 반도 연안의 여러 섬들을 노략질하려는 것인지, 명의 아문으로 가서 귀순하려는 것인지를 도무지 알 수 없었기 때문이다. 김류 또한 공격을 멈추고 사태를 관망하자고 했다.

분위기가 바뀔 조짐을 보이자 인조는 다시 선을 그었다. 그는 '유흥치가 우리의 공격 기미를 눈치 채고 일단 섬들 사이로 피했다가 우리의 자세가 해이해지기를 기다려 공격해 올 것'이라고 전망했다. 인조는 토벌군 지휘부에게 가도로 들어가 유흥치의 심복들을 죽인 뒤 병력을 선천과 철산 사이에 주둔시키라고 지시했다. 또 이서에게 밀서를 보내 섬을 반드시 토벌하고 항복한 달족들을 처단하라고 지시했다.

조선 조정이 가도에 대한 공격 실행 여부를 놓고 고민에 빠져 있던

6월, 후금 사신 일행이 서울로 들어왔다. 그들은 조선이 여전히 가도에 쌀을 공급하고 있다고 힐책하고, 과거 자신들이 무역했던 청포를 유흥치에게 빼앗겼다며 그것을 내놓으라고 요구했다. 실제 의주의 압록강 건너편에서는 후금군 3천여 명이 청포를 내놓으라고 무력시위를 벌이기도 했다. 참으로 어수선한 분위기였다. 가도 정벌에 신경 쓰고 있을 상황이 아니었다.

인조는 그럼에도 '신념'을 굽히지 않았다. 가도를 공격하는 것도 아니고, 그렇다고 정벌을 그만두는 것도 아닌 어정쩡한 상황이 이어졌다. 토벌군 병력들은 한창 더운 여름철에 출전 명령을 기다리며 해상에서 기약 없이 대기했다. 사망자가 속출하고 원성이 터져 나왔다. 1630년 6월 28일, 부원수 정충신은 조정에 장계를 올려 군사를 파하라고 촉구했다. 비변사 신료들도 속히 정벌을 중지하라고 촉구했다. 오직 김류만이 토벌을 중지하는 데 반대했다. 인조의 고민이 깊어가고 있을 때 최명길이 나섰다. 그는 '해상에서 노숙하느라 지쳐 쓰러진 병사들이 많은데 장수들은 그들이 도망갈까 염려하여 상륙을 금지하고 있다'며 현지 상황을 전했다. 놀란 인조는 결국 수군만 남기고 육군은 철수시키라고 지시했다. 이어 7월에는 수군까지 철수시켰다. 결국 가도 정벌 시도는 유야무야 되고 말았다. 나라 안팎이 위기에 처한 상황에서도 전후의 맥락을 제대로 헤아려 보지 않고 내렸던 인조의 '결단'이 해프닝으로 끝나는 순간이기도 했다.

유흥치의 역공과 죽음, 코가 꿰인 인조

조선 조정이 토벌군을 파하고 철수시킨 직후 유흥치는 등주에서 가도로 유유히 귀환했다. 잡아 죽이려 했던 유흥치가 명 조정에서 아무런 처벌도 받지 않은 채 돌아오자 조선은 할 말이 없게 되었다. 오히려 입장이 바뀌었다. '번국'의 처지에서 '천조'의 장수인 유흥치를 '함부로' 공격하려고 시도했던 터라 이제 보복을 걱정해야 하는 처지로 내몰렸다.

1630년 8월, 유흥치는 부하 이매李梅라는 자를 조선에 파견했다. 인조는 처음에는 이매와의 면담을 회피했다. 이매는 인조에게 '유흥치는 조선과 옛날처럼 우호관계를 회복하고자 한다'는 의사를 전달했다. 머쓱해진 인조는 "처음에는 천조의 뜻을 모르고 군사로써 정벌하려 했지만 이제 상국의 명을 받았으니 의심하는 일이 없을 것"이라고 화답했다. 사실상 사과의 뜻을 전달했던 것이다.

이후 유흥치의 역공이 시작되었다. 유흥치는 9월, 이매를 통해 서한을 보내왔다. 서한의 내용은 오만하고 모욕적인 언사로 넘쳐났다. 유흥치는 그러면서 가도의 식량 사정이 어려우니 양곡을 보내달라고 요구했다. 참으로 뻔뻔한 행태였다. 그럼에도 인조는 식량을 무역해 주겠다고 약속했다. 이이 김상헌에게 유흥지에게 보낼 답서를 짓도록 했다. 김상헌이 답서에서 유흥치의 무례함을 강하게 질책하자 인조는 김상헌에게 내용을 완화시키라고 지시한다. 행여 유흥치를 자극하지나 않을까 하는 우려 때문이었다. 김상헌은 인조의 수정 지시에 반발하여 부제학 직에서 물러나겠다고 맞섰다. 인조의 유흥치에 대한 대응 행태는 도무지 갈피를 잡을 수 없는 것이었다.

1630년 10월, 인조는 가도에 정유성鄭維城을 문안관으로 파견했다. 유흥치는 정유성을 접견하는 자리에 '기공대첩奇功大捷' 네 글자가 쓰인 깃발을 꽂아 놓았다. 그는 자신이 진계성 등을 죽인 것을, '섬 안에서 장애물을 제거하기 위한 부득이한 조치'였다고 강조한 뒤 '조선이 무슨 자격으로 토벌을 운운하느냐?'며 반박했다. 또 "천조를 침범하는 오랑캐는 토벌할 생각이 없는 조선이 천조를 위해 일하는 사람에게 군사를 들이대는 의도가 무엇이냐?"고 힐난했다. 정유성은 딱히 반박할 말이 없었다.

조선의 '약점'을 잡은 유흥치는 서서히 본색을 드러냈다. 그는 평안도 용강 등지에 부하들을 보내 식량을 거둬갔다. 식량을 빨리 내놓으라는 그들의 성화와 재촉 때문에 평안도 일대의 조선 관민들은 몸살을 앓아야 했다. 약점을 잡힌 조선 조정은 유흥치의 요구를 거부할 수 없었다.

유흥치의 역공은 점점 더 대담해졌다. 1630년 11월, 수비守備 전국해錢國海라는 자가 인조에게 등래순무 손원화 명의의 자문을 바쳤다. 자문의 내용은 대략 이러했다.

명 조정은 이제 유흥치를 용서하기로 했다. 유흥치는 이에 빨리 공을 세우려고 하는데 군량과 전마가 부족하다. 그러니 조선에 의지할 수밖에 없다. 내[손원화]는 귀국이 오랑캐를 도와 한인들을 많이 죽였다는 사실과 어쩔 수 없이 오랑캐에게 머리를 숙이고 있다는 사실을 알고 있다. 나는 귀국의 이러한 실정을 명 조정에 보고하지 않을 것이니 빨리 군량과 전마 2천 필을 유흥치에게 공급하기 바란다.

한마디로 '조선이 오랑캐와 화약을 맺고 왕래하고 있는 것을 묵인해줄 테니 그 대가로 유흥치를 지원하라'는 것이었다. 그런데 자문은 실제로는 손원화가 쓴 것이 아니라 유흥치가 직접 작성한 것이었다. 조선에서 군량과 말을 뜯어내기 위해 자신의 부하 전국해를 손원화가 보낸 차관인 것처럼 가장했던 것이다. 조선 조정 또한 이 사실을 알고 있었다. 그럼에도 '가도 정벌'을 운운했던 '원죄' 때문에 유흥치에게 '코가 꿰어버린' 상태에서 수모를 당할 수밖에 없었다.

이후 유흥치의 부하들이 조선에서 자행하는 민폐는 날로 심각해졌다. 그들은 수시로 평안도 등지로 나와 접대를 요구하고 관아와 여염을 노략하고 겁탈했다. 모문룡은 죽었지만, 가도의 명군들이 자행하는 민폐는 과거와 달라진 것이 별로 없었다. 급기야 1630년 12월, 중화中和의 대장代將 양덕위梁德渭가 명군들의 노략질을 견디다 못해 그들과 싸워 17명을 살상하기에 이르렀다. 또 황해도 황주의 주민들이 배를 수리하기 위해 몰려온 한인들을 야밤에 습격하여 사상자가 발생하기도 했다. 날로 심해지는 가도의 명군과 한인들의 작폐에 대한 조선 관민들의 인내심이 한계 상황에 이르렀던 것이다.

1631년(인조 9) 1월, 기도에서 조신의 문안관을 만났을 때 유흥지는 길길이 뛰었다. 그는 한인들을 살해한 범인을 체포하여 묶어 보내라고 요구했다. 그러지 않으면 병력을 풀어 자신이 직접 살인자를 찾아내겠다고 목소리를 높였다.

유흥치는 당시 위기에 처해 있었다. 명 본토로부터 군량 공급이 여의치 않은 데다 조선 또한 과거처럼 고분고분하지 않았기 때문이다. 유흥치는 결국 1631년 3월, 부하 장도張壽와 심세괴沈世魁 등에게 피살되었다. 유흥치는 가도를 통제하는 것이 여의치 않자 후금으로 투항을 시도하다가 심세괴 등의 반발을 사서 죽은 것이다. 모문룡과 원숭환이 죽은 뒤, 사실상 방치된 것이나 마찬가지였던 가도의 난맥상이 여지없이 드러난 사건이었다.

인조는 유흥치가 후금으로 투항을 시도하다가 피살되었다는 소식을 들은 직후 '가도 정벌'을 다시 거론했다. 하지만 당시는 '정벌'을 운운할 상황이 아니었다. 1631년 5월, 후금의 홍타이지는 조선 사신을 만난 자리에서 협박을 늘어놓았다. 그는 우선 조선이 보낸 방물方物의 양이 해마다 줄어들고 있다고 비난했다. 이어 '굶주린 유흥치가 자신에게 귀순하려고 했는데 조선이 식량을 공급해 주는 바람에 귀순을 포기했다'고 따졌다. 홍타이지는 조선이 이후에도 계속 가도에 식량을 대주면 병력을 의주로 보내 차단하겠다고 협박했다. 조선의 원조가 없으면 가도는 쉽사리 자신의 수중에 떨어질 것이라는 계산에서 나온 협박이었다.

참으로 난감한 일이었다. 조선이 가도와의 관계를 정리하지 않는 한, 후금과의 관계는 안정될 수 없었다. 하지만 오락가락했던 인조의 태도에서 드러나듯이 조선의 가도 정책은 일관성을 유지하지 못했다. 그것은 결국 후금과 원한을 쌓아가는 과정이었다.

인조는 왜 유흥치에게 '코가 꿰이는' 결과를 예측하지 못하고 애초 '토벌'이라는 초강수를 뽑아들었던 것일까? 그 배경에는 인조의 명에 대한 부채의식이 자리 잡고 있었다. 인조반정 성공 직후 '오랑캐를 정

벌하겠다'고 큰소리쳤지만 정묘호란을 맞아 그들과 화약을 맺어야 했
던 현실은 인조에게 심한 굴욕감으로 다가올 수밖에 없었다. 거기에
1630년 홍타이지가 북경을 기습하여 황성을 포위했다는 소식은 충격
그 자체였다. 하지만 인조는 황제의 안전을 기원하는 것 말고는 명을
도울 방도가 없었다. 그런 현실은 인조에게 심한 무력감을 가져다주
었다. 그런 와중에 유흥치가 반란을 일으키자 인조는 '황상의 역적'을
토벌함으로써 마음속의 부담감을 다소나마 덜어 보고자 했다. 그러나
이렇게 명의 은혜를 갚아야 한다는 원초적 부채의식을 계속 갖고 있
는 한 '오랑캐'와의 형제관계는 오래 유지될 수 없었다.

동상이몽 속
흔들리는
형제관계

후금의 무역에 대한 갈망 | 개시 문제를 둘러싼 파열음 | 명사처럼 대접받고 싶었던 후금 사신들 | 후금, 조선에 배[船]를 요구하다 | 후금, 조선을 떠보다

명은 우리의 부모 나라이므로
너희에게 배를 빌려주는 것은 천륜을 저버리는 것이다.
차마 못할 짓을 할 수 없는 것은 형제 사이에서도 마찬가지다.
형제 사이의 의리를 생각해서
며칠분의 군량을 제공할 것이니
빨리 철수하라.

후금의 무역에 대한 갈망

정묘호란을 끝내면서 조선과 후금이 형제관계를 맺었지만, 그것은 불안한 평화의 시작일 뿐이었다. 조선 신료들은 여진족들을 '오랑캐'이자 견양犬羊, 금수禽獸로 보는 인식을 바꿀 수 없었다. 따라서 조선에게 형제관계란 '무식한 오랑캐의 무력에 떠밀려 어쩔 수 없이' 받아들인 미봉책이자 임시방편일 뿐이었다. 후금의 생각도 별반 다르지 않았다. 그들은 정묘호란 당시 자신들이 마음만 먹었다면 조선 전체를 쓸어버릴 수 있었는데 이런 저런 상황을 고려하여 조선을 봐주었다고 생각했다. 따라서 '조선은 자신들의 그 같은 배려에 감사해야 한다'는 것이 후금의 속마음이었다. 그야말로 동상이몽이었다. 조선이 후금을 '오랑캐'로 인식하는 한, 또 후금이 '조선에게 은혜를 베풀었다'고 자부하는 한 '형제관계'는 시간이 지남에 따라 파열음을 낼 수밖에 없었다.

정묘호란이 끝난 뒤 조선과 후금은 정기적으로 사신을 교환했다. 인조는 신료들에게 호차胡差(후금 사신에 대한 멸칭)들을 우대하여 환심을 잃지 않도록 하라고 지시했다. 후금 또한 조선에 매우 우호적인 태도를 보였다. 그 때문에 심양을 왕래하는 조선 사신들의 후금에 대한 인식은 긍정적이었다. 1627년 5월 심양에서 돌아온 원창군 일행은 인조를 만난 자리에서 '후금 사람들이 매우 친절했다'고 보고했다. 인조가 홍타이지와 후금 신료들의 사람됨을 묻자, 호행관護行官 이홍망李弘望 등은 모두 뛰어난 인물들이라고 칭찬했다.

인조의 우호적인 태도는 후금 사신들을 접견할 때 잘 나타났다. 1627년 5월 서울에 왔던 후금 사신 용골대는 인조를 만났을 때 '전하께서는 극진하게 대우하시는데 관리들이 삼가지 않는다'고 불만을 드러냈다. 조선 관리들이 그를 인조에게 인도하면서, 대궐 문 앞에서 말에서 내리게 하고 인도자도 없이 한참을 걷도록 만든 것이 불만이었다. 인조는 즉각 사과하고 용골대 등이 나갈 때 어로御路에서 말을 타고 갈 수 있도록 배려했다.

당시 황해도 봉산에 살던 백성 박응립朴應立과 황하수黃河水가 서울로 올라가던 용골대 일행을 가리키며 '죽여야 한다'고 소리친 사건이 있었다. 용골대 일행이 불만을 터뜨리자 조정은 봉산에 공문을 보내 곧바로 그들을 붙잡아 하옥시키고 후금 사신 일행의 경호를 강화하는 조처를 취했다.

비변사 신료들은 '호인들과 기미羈縻하기로 작정한 이상 원하는 물품을 많이 주어 그들을 기쁘게 해야 한다'고 강조했다. 이렇게 정묘호란 직후 후금을 대하는 조선의 자세는 일단 유연했다. 후금 또한 1627년 9월, 의주에 주둔하던 병력을 철수시켰다. 모문룡을 처치하겠다고 잔류시켰던 병력이었다. 이제 두 나라 관계는 온전히 정상으로 돌아갔다.

정묘호란 이후 후금이 조선에 간절하게 원했던 것은 무역이었다. 명이 자신들에게 경제 제재를 가하고 있었기 때문이다. 후금은 일찍부터 무순 등지에서 명 상인들과 교역을 통해 각종 물자를 조달했다. 명 상인들로부터 은과 직물, 곡물, 소금 등을 사들이고 자신들의 특산물인 산삼, 모피, 진주 등을 넘겨주었다. 그런데 누르하치가 군사적으로 도전해 오자 명은 교역을 끊어 후금을 경제적으로 봉쇄하려 했다. 자연히 만주 지역으로 몰려오던 중국 상인들이 끊겨 버렸다. 후금은 당장 식량 등 물자 부족에 시달리게 되었다. 그뿐만이 아니었다. 중국산 직물류 등은 후금이 몽골족들과 교역을 벌이는 밑천이자 그들을 회유하기 위한 증여품으로 중요했다. 이런 상황에서 명과의 무역이 중단되자 후금은 안팎으로 위기를 맞을 수밖에 없었다.

후금은 한편으로는 개간 등을 통해 농경을 확대하고 다른 한편으로는 요동 지역에 대한 침략을 통해 위기를 돌파하려 했다. 1619년 사르후 전투 승리 직후부터 청하, 개원, 철령, 심양, 요양 등지를 잇따라 공략했다. 연전연승을 통해 명으로부터 약탈한 엄청난 수량의 인축人畜과 물자는 후금이 경제 위기를 돌파하는 데 큰 보탬이 되었다. 1627년 정묘호란을 일으켰던 것도 조선으로부터 교역을 확약받아 경제 위기를 돌파하려는 목적에서였다.

정묘호란 이후 후금은 '아우국' 조선과의 교역에 큰 기대를 걸었다. 하지만 조선은 후금과의 교역에 소극적이었다. 일단 교역의 문을 열어줄 경우, 후금 측의 요구가 끝없이 이어질 것이라는 우려 때문이었

심양 고궁瀋陽故宮

1625년 천도 이후 1644년 북경으로 다시 옮길 때까지 심양은
후금의 수도이자 정치, 경제적 중심지였다.

다. 김상헌 등 일부 신료들은 특히 중국산 물화를 후금 상인들에게 파는 것에 격하게 반대했다. '하찮은 오랑캐에게 천조天朝의 물품을 넘겨주는 것은 예가 아니다'라거나 '명이 알면 질책할지도 모른다'는 것이 명분이었다.

1627년 12월 심양에 갔던 회답사 박난영 일행은, 중강中江에서 빨리 시장을 열어 교역하자는 후금 측의 재촉에 시달려야 했다. 박난영은 '전쟁 때문에 평안도와 황해도가 극히 피폐해졌다', '명나라산 물자는 조선이 구하기 어렵다'는 등의 이유를 들어 난색을 표했지만 후금 측은 집요했다. 후금 측은 '조선과 후금이 이미 한집안이 되었으니 어려움을 서로 구제해야 한다'며 '모문룡은 값도 치르지 않고 조선으로부터 쌀을 빼앗았지만 자신들은 정당하게 값을 치르고 사겠다는데 뭐가 문제냐?'며 회답사 일행을 압박했다. 박난영 등은 말문이 막힐 수밖에 없었다.

정묘호란 이후 조선은 상당 기간 토산품뿐 아니라 중국과 일본산 물품 등도 후금 측에 공급했다. 중국산 물자 가운데 후금 측이 가장 열망했던 것은 비단과 청포 등 직물류였다. 조선은 가도를 통해 입수한 비단과 청포를 후금 측에 넘겨주었다. 당시 가도에는 봄이 되면 명의 강남 등지에서 수많은 상선들이 모여들었다. 조선 상인들이 은이나 인삼을 갖고 가도로 가서 비단과 청포 등을 구입했던 것이나, 일본에서 들여오는 후추를 비롯하여 단목丹木, 칼, 창 등도 후금의 관심 품목이었다. 정묘호란 이후 조선은 이렇게 후금에게 중국과 일본산 물자를 공급하는 중계자 역할을 했다.

후금 측이 원하는 물자는 날이 갈수록 늘어났다. 쌀과 농우農牛, 약재 등은 물론 종이와 과일 등에 대한 욕구가 격증했다. 그들은 특히 조선의 배와 홍시에 열광했다. 스스로 농경민족으로 변신하기 위해 애쓰고 있었지만, 주로 곡물 등을 경작하는 데 몰두할 수밖에 없는 그들에게 과일은 매우 귀한 것이었다. 그들은 해마다 사신을 보낼 때 수만 개의 배와 홍시를 구입해가곤 했다.

후금 측이 조선에 요구했던 물자 가운데는 각종 서적들도 있었다. 1628년과 29년의 경우 조선은 후금 측의 요청에 따라 사서四書를 비롯하여 《춘추春秋》, 《주역周易》, 《예기禮記》, 《통감通鑑》, 《사략史略》 등의 서적들을 넘겨주었다. 당시 후금은 홍타이지가 한인 출신 신료들을 적극적으로 임용하고 문치에 입각한 국가 체제를 만들어가는 과정이었다. 이에 따라 각종 경전이나 서책의 수요가 늘어나고 있었다.

개시 문제를 둘러싼 파열음

시간이 흐르면서 무역을 둘러싼 갈등은 깊어갔다. 후금이 무역을 위해 개시開市의 횟수를 늘리고 장소도 확대하려 한 데 비해 조선은 소극적이었기 때문이었다. 조선은 봄과 가을 두 차례 중강에서 개시하자고 제의했다. 하지만 후금은 달랐다. 그들은 봄, 여름, 가을 세 차례 정기적으로 개시하되 필요하면 바로 열 수 있도록 제한을 두지 말자고 맞섰다. 또 중강 이외에 회령도 개시 장소로 추가하자고 촉구했다. 조선은 반대했다. 회령의 인구가 적고 물산이 시원찮은 데다 서울에서 너무 멀어 상인들이 모이지 않는다는 사정을 제시했다. 하지만 후금 측은 고집을 꺾지 않았다. 1628년 12월, 후금 상인 80여 명이 회령에 나타나 개시를 요구하면서 여염을 약탈하는 사태가 빚어지기도 했다. 또 후금 상인들 가운데는 중강에서의 개시에 만족하지 못해 인삼을 싣고 안주까지 남하하는 자들도 있었다. 후금 측의 개시에 대한 조급증이 양국 관계를 흔들고 있었다.

조선은 후금과의 개시를 피로인들을 속환贖還하는 기회로 활용하려고 시도했다. 피로인이란 전쟁 당시 후금군에게 사로잡혀 끌려갔던 사람들을, 속환이란 몸값을 치르고 그들을 데려오는 것을 가리킨다. 정묘호란 당시 후금군에게 유린되었던 서북 지방에서는 엄청난 수의 피로인들이 생겨났다. 1627년 5월 평안도 평양, 강동江東, 삼등三登, 순안順安, 숙천肅川, 함종咸從 등 여섯 고을에서 집계된 숫자만 4,986명이었다. 같은 해 6월의 기록에 따르면 심양에서 도망쳐오는 피로인의 수가 매일 4~50명에 이를 정도였다. 이것을 토대로 계산하면 당시 후금군에 끌려간 피로인의 수는 최소한 수만 명을 넘는 수준이었다. 조선은 개시에서 후금 측에 쌀을 공급하는 대가로 피로인들을 넘겨받고자 했다.

1628년 2월, 후금 측은 중강에 2백여 명의 피로인을 데리고 왔다. 그들 가운데 조선에서 우선적으로 속환하려 했던 사람들은 귀의할 수 있는 부모나 형제가 있는 사람들이었다. 그런데 피로인들의 몸값을 정하는 문제가 만만치 않았다. 양측의 주장이 엇갈려 결국 중강에 왔던 2백여 명 가운데 70명 정도만 가족 품으로 돌아오는 행운을 얻었고 나머지 피로인들은 발길을 다시 돌려야 했다. 후금 상인들은 자신들이 어렵게 데려온 피로인들을 모두 구입해 주지 않는다고 불만을 터뜨렸다. 고국으로의 귀환을 애타게 고대하고 왔다가 후금 병사들에게 이끌려 도로 심양으로 돌아가는 피로인들은 조선 국경 쪽을 쳐다보며 통곡했다. 처참한 광경이었다.

개시를 둘러싼 갈등은 계속 불거졌다. 무엇보다 후금 측이 개시 장소에 너무 많은 인원들을 데려오는 것이 문제가 되었다. 1628년 2월, 중강에서 개시할 때 용골대 일행은 자그마치 1천 3백 명의 인원을 데리고 왔다. 그들에게 식량과 마초를 공급하는 것은 온전히 조선 측의 몫이었다. 조선으로서는 부담스러울 수밖에 없었다. 조선 측이 문제를 제기하자 후금 측은 조선과 명의 전례를 들고 나왔다. '과거 조선이 명과 개시할 때는 소와 돼지까지 증여했지만 우리에게는 식량과 마초만 준다. 그런데 무엇이 부담스러우냐?'는 식이었다. 그러면서 그들은 조선이 식량 공급을 계속 거부하면 서울로 올라가서 소 몇 백 마리와 군사들이 한 달 먹을 식량을 얻어 내고야 말겠다고 협박했다. 조선은 결국 용골대 일행에게 쌀 2천 석을 주기로 약속했다.

상품의 품질이나 가격을 놓고 빚어지는 갈등 또한 좀처럼 해소되지 않았다. 1629년 조선은 '후금 측이 조악한 품질의 인삼을 가져와서 강제로 떠넘기려 한다'고 불만을 제기했다. 후금 측은 '조선 상인들이 넘겨준 비단이나 청포 등이 약속된 규격에 미치지 않는다'고 반발했다. 조선은 후금 측이 제기했던 문제점 가운데 수긍할 수 있는 대목에 대해서는 '상인들이 이익에만 급급하여 일을 저질렀다'고 인정하면서 사과하는 자세를 보였다. 하지만 개시를 둘러싼 마찰과 갈등은 이후에도 계속 이어졌다.

명사처럼 대접받고 싶었던 후금 사신들

정묘호란 이후 두 나라 사이에는 세폐歲幣의 수량과 후금 사신들을 접대하는 문제를 놓고서도 실랑이가 벌어졌다. 조선은 정묘호란 이후 봄과 가을, 두 차례 후금에 세폐를 보냈다. 세폐는 대부분 토산물이었다. 1627년의 경우 면주와 청포 6백 필, 호피虎皮와 표피豹皮 12장, 화문석 15조, 종이 80권, 장검과 단검 10병, 안구鞍具 2부, 단목 1백 근, 후추 80두 정도였다.

세폐의 분량이 그다지 많은 것은 아니었지만, 후금은 세폐와 관련된 조선의 태도에 민감하게 반응했다. 한 예로 1631년 조선이 보낸 세폐의 양이 줄자 후금 측은 당장 발끈했다. 홍타이지는 조선에 보낸 국서에서 '조선이 세폐의 양을 줄인 것은 자신들에 대한 경의敬意가 줄어든 것을 의미한다'고 질타했다. 아울러 조선이 여전히 '명은 강하고 후금은 약하다'는 고정 관념에 젖어 있다고 비난하면서 자신들이 1630년 '황성 기습'에서 거둔 군사적 성과를 과시했다. 자신들이 이제 명을 능가할 정도로 세력이 커졌는데 조선은 그것도 모르고 세폐의 양을 줄이고 있다는 것이 후금 측의 불만이었다.

홍타이지는 급기야 1632년 사신을 보내 조선이 보낼 세폐의 항목과 양을 일방적으로 통보했다. 금 1백 냥, 은 1천 냥, 면수 1천 필, 마포麻布 1천 필, 세포細布 1만 필, 물소 뿔 1백 부, 소목蘇木 2백 필 등이었다. 소목은 한약재이자 염료로 사용되는 재료였다. 조선은 과거보다 훨씬 늘어난 후금의 요구를 거부했다. 특히 금은과 물소뿔은 토산품이 아니므로 아예 품목에서 빼라고 요구했다. 조선의 거부 소식에 격분한 홍타이지는 후금에 와 있던 조선 사신 박난영을 쫓아버리고 그가 가져온 방물도 접수하지 말라고 지시했다. 바야흐로 세폐를 둘러싼 갈등이 본격화되는 순간이었다.

후금 측은 또한 자국 사신들에 대한 조선의 접대 수준에 대해서도 예민한 반응을 보였다. 그들은 기본적으로 조선이 자국 사신들을 명사明使와 똑같이 접대해달라고 요구했다. 1628년 서울에 왔던 용골대는 자신이 벽제에서 서울에 이르는 동안 조선이 영접하지 않았다고 불만을 토로했다. 또 날씨가 춥다는 것을 이유로 명사들이 머물던 태평관太平館이나 남별궁을 숙소로 달라고 요구했다.

정묘호란 이후 조선은 후금 사신들의 접대 업무를 담당하는 관서로 구관소句管所를 설치했다. 명사들을 접대하기 위해 임시로 영접도감迎接都監을 설치했던 것과 비견되는 것이었다. 정묘호란 직후 조선이 자신들을 후대하자 후금 사신들은 고무되어 흥미로운 반응을 보인 바 있다. 1628년 12월, 서울에 왔던 용골대는 하마연下馬宴(서울에 도착한 직후 베푸는 잔치)이 끝난 뒤, 부하 차인差人들에게 "조선이 이토록 후대해 주니 실컷 취할 수 있겠다"고 말했다. 이어 부하 차인들을 불러놓고 "내가 하는 것처럼 예절을 갖추지 않으면 조선의 웃음거리가 될 수 있으니 미리 연습을 해야 한다"며 부하들에게 조선에서 차려야 할 예절에 대해 가르쳤다고 한다. 원래 수렵 등을 통해 생계를 꾸리다가 농경민족으로 변신을 시도하고 있던 여진인들은 조선의 조그만 후의에도 순진하다 싶을 정도로 만족감을 드러냈던 것이다.

이후에도 후금 사신들은 자신들에 대한 접대 수준을 높여줄 것을 수시로 요구했다. 하지만 조선의 입장에서도 후금에 보내는 세폐와

〈봉사도奉使圖〉

후금 사신들은 정묘호란 직후 조선이 자신들을 우대하자 고무되어
수시로 자신들에 대한 접대 수준을 높여줄 것을 요구했다. 그림은 1725년(영조 1) 청나라 사신 아극돈阿克敦이
조선을 방문하고 그린 화첩에 실린 그림. 청나라 사신을 접대하는 영조의 모습이 담겨 있다.

사신 접대 수준은 아주 민감한 문제였다. 명의 '신하'이자 후금의 '아우'였던 조선이 후금 사신에 대한 접대를 명 사신의 그것과 동일한 수준으로 유지하는 것은 마뜩치 않은 일이었다. 반면 후금의 입장은 달랐다. 그들은 정묘호란 이후 명과 벌였던 전쟁에서 자신들이 계속 이기고 있는 현실에 고무되었다. 그럼에도 조선은 자신들보다 약한 명은 계속 '황제'로 섬기고 자신들은 마지못해 '형'으로 대접하는 것이 불만일 수밖에 없었다. 조선이 그 '불만'을 해소시켜 주지 않을 경우 양국 관계는 결국 파탄으로 치달을 수밖에 없었다.

후금, 조선에 배船를 요구하다

1631년(인조 9) 6월 8일, 평안병사 유림柳琳의 장계가 조정에 도착했다. 호차 중남과 아지호 등이 군사 1만 명을 거느리고 압록강을 건너와 가산의 서쪽 지역을 차단했다는 소식이었다. 같은 날 도착한 장계에서 평안감사 민성휘閔聖徽는 '호인들이 조선에서 배를 빌려 가도를 습격하려 한다'고 보고했다. 그러면서 자신은 주변 고을의 수령들과 장수들을 불러 모아 방어 대책을 세우고 있다고 보고했다. 소식을 접한 비변사는 '부원수 정충신을 평안도로 보내고 금군과 포수를 평양으로 파견하고 황해도의 병력도 동원하라'고 건의했다.

　정묘호란 이후, 이렇게 많은 수의 후금군이 압록강을 건너온 적은 없었다. 사실상 침략이었다. 그런데 그들은 남하하지 않고 배를 빌려 달라고 요구하고 있었다.

인조는 급히 비변사 신료들을 불러모았다. 영의정 오윤겸은, 후금 군이 배를 빌려 가도를 습격하기 위해 쳐들어왔다고 분석했다. 그는 명에 대한 의리를 고려할 때 배를 빌려줄 수는 없다며 속히 황해도를 비롯한 각도의 군사들을 동원하라고 촉구했다. 최명길의 분석은 좀 달랐다. 그는 후금군이 쳐들어온 것은 조정을 협박하여 식량을 구하 려는 수작이라고 보았다. 최명길은 그들이 깊숙이 남하하지는 않을 것이라고 예측하여 군사 징발 때문에 민심을 소란하게 해서는 안 된 다고 주장했다.

6월 10일, 호차 중남이 국서를 갖고 서울로 들어왔다. 홍타이지가 보낸 국서는 조선에 대한 불만과 비난으로 가득 차 있었다. 홍타이지 는 먼저 '조선이 식량을 대주는 바람에 가도가 존속하고 있다'고 불만 을 터뜨렸다. 이어 조선이 용천, 철산 지역의 땅을 가도 한인들에게 경작지로 제공하고 있는 것을 비난했다. 그는 정묘호란 당시 후금군 이 서울 이북 지역을 점령할 수 있었음에도 반환했던 사실을 상기시 킨 뒤 그럼에도 조선이 약속을 지키지 않는다고 질타했다. 홍타이지 는 '잘못을 사과하는 차원에서 배를 빌려 달라'고 요구했다. 배를 빌 려주지 않으면 의주와 철산을 점령하겠다고 위협했다.

중남이 입경했던 당일, 명에서 온 사절도 서울로 들어왔다. 등래순 무 손원화가 보낸 도사都司 왕순신王舜臣과 이매 두 사람이었나. 그들 은 인조를 만났을 때 조총과 구리 냄비와 배 1백 척을 구입할 수 있게 해달라고 요구했다. 공교롭게 명 사절들도 배를 내놓으라고 요구한 것이다. 당시 손원화는 바람 잘 날 없는 가도의 상황을 정리하기 위해 배가 필요했다. 그는 조선에서 배를 구입하여 섬 안에 있는 인원과 전

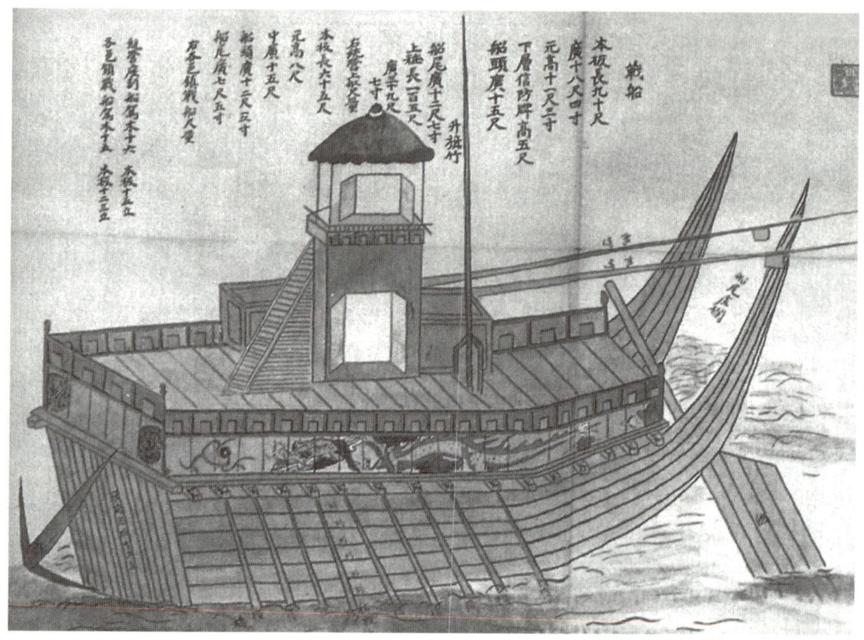

조선 수군의 전투선 판옥선板屋船

1631년 후금은 조선에 배를 빌려달라고 요구했다.

당시 막강한 육군을 갖고 있던 후금은 조선에서 전함과 수군을 빌려 가도 등지를 공격하려고 시도했다.

그림은《각선도본各船圖本》(서울대학교 규장각 소장)에 실린 조선 수군의 대표적인 전투선인 판옥선板屋船의 모습.

마, 군수 물자 등을 등래登萊(산동山東) 지역으로 수송하려고 했던 것이다. 손원화의 요구는 버거운 것이었다. 1백 척이나 되는 배를 새로 건조하기도 어렵고, 각 지역의 화물선들을 갑자기 징발할 수도 없는 노릇이었다. 또 섣불리 배를 주겠다고 약속했다가 후금이 알게 될 경우, 심각한 문제가 발생할 것은 불 보듯 뻔한 일이었다.

조선은 배를 달라는 요구는 완곡히 거부했다. 대신 조총 5백 자루와 구리 냄비 1백 개를 보내겠다고 확약했다. 명에 대해서는 참으로 충성스런 조선이었다. 청천강 이북에 후금군 1만 명이 머물고 있고, 호차가 서울에 들어와 있는 상황에서 명 사절들에게 조총 5백 자루를 주겠다고 약속한 것은 분명 아슬아슬한 모험이었다. 조정은 실제로 왕순신 등이 중남 등과 조우할까봐 전전긍긍했다.

중남 또한 배를 빌려줄지 여부를 빨리 밝히라고 닦달했다. 조정은 중남에게 '명은 우리의 부모 나라이므로 너희에게 배를 빌려주는 것은 천륜을 저버리는 것이다. 차마 못할 짓을 할 수 없는 것은 형제 사이에서도 마찬가지다. 우리가 잔인하게 명을 저버리면 훗날 너희 나라로부터도 의심을 받을 것'이라며 거부 의사를 분명히 했다. 의리와 천륜을 강조함으로써 중남의 '심금을 울려 보려는' 의도였다. 이어 후금군의 침략을 비난하고 '형제 사이의 의리를 생각해서 며칠분의 군량을 제공할 것이니 빨리 철수하라'고 촉구했다.

배를 빌려줄 수 없다고 하자 중남 일행은 자리를 박차고 나가버렸다. 조정은 구관소의 신료를 보내 그들을 달래서 다시 데리고 들어왔다. 그들에게 성대한 연회를 베풀어 회유했지만 중남 등은 배를 빌려달라는 요구를 접지 않았다. 조선 측이 끝내 거부하자 중남 일행은 다

명 수군의 전투선 사선沙船

홍타이지는 '조선 수군이 명 수군보다 강하다'는 인식 하에 조선에서 배를 빌려 명의 내지까지
진격하는 발판을 마련하려 했다. 그림은 임진왜란 당시 명군이 사용했던 사선.
명나라 모원의茅元儀가 1628년에 지은《무비지武備志》에 실려 있다.

시 일어나 귀국하겠다고 나가버렸다. 조정은 다시 사람을 보내 이미 녹번동까지 가 있던 중남 일행을 달래야만 했다.

후금은 왜 배를 빌려달라고 요구했을까? 당시 후금은 바다에서 작전할 수 있는 수군 전력을 갖추지 못하고 있었다. 요하와 같은 내륙의 강에서 운항할 수 있는 작은 배들은 있었지만 그것을 가지고 바다로 나가기는 어려웠다. 또 바다에서 작전을 벌일 수 있는 수군 병력이 없었다. 치명적인 약점이었다. 육군은 철기라 불릴 정도로 막강했지만 바다나 수군과 관련해서는 이야기가 달라질 수밖에 없었다. 철산의 바로 코앞에 있는 가도에서 명군들이 '발호'를 해도 배와 수군이 없는 상황에서는 속수무책이었다. 모문룡은 바로 그 같은 후금의 약점을 파고들어 8년 가까이 '해외천자'로 군림할 수 있었다.

후금은 조선의 수군을 높이 평가하고 있었다. 홍타이지는 심지어 '조선 수군이 명 수군보다 강하다'라고 인식했다. 따라서 조선에서 배와 수군을 빌리면 자신들의 군사력은 배가될 수 있다고 보았다. 수군만 있으면 코앞에 있는 가도를 점령하는 것은 '시간 문제'일 뿐이었다. 뿐만 아니라 철옹성 산해관을 우회하여 천진天津이나 산동 등지를 공격할 수도 있었다.

임진왜란을 계기로 조선은 '수군이 강한 나라'로 인식되었다. 왜란 초반 조선 육군은 연전연패했지만 수군은 달랐다. 일본군의 서해 진출을 막아 그들의 수륙병진水陸竝進 전략을 좌절시킴으로써 궁극에는 명의 안보까지도 지켜낸 것이 조선 수군이었다. 이순신의 탁월한 영도와 거북선 등 조선 전함들의 활약상은 명 관인들에게 깊은 인상을 남겼다. 1626년 조선에 왔던 명나라 사신 강왈광은 '조선 사람들이 배

輶軒紀事

新建　姜曰廣　居之　著

天啓乙丑皇太子生遣廷臣頒慶天下故事海外諸國
獨朝鮮與中國等禮臣具題得旨時遼亡陸道梗久不
遣廷臣命下禮臣院長集院中諸公久議議決禮臣復
題以翰林院編修姜曰廣充正使工科給事中王夢尹
副之詔曰可各賜正一品服一襲廣則大紅織金麒麟
羅一青羅一綠羅一從行家人具得冒稱職官朝廷恤
臣于退役恩殊渥先是廷臣藉藉言東江事會王諫議

其他情面議論吾何知焉諫議曰此吾心也遂出疏草
相示予讀疏首遼兵情形一叚云大概遼兵卽遼民墾
用者不過二三萬予遽擊節曰卽此已得之矣因與一
一酌之訂之越日海防將官見有問予者曰論者謂虜不
舍鞍馬長技而事舟楫然乎予曰予向亦爲是說比來
乃知不爾中國南隣倭比隣虜僅一朝鮮扞蔽鮮人乘
汎走痌疾如風雨萬一生心爲虜用但命一將領之
來侵則我淮揚青登盡無甯宇矣虜以騎兵叩關其全
力自在也昔金主亮將由海道襲宋浙江高宗命總管

《유헌기사輶軒紀事》

임진왜란을 계기로 조선은 수군 강국으로 인식되었다.
강왈광은《유헌기사輶軒紀事》를 통해 조선 수군의 탁월함을 찬양하면서 조선이 후금에 수군을 빌려줄 경우,
명의 내지가 위기에 처할 것이라고 경고하고 있다.

를 조종하는 것의 빠르기가 비바람이 몰아치는 것 같다. 만일 오랑캐들이 조선 수군을 이끌고 쳐들어온다면 산동이나 강남 지방은 하루도 편할 날이 없을 것'이라고 했다. 명청교체기 명 관인들이 조선의 향배와 관련하여 가장 크게 우려했던 대목이 바로 수군이었다.

조선 또한 명과 후금의 대결 상황에서 '수군 문제'가 갖는 중요성을 잘 알고 있었다. 후금의 강요대로 배나 수군을 제공할 경우, 가도가 곧바로 위험에 처하고 명의 내지까지 위태로워질 수 있었다. 후금에 배를 빌려주는 것은 '부모의 나라'에 비수를 꽂는 일이었다. 1631년 6월, 배 때문에 명과 후금 모두로부터 '구애받고 있던' 조선의 고민이 깊어지고 있었다.

후금, 조선을 떠보다

1631년 6월 13일, 배를 빌려줄 수 없다는 통고에 불만을 품고 호차 중 남 등이 뛰쳐나간 직후 입직 포수 이덕탁李德卓이 승정원에 나타났다. 그는 '오랑캐 사신들은 우리의 허실을 엿보기 위해 왔으니 그냥 돌려보내면 후환이 있을 것'이라며 빨리 그들을 억류하고 싸울 준비를 하라고 강조했다.

18일에는 후금군의 침략 소식에 놀라 이원익이 조정으로 달려왔다. 이원익은 당시 여든다섯의 고령으로 이미 은퇴한 상태였다. 그는 인조에게, 하삼도의 군병을 동원하여 민심을 소란케 하지 말고 어영군을 비롯한 서울에 있는 정예병을 평안도로 내려보내라고 건의했다.

그러면서 어떤 경우에도 선제공격을 해서는 안 된다고 강조했다.

'후금군과 일전을 불사해야 한다'는 이덕탁의 건의를 계기로 때 아닌 논쟁이 벌어졌다. 지평 심연沈演은 식량을 주지도, 회답사를 보내지도 말고 후금을 공격할 계책을 의논하라고 촉구했다. 사헌부의 다른 신료들도 심연의 의견에 동조했다. 그들은 '정묘호란 이후 오랑캐와 서로 왕래한 것은 화호和好를 굳게 하려는 것이었는데 지금 그들이 이유 없이 쳐들어와 맹약을 어겼다'고 지적하고, 더 이상 미봉책으로 대응하지 말라고 촉구했다. 홍문관 신료들은 한 발 더 나갔다. 그들은 '오랑캐가 부모의 나라를 짓밟고 가도를 공격하려 한다면 갓을 쓰고서라도 달려가 구원해야 한다'며 강약과 승패는 따질 필요가 없다고 했다. 일부 신료들은 '조정이 안주 이북의 방어를 포기했다'고 통탄하고 군사를 총동원하여 싸우자고 주장했다. 삼사 신료들은 이참에 후금과의 우호관계를 끊고 척화斥和의 길로 나아가라는 주장을 폈던 것이다.

비변사의 입장은 달랐다. 비변사는 '후금과의 화친을 언제까지나 믿을 수는 없지만, 싸우려 해도 병마가 모이지 않고 군량도 부족한 현실에서는 후금을 다독거려야 한다'고 강조했다. 인조는 비변사의 의견에 동조하여 박로朴簹와 오신남吳信男을 회답사로 임명하여 심양으로 보냈다. 화친을 계속 유지하려고 결심한 것이다. 삼사 관원들은 굴욕적인 사신 파견을 당장 중지하라고 외쳤지만 소용이 없었다.

조선이 유화적인 자세를 보이자 후금군은 철수 길에 올랐다. 당시 후금군은 조선군이 쉽게 맞설 수 있는 상대가 아니었다. 이미 황성을 기습하고 북경 주변의 명의 심장부를 유린했을 정도로 막강한 전력을 갖고 있었다. 잘 훈련된 병력이 많은 것은 물론, 실전 경험까지 풍부했다. 이에 비하면 당시 조선의 군사적 대비 태세는 문제가 심각했다. 우선 후금군의 침략이 있었던 직후 서울로 전해지는 통신 체계가 제대로 작동하지 않았다. 봉화가 제때 오르지 않았고 파발擺撥길도 단절되었다. 인조는 강화도로 가는 것을 생각했을 뿐 어영군 등을 파견하라는 요청에는 귀를 닫았다. 자신의 호위용으로 쓸 정예 병력을 변방으로 보내는 일이 내키지 않았던 것이다. 이런 상황에서 후금군과 군사적 대결을 벌일 처지가 아니었다.

6월 28일, 후금군이 철수를 시작했다는 보고가 조정으로 전해졌다. 철수 소식을 들은 인조는 강화도를 대대적으로 정비하라는 지시를 내렸다. 사실 인조는 후금군이 쳐들어왔던 직후 강화도로 들어갈 계획을 세웠었다. 또 강화도로 가는 것을 염두에 두고 삼남에 독운어사督運御史를 파견했다. 강화도로 빨리 양곡을 운반하라고 독려하기 위한 목적이었다.

인조는 강화도에 10만 군사가 먹을 수 있는 양곡을 비축하라고 지시했다. 강화읍성과 갑곶성甲串城을 개축하고, 화기와 각종 장비 등도 미리 옮겨 놓으라고 했다. 전국에서 올라오는 방물方物을 목면으로 바꿔 강화로 수송한 뒤, 나중에 군량 마련을 위한 자금으로 쓰려는 계획도 세웠다. 또 강화도 연안에 큰 창고들을 지으라고 주문했다. 측근들을 강화도로 보내 방어 상태와 시설 등을 수시로 점검했다.

일부 신료들은 강화도 정비에만 몰두하는 것의 부당성을 제기했다. 우의정 이정구의 의견이 대표적이었다. 그는 서울이 '팔도의 근본'이라며 근본이 흔들리면 민심이 무너져 변방이 흔들린다고 지적하고 먼저 서울 서쪽의 방어 태세부터 점검하라고 촉구했다. 이정구는 또한

눈 덮인 강화읍성

후금의 전함 요구가 있었던 직후 조선 조정은 강화도를 정비하는 데 골몰했다.
하지만 1636년 정작 병자호란이 터졌을 때 인조는 강화도로 들어가지도 못했고,
후금 수군의 상륙으로 강화성은 허무하게 무너졌다.
자료제공처: 인천광역시 강화군 문화예술과.

강화도는, 들어가기를 바라는 사람들을 모두 수용할 수 있는 곳이 아니라고 진단했다. 따라서 '제대로 된 요새로 정비하려면 너무 많은 비용 때문에 불가능하고, 그렇다고 강화도 정비에만 몰두하면 원망이 일어나 민심을 동요시킬 우려가 있다'고 경고했다. 그는 강화도 주변의 연도沿島 방어에도 신경 쓸 것을 주문했다.

인조는 이정구 등의 경고에 귀를 기울이지 않았다. 인조뿐 아니라 당시 많은 신료들이 '후금군은 해전에 약하기 때문에 강화도는 안전하다'는 고정관념에 사로잡혀 있었기 때문이다. 그런데 정작 1636년 병자호란이 터졌을 때 인조는 강화도로 들어가지도 못했고, 후금(청) 수군은 상륙작전을 감행하여 강화도를 함락시킨다. 국가 안보를 책임지고 있는 사람들이 '고정관념'에 집착할 때, 어떤 결과가 빚어질 수 있는지를 보여주는 흥미로운 대목이 아닐 수 없다.

그렇다면 홍타이지는 왜 1만이나 되는 군대를 보내 의주 지역을 침략하고 배를 빌려 달라고 협박했을까? 그것은 조선을 떠보기 위한 것이었다. 유흥치가 피살된 뒤, 가도를 탈출하여 후금으로 귀순한 달자들 가운데는 가도의 혼란한 정황을 전한 뒤 홍타이지에게 가도 공격을 부추긴 자들이 있었다. 홍타이지는 그럴듯하게 여겼고 조선에 군대를 들여보내 배를 빌려달라고 요구했던 것이다. 이어 조선이 배를 빌려주는 것은 거부했지만, 기존의 형제관계를 계속 유지하려는 자세를 보이자 군대를 다시 물린 것이다. 조선의 유화적인 태도를 확인했던 홍타이지는 곧바로 명의 대릉하 공략에 나선다. 비록 조선과 화친하기로 맹세했지만, 명 공략을 앞에 둔 후금은 조선이 자신들의 뒤통수를 치지 않도록 미리 점검하는 치밀함을 보였던 것이다.

대릉하성의 비극

홍타이지, 대릉하성을 포위하다 | 부메랑이 된 홍이포 | 조대수의 투항과 홍타지이의 배포

인부들의 절반이 굶어 죽었고,
살아남은 병사들은 말고기로 버티고 있으며
말안장을 쪼개 불을 피우고 있다.
성 안의 양식은 다 떨어졌고, 인부와 상인들은 모두 죽었으며,
남아 있는 병사들은 서로를 잡아먹고 있다.

홍타이지, 대릉하성을 포위하다

조선 조정이 위기감 속에 강화도를 정비하는 데 골몰하고 있던 1631년 7월, 후금은 다시 명에 대한 원정에 나섰다. 이번 원정의 공격 목표는 대릉하성大凌河城과 금주 등지였다. 모두 영원성과 산해관을 공략하려면 반드시 거쳐야만 하는 명군의 전초 기지였다.

홍타이지는 원정 시작에 앞서 소규모 정예 병력을 수시로 대릉하 주변으로 보냈다. 명의 장졸들이나 민간인들을 붙잡아 납치하려는 목적이었다. 《청실록》에서는 이것을 착생捉生이라고 적었다. 단순히 '포로 사냥'이 아니라 명군 관련 정보를 획득하기 위한 정찰의 일환이었다. 후금의 정탐 능력은 본래 탁월했다. 이미 건주여진 시절부터 명 관인들은 누르하치의 간첩 활동과 정보 수집 능력에 경계심을 드러낸 바 있었다. 《건주사지建州私志》에 보면 심지어 "건주여진인은 간첩 활동에 가장 뛰어나다. 내응하는 자들 때문에 견고한 성도 앉아서 무너지고 만다"는 평가가 나올 정도였다.

홍타이지는 정탐을 통해 명의 총병 조대수 등이 대규모 인력을 동원하여 산해관 바깥에 대릉하성을 비롯한 여덟 개의 성을 수축하고 있다는 사실을 알아냈다. 후금군이 공격해 오기 전에 공사를 마치려고 밤낮으로 독려하고 있다는 소식이었다. 명이 조대수를 시켜 대릉하성을 쌓는 목적은 명확했다. 산해관의 방어를 확고히 하면서, 후금에 빼앗긴 요서와 요동을 수복하기 위한 전진기지로 삼으려는 것이었다. 명의 의도를 간파한 홍타이지는 원정을 결심하고, 후금에 귀순한 몽골의 여러 버일러들에게도 동참할 것을 명령했다. 마침내 1631년 8월 5일, 홍타이지의 대군은 대릉하 부근까지 전진했다.

대릉하 원정에 앞서 조선에 병력을 보내 위협하고 배를 빌려달라고 한 것은 사전 정지작업이었던 셈이다. 받아들이기 곤란한 요구를 통해 조선의 반응과 능력을 시험했던 것이다. 그리고 자신들이 서정西征하는 동안 조선이 배후에서 공격해 올 우려가 없다는 확신이 생기자 비로소 군대를 움직였던 것이다.

1631년(인조 9) 8월 5일 밤, 후금군은 대릉하성을 포위했다. 당시 성 안에는 사령관 조대수 휘하에 1만 5천 명 남짓한 명군이 있었다. 성의 치첩雉堞 공사가 끝나지 않은 상태라 미처 돌아가지 못한 인부가 3천 명, 상인도 2천 명 가량 있었다. 후금군은 만주병과 몽골병, 그리고 한인으로 구성된 포병을 합쳐 모두 4만 명 가까운 대병력이었다. 누르하치 시절 이래 후금군은 요동 지역의 명군을 공격할 때마다 항상 수적으로 우세를 유지해왔다. 명군보다 월등히 많은 수의 병력을 집중시키는 작전을 통해 승리를 거두었는데 대릉하 원정에서도 어김없이

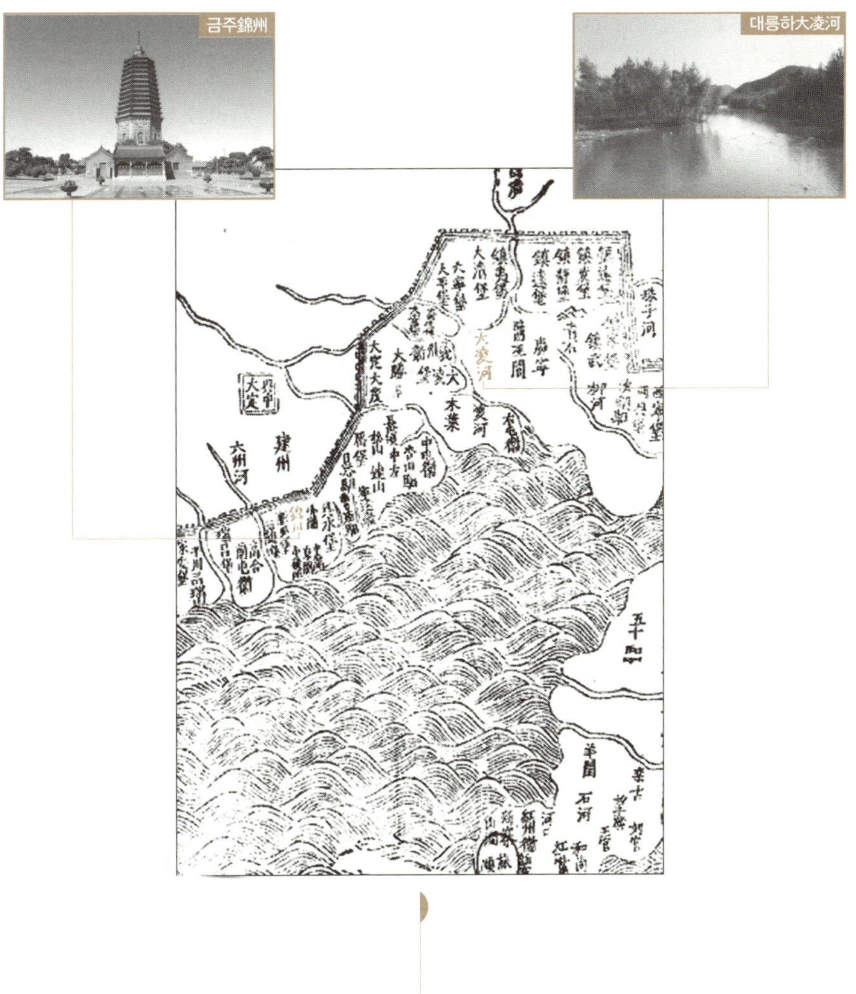

〈요양총도遼陽總圖〉

후금은 전함을 빌려 달라며 조선을 떠 본 뒤 조선이 자신들을 공격할 우려가 없다고 판단하자
대릉하 공격에 나서는 치밀함을 보였다. 지도는 1562년 명나라 정약증鄭若曾이 편찬한《주해도편籌海圖編》에 실린
〈요양총도〉. '금주錦州'와 '대릉하大凌河'가 보인다. 사진은 오늘날의 금주시(좌)와 대릉하(우)의 모습.

그 원칙을 지켰다.

휘하 병력의 수가 명군에 비해 월등히 많았음에도 홍타이지는 신중했다. 그는 과거 누르하치가 영원성을 공격했다가 실패했던 전철을 되풀이하지 않으려고 했다. 병사들을 성을 향해 돌격시키는 전통적인 방식으로 공격할 경우, 후금군의 인명 손실이 커질 것을 우려했다. 명군이 갖고 있는 화포의 위력을 의식했기 때문이었다.

홍타이지는 성을 포위한 뒤, 성 주위에 두 겹으로 참호를 파라고 지시했다. 참호의 바깥에는 담을 쌓았다. 성과 후금군 참호 사이의 거리는 약 3리里 정도였다. 3리 정도면 명군 화포의 사정권에서 벗어날 수 있는 거리였다. 대릉하성에서 금주로 이어지는 대로에는 만주와 몽골군 분견대와 한인 포병대를 배치하여 바깥 지역으로부터 명의 지원군이 오는 것을 차단하도록 했다. 성을 완전히 고립시킨 상태로 장기전을 펼침으로써 명군을 고사시키겠다는 작전이었다.

8월 8일과 9일, 포위망을 뚫어 보려고 명군 기마병 6백여 명이 성 바깥으로 나왔다가 모두 패하여 도주했다. 후금군은 명군의 출격에 대비하여 곳곳에 복병을 배치했다. 이후에도 명군은 간헐적으로 병력을 내보냈지만 그 때마다 후금군에 의해 격퇴되었다.

홍타이지는 물 샐 틈 없는 포위 상태를 유지하는 한편, 대릉하성 바깥에 위치한 명군의 독립 성보城堡들을 각개 격파하려고 시도했다. 대臺라고 불리는 개별 성보들을 향해 홍이포를 비롯한 화포들을 쏘아 타격을 가한 뒤, 점령하는 방식이었다. 결과는 대성공이었다. 각 대에 머물던 많은 명군 장졸들과 백성들이 포격을 받고 전사하거나, 투항해 왔다. 10월 12일에는 대릉하성 주변의 성보 가운데 가장 규모가 컸

던 우자장대于子章臺가 함락되었다. 후금군은 홍이포 6문, 대장군포大
將軍砲 54문을 이용하여 3일 동안 맹렬히 포격을 가했다. 성첩이 무너
지고 사상자가 속출하는 와중에 남녀 587명이 투항해 왔다. 우자장대
가 무너졌다는 소식은 주변의 각 대들에도 연쇄적으로 충격을 주었
다. 겁을 집어먹은 장졸과 백성들의 도주와 투항이 이어졌다. 10월 14
일에는 대릉하성 외곽의 마지막 보루였던 진흥보대陳興堡臺마저 무너
졌다.

홍타이지는 포위를 통해 명군의 목줄을 조여들어가는 한편, 심리전
도 구사했다. 8월 13일부터 수차례에 걸쳐 조대수에게 편지를 보내
화친하자고 권유하면서 투항을 촉구했다. 때로는 투항한 한족 출신
장수들을 성으로 보내 항복을 종용했다. 홍타이지로부터 화친과 투항
을 요구받았을 때 조대수는 애써 무시하려는 태도를 보였다. 하지만
시간과 상황은 조대수의 편이 아니었다.

8월 15일, 포위된 대릉하성을 구원하기 위해 송산 방면에서 명의
지원군 2천 명이 달려 왔지만 기다리고 있던 후금군 병력에 의해 격
퇴되었다. 25일에는 금주성錦州城으로부터 6천 명의 원군이 출격했지
만 역시 후금군에 차단되어 도주했다.

대릉하성을 구원하기 위해 보낸 병력이 번번이 패퇴하자 9월 24일
명군은 마지막 카드를 뽑아들었다. 산해관으로부터 대규모의 구원군
을 다시 보낸 것이다. 감군도監軍道 장춘張春, 총병 조대락祖大樂 등이
병력 4만 명을 이끌고 출동했다. 조대락은 조대수의 형이었다. 명군
은 소릉하를 지나 주둔지에 참호를 파고 화기 등을 정렬 배치하는 등
후금군과 전면전을 벌일 태세였다. 하지만 3일 뒤에 벌어진 전투에서

명군은 병력의 우세에도 불구하고 다시 패하고 말았다. 전투 도중 후금군 진영 쪽으로 불던 바람이 역풍으로 바뀌었다. 날씨도 철저히 후금군 편이었다. 명군은 결국 사령관 장춘을 비롯한 33명의 지휘관이 포로가 되는 등 참패하고 말았다. 전투를 감독하던 대학사 손승종은 산해관으로 패주했다.

부메랑이 된 홍이포

구원군이 오는 족족 패주했던 데다 외곽에서 전초기지 역할을 하던 각 대들이 잇따라 무너지자 대릉하성의 상황은 갈수록 심각해졌다. 외부로부터 지원이 끊긴 상황에서 식량과 땔감, 마초가 고갈되어가고 있었다. 땔감을 구하기 위해 성 밖으로 몰래 나오는 명군 병사들은 매복하고 있던 후금군에 의해 살해되거나 체포되었다. 8월 24일, 포로로 잡힌 명군 병사로부터 '성을 쌓는 공사에 동원된 인부들 가운데 이미 30명 가까이가 굶어 죽었다'는 진술이 나왔다. 9월 19일에는 '성안에 남은 곡식이 불과 1백 석뿐이고, 탈 수 있는 말은 70마리밖에 없다. 인부들의 절반이 굶어 죽었고, 살아남은 병사들은 말고기로 버티고 있으며 말안장을 쪼개 불을 피우고 있다'는 형편이 알려졌다.

　장춘이 이끄는 구원군이 패하고 우자장대마저 무너진 10월 이후의 상황은 절망과 처참함 그 자체였다. 10월 10일, 성을 탈출하여 후금군 진영으로 투항한 왕세룡王世龍의 진술은 충격적이었다. '성 안의 양식은 다 떨어졌고, 인부와 상인들은 모두 죽었으며, 남아 있는 병사들은 서로를 잡아먹고 있다'는 것이었다. 대릉하성은 마침내 '서로를 잡아 먹는[人相食]' 상황으로까지 치달았다.

고립된 명군과는 달리 후금군은 금주에서 심양까지 이어지는 대로 를 장악하고 있었기 때문에 심양으로부터 병력과 군수 물자를 수시로 실어올 수 있었다. 반면 조대수의 항복은 이제 '시간 문제'가 되고 말 았다.

대릉하성의 명군을 최악의 상황으로 몰아넣은 데 결정적인 역할을 한 것은 당시 후금군이 보유하고 있던 화포의 위력이었다. 1626년 영 원성을 공격했다가 명군의 홍이포 공격 때문에 누르하치가 끝내 패퇴 했던 '아픔'을 겪었던 후금은 이후 명군의 화기를 획득하기 위해 부심 했다.

처음에는 전장에서 노획한 명군의 화기를 활용하는 정도에 불과했 던 후금은 마침내 1631년 1월과 3월, 대장군포와 홍이포를 각각 자체 제작하는 데 성공한다. 대장군포는 16세기 전반, 포르투갈 상인들이 명에 전해준 불랑기포 가운데 제원이 큰 것을 가리킨다. 홍이포는 17 세기 초반 역시 마카오를 통해 명에 전해진 최신 화포였다. 포신이 길 어 사정거리가 길 뿐 아니라 탄환이 날아가는 속도와 파괴력이 당시 그 어느 화포보다도 발군이었다.

흥미로운 사실은 후금에서 홍이포를 제작하고 그것을 전장에서 활 용하는 데 결정적인 역할을 한 주역이 대개 명과 관련이 있거나 명에 서 귀순한 한족들이었다는 점이다. 홍이포 주조의 총감독이자 나중에 한인으로 구성된 포병대를 이끌었던 동양성은 원래 무순에서 한족 상 인들과 오랫동안 거래했던 인물이다. 절반은 한족이나 마찬가지였던

홍이포紅夷砲와 대장군포大將軍砲

원숭환의 홍이포 공격으로 누르하치가 사망한 이후 후금은 절치부심하여 홍이포를 국산화하는 데 성공한다.
그리고 대릉하 공격에서 홍이포와 대장군포를 이용하여 성을 함락시킨다.

그는 이후 누르하치에게 귀순했다. 홍이포 주조의 실무를 감독했던 정계명丁啟明은 원래 명군 부장副將이었다가 1629년 홍타이지가 황성을 기습했을 당시 후금군에 투항했던 인물이다. 주조를 직접 담당했던 장인 왕천상王天相과 두수위竇守位 등도 '황성 기습' 당시 후금군이 포로로 잡은 한인들이었다. 홍타이지는 화포 주조의 공을 인정하여 이들 장인들을 노비 신분에서 모두 해방시키고 많은 상을 내렸다.

귀순한 한인들의 협조 덕분에 대릉하 공격 당시 후금군은 명군보다 더 많은 수의 대형 화포들을 보유하고 있었다. 명 출신 장인들이 만든 홍이포에서, 명 출신 포병들에 의해 발사된 포탄은 견고한 대릉하의 성보들을 파괴하고 용장勇將 조대수를 궁지로 몰아넣었다. 무너져 가고 있던 명으로부터 유출된 인력과 최신 화기들이 '부메랑'이 되어 명군의 가슴에 비수를 꽂았던 것이다.

조대수의 투항과 홍타지이의 배포

1631년 10월 7일, 홍타이지는 한인 출신 장수 강계姜桂를 대릉하성으로 보냈다. 그는 홍타이지에게 이미 투항한 23명의 한인 장관將官들이 직접 작성한 투항 권유서를 들고 있었다. 조대수에게 투항하라고 설득할 참이었다. 조대수는 그를 성 안으로 들이지 않았다. 강계는 할 수 없이 성문 앞에서 무릎을 꿇고 외쳤다. 투항 권유서를 쓴 사람들이 누구누구며, 원군을 이끌고 왔던 장춘도 이미 후금군에 참패하여 투항했다는 사실을 강조했다.

조대수는 완강했다. 그는 무릎을 꿇은 자신의 옛 부하에게 먹을 것을 주라고 했다. 그러면서 "나는 이 성에서 죽을 것이니 다시는 오지 말라"고 외쳤다. 병사들이 서로를 잡아먹는 최악의 상황에 이르렀어도 조대수는 좀처럼 투항하려 들지 않았다.

조대수의 태도를 확인한 홍타이지는 10월 20일, 편지가 묶인 화살을 성 안으로 날렸다. 그는 편지에서, 명군 지휘관들이 자신의 명예만을 위해 부하들에게 참혹한 고통을 강요하고 있다고 비난했다. 그러면서 명군 병졸들에게 '너희는 죽어봤자 이름도 남기지 못하는데 왜 다른 사람의 고기가 되느냐'며 '상관을 죽이고 귀순하는 자에게는 벼슬을 주겠다'고 유혹했다. 명군 진영을 흔들기 위해 심리전을 폈던 것이다.

심리전이 효과를 발휘했는지 10월 25일 조대수로부터 회답이 왔다. 조대수는 홍타이지에게 한인 출신 장수인 석정주石廷柱를 보내달라고 했다. 조대수는 석정주를 성 안으로 들이면서 자신의 아들 조가법祖家法을 후금 진영에 인질로 보냈다. 조대수는 석정주에게 항복을 결심했다고 말한 뒤 깜짝 제안을 했다. '나는 이미 나라에 충성하기는 틀린 몸인데 목숨을 비록 구하더라도 처자를 볼 수 없으니 무슨 이익이 있겠는가? 그대들이 대사를 도모하려 한다면 먼저 금주성을 함락시켜 내 처자를 만날 수 있게 해달라'고 했다. 그러면서 자신이 앞장서서 금주성을 함락시킬 복안이 있으니 홍타이지를 만나게 해달라고 했다.

당시 조대수의 가족들 대부분은 금주성에 있었고 둘째아들은 북경에 있었다. 어차피 상황에 떠밀려 항복할 수밖에 없는 처지에서 피붙이라도 챙겨야겠다는 결심이 섰는지도 모를 일이었다.

10월 28일 조대수는 마침내 성문을 열었다. 조대수는 투항하기로 결심했지만 부하 하가강何可綱은 그의 결정에 따르지 않았다. 하가강은 사실상 부사령관으로 성을 쌓는 공사를 감독했던 주역이었다. 그는 조대수에게 "공과 저는 모두 요동 사람입니다. 공이 나가지 않으면 요동 사람의 마음을 묶어둘 수 없고, 제가 죽지 않으면 요동 사람의 의리를 밝힐 수 없습니다"라고 말했다. 그는 스스로 제문을 지은 뒤 주변 사람들에게 "죽게 되면 죽어야 하는 것이거늘 어찌 성을 나가서 영원히 비웃음을 사겠는가?"라고 했다. 조대수는 부하들을 시켜 그를 성 밖으로 몰아냈다.

성 밖에는 이미 후금군 장졸들이 기다리고 있었다. 하가강은 죽음을 앞에 두고도 얼굴색을 바꾸지 않았다. 그저 웃을 뿐이었다. 후금군에 의해 그의 숨이 끊어지자 그의 시신을 차지하기 위해 굶주린 명군 병졸들이 달려들었다. 끔찍한 장면이었다.

조대수는 후금군 지휘관들과 하늘에 맹서하는 의식을 치렀다. 조선에서도 정묘호란 당시 치른 적이 있던 의식이었다. 조대수는 '홍타이지에게 몸을 맡겨 영원히 배신하지 않겠다'고 서약했고, 후금군 지휘관들은 '귀순한 한인들을 온전히 보양해주겠다'고 약속했다.

이윽고 조대수는 홍타이지의 장막으로 인도된다. 홍타이지는 관원들을 1리 밖까지 보내 그를 환영했다. 조대수가 장막 앞에서 홍타이지에게 무릎을 꿇고 예를 올리겠다고 하자 홍타이지는 극력 만류했다. 대신 그를 끌어안았다. 포견례抱見禮라 불리는 인사 방법이었다. 홍타이지가 절을 받는 대신 포견례를 행한 것은 그동안 명에서 귀순한 어느 누구보다도 거물이었던 조대수에 대한 배려의 표시였다.

조대수祖大壽 패루牌樓

조대수는 원숭환의 뒤를 이을 만한 명장이었지만 대릉하성을 사수하는 데 실패하고 끝내는 홍타이지에게 투항한다.
홍타이지는 항복한 조대수를 다시 풀어주는 배포를 가지고 있었다.
사진은 영원성 안에 있는 조대수의 패루.

조대수는 자신에게 기회를 주면 직접 금주성으로 들어가 명군을 무장 해제시켜 투항하도록 하겠다고 제의했다. 마치 후금군의 포위를 뚫고 대릉하성을 탈출한 것처럼 가장하여 금주성의 명군을 속인 다음 투항시키겠다는 복안이었다. 대릉하성을 포위하느라 지쳐버린 홍타이지는 조대수의 제의를 받아들였다. 조대수의 '변신'도 놀랄 만한 일이었지만 홍타이지의 '배포' 역시 대단한 것이었다.

11월 1일 조대수는 출발하면서 '금주성으로 들어가는 데 성공하면 입성한 다음날 포 한 발을 쏘고, 성을 접수하는 데 성공하면 11월 4일까지 역시 포를 쏘아 신호를 보내겠다'고 말했다. 그리고 홍타이지에게 '성공'했다는 포성을 들으면 병력을 이끌고 즉시 금주성으로 오라고 했다.

11월 2일, 금주성에서 포성이 울렸다. 하지만 약속된 날짜가 되었지만 더 이상의 포성은 들리지 않았다. 그럼에도 홍타이지는 조대수가 자신을 배신했다고 생각하지 않았다. 다만 시간이 필요할 뿐이라고 여겼다. 그는 대릉하성에서 새로 얻은 명군 장졸들과 노획한 화기들을 챙겨 철수길에 올랐다. 대릉하성에서 새로 얻은 명군 병력은 1만 1천 명이나 되는 많은 수였다. 노획한 대소 화기는 3천 5백 문이 넘었다. 병력과 무기는 고스란히 후금군의 새로운 전력으로 보강되었다. 그는 철수에 앞서 대릉하성의 성첩과 시설물들을 모두 파괴하라고 지시했다. 홍타이지는 끝까지 치밀했다.

대릉하성을 함락시킨 뒤 홍타이지의 자신감은 더욱 커졌다. 11월 10일, 홍타이지는 조선 사신 일행에게 대릉하 승리의 전과를 설명하고, 자신이 조대수에게 보냈던 초항장招降狀(항복 권유서)을 보여주었다. 당시 대릉하의 후금 진중에는 오신남을 비롯한 조선 사신 두 명이 심양으로부터 와 있었다.

홍타이지는 명군을 굴복시킨 후금의 강력한 힘을 사신들에게 과시하고 싶었던 것이다. '상국'으로 섬겼던 명의 장졸들이 맥없이 무너지고, 조대수가 항복하는 장면을 직접 보면서 오신남 등은 무슨 생각을 했을까? 분명 착잡했을 것이다. 또 어렵사리, 근근이 유지되고 있던 조선과 후금 관계의 장래에 대해서도 이런저런 상상을 했을 것이다.

조대수의 투항은 조대수 개인의 비극일 뿐 아니라 명 전체의 비극이기도 했다. 조대수는 일찍이 자신의 상관이자 누구보다도 열렬한 애국자였던 원숭환이 숭정제에 의해 죽음을 당하는 상황을 목도했다. 원숭환이 처형된 직후 북경의 분위기에 실망한 그는 산해관을 떠나 금주성에 틀어박혔었다. 조대수도 인간인 이상 간신과 소인배들의 참소 앞에서 대국을 볼 줄 모르는 숭정제와 조정에 대해 정나미가 떨어질 법도 했다.

하지만 조대수는 마음을 가다듬고 대릉하성을 수축하자고 건의했다. 조정에서는 다시 갑론을박이 벌어졌다. 어디에 먼저 성을 쌓을 것인지, 어디를 먼저 방어할 것인지를 놓고 벌어진 논란이었다. 결국 대릉하성을 쌓으라는 재가는 떨어졌지만 공사 기간은 충분치 않았다. 갑론을박하다가 공사 착수가 늦어졌기 때문이다. 치첩이 완공되기 전에 후금군은 들이닥쳤고 조대수는 고립된 성에서 3개월 이상 사투를 벌여야 했다. 이미 망조亡兆가 완연한 명의 분위기에서 조대수의 분투는 그나마 평가할 만한 것이었다.

홍타이지는 이제 거칠 것이 없었다. 대릉하 원정에서 돌아온 직후

인 1632년 4월, 홍타이지는 대군을 이끌고 차하르 몽골 정벌 길에 올랐다. 대릉하성에서 새로 합류한 명군 장졸들도 원정에 동참했다. 원정이 거듭될수록 후금의 힘은 커지고 있었다. 그리고 그 힘은 언젠가는 조선을 향해 다가올 운명을 지니고 있었다.

조선,
내우외환에
신음하다

'청북 포기론'에 민심이 동요하다 |
원종 추숭을 둘러싼 논란이 지속되
다 | 후금의 엄포에도 가도에 대한
미련을 버리지 못하다 | 기세등등한
후금, 명을 흉내 내다

조선은 명의 사신이 오면
모든 관원이 말에서 내려 영접하면서
왜 후금 사신에게는 말 위에서 읍揖만 하느냐?
명에는 봄가을의 사신 말고도 성절사까지 보내면서
우리에게는 왜 그렇게 하지 않느냐?
명사 수준으로 영접해주지 않으면
조선 국경에 발을 들여놓지 않겠다.

'청북 포기론'에 민심이 동요하다

홍타이지가 의주 지역을 침략하여 배를 요구하고, 곧이어 명의 대릉하성까지 함락시키자 조선의 위기감은 높아졌다. 인조는 강화도 정비에 몰두하는 한편, 후금의 침략에 대비한 군사적 방책 마련에도 신경을 썼다. 1631년 8월, 인조는 서쪽 교외로 거둥하여 군사들의 훈련을 참관하는 열무閱武를 행하고 관계자들을 격려했다. 좀처럼 보기 드문 장면이었다. 후금이 침략해 올지도 모른다는 위기의식 속에서 상무尚武 분위기가 높아지고 있었다. 하지만 '분위기'를 띄우는 것만으로 위기를 돌파할 수는 없는 노릇이었다.

인조와 조정이 강화도 방어와 정비에만 몰두하는 자세를 보이자 청천강 이북 지역(청북淸北) 사람들의 위기감이 높아져갔다. 조선 전기부터 '서북인 차별'의 굴레 때문에 내내 불만을 삭이고 살던 그들이었다. '조정이 청북 방어는 이미 포기했다'는 소문은 삽시간에 평안도 전역으로 퍼졌다. 청북의 민심은 흉흉해졌다.

이미 1631년 7월, 평안도 영유현령永柔縣令 정기수鄭麒壽는 상소를 통해 청북의 민심이 동요하고 있음을 알린 바 있다. 그는 '청북은 포기할 수 없는 조종祖宗의 강토인데 조정에서는 청북을 지키기는커녕 사람들을 지역에서 빼내려 하고 있다'고 불만을 터뜨렸다. 또 '청북 사람들은 정묘호란 당시 후금군에게 당한 원한을 갚기 위해 모두 싸우다가 죽으려는 결의가 넘친다'며 조정의 지원을 촉구했다.

조정 신료들 가운데서도 청북 민심의 동요를 우려하는 목소리들이 터져 나왔다. 1631년 10월, 사간 김세렴金世濂은 평안도, 그 가운데서도 의주 방어를 포기해서는 안 된다고 주장했다. 그는 평안도는 '나라의 문호門戶'라고 강조한 뒤 청북을 포기하려 한다는 소문이 퍼지면서 백성들의 원망이 팽배해 있다고 지역 민심을 전했다. 김세렴은 이어 '나라를 지키려면 백성들의 힘을 빌려야 하는데 조정은 도리어 백성들의 원망만 사고 있으니 위기를 맞으면 누구에게 손을 벌릴 것이냐?'며 대책을 촉구했다.

당시 청북 주민들의 불만과 위기감은 극도로 높아졌다. 후금과 지척에 있는 데다 정묘호란 당시 막심한 피해를 온통 뒤집어썼던 그들이었다. 정묘호란 이후에도 조정에서 별다른 방어 대책을 마련해 주지 않자 그들의 불만과 우려는 높아만 갔다. '용골산성의 영웅' 정봉수도 서북을 포기해서는 안 된다고 일찍이 절규했던 적이 있다.

청북 주민들은 가만히 있지 않았다. 그들은 우선 자신들의 고을 인근에 있는 산성을 손봐달라고 조정에 요구했다. 산성은 후금군이 들이닥쳤을 때 그나마 지역 주민들이 피난할 수 있는 마지막 보루였기 때문이다. 1631년 8월 이후, 청북 지역의 요충지에 산성을 새로 쌓거나 수리해 달라는 건의가 봇물처럼 조정으로 밀려들었다. 8월 12일 의주사람 백광종白光宗은 의주성을 수축하자고 했다. 15일에는 곽산에 사는 김은정金殷鼎 등이 능한산성 안의 태초봉太初峯과 사인봉舍人峯 사이에 성을 쌓고 곡식을 저장하여 지킬 수 있게 해달라고 요청했다. 21일에는 철산 백성들이 정충신을 통해 운암산성雲巖山城을 수축해 달라고 건의해왔다. 9월 7일에는 운산 백성들이 용각산성龍角山城을 쌓게 해달라고 요구했다. 불안하고 답답한 마음에 백성들 스스로 나섰던 것이다.

지역의 산성들을 수축해달라는 청북 백성들의 바람은 절실했지만 현실은 녹록치 않았다. 문제는 성을 쌓는 데 드는 인력과 비용, 완공 이후 성을 지키는 데 필요한 병력과 군량을 마련하는 일이 여의치 않은 데 있었다. 9월 3일, 부원수 정충신이 차자를 올렸다. 청북 사람들의 축성 요구를 현장에서 직접 접한 그였다. 하지만 정충신은 냉정했다. 그는 의주성을 쌓아봤자 소용이 없다고 했다. 성을 쌓는 것도 문제지만 완공 뒤 들여보낼 병력과 군량이 없는 현실에서는 우선 시세를 관망하는 편이 낫다고 했다.

비변사는 '정충신의 말대로 하면 청북의 민심이 의지할 곳이 없게 되어 어렵게 모인 백성들이 모두 흩어질 것'이라고 우려했다. 하지만 비변사라고 병력과 군량을 마련할 뾰족한 수가 있는 것은 아니었다. 그저 원칙론을 이야기했을 뿐이었다.

1631년 9월 5일, 도체찰사 김류는 평안도 방어와 관련하여 비관적인 전망을 내놓았다. 의주를 지키려면 최소 1만 명의 병력이 필요한 데 그들에게 지급해야 할 군량이 5만 석이라고 추산했다. 또 의주 방어에 필요한 용골산성이 읍내로부터 멀리 떨어져 있기 때문에 병력을 미리 들여보내면 군량이 없어 견디지 못하고, 그렇다고 적이 침입했을 때 들여보내면 시간에 맞출 수 없다고 했다. 김류는 어차피 의주를 방어하기가 어렵다면 차라리 안주와 황주 방어에 신경을 쓰는 것이 낫다고 주장했다.

하지만 의주를 지키든, 안주와 황주를 더 중요하게 여기든 병력과 군량을 확보하는 것은 만만치 않았다. 당시 서북 지역에서 조정이 가장 신경을 썼던 곳은 안주였다. 안주에는 약 7천 명의 병력이 있었지만 군량은 겨우 몇 개월도 버티기 어려운 수준이었다. 김류는 경기도와 황해도 사이에 진을 만들어 강화도를 바깥에서 응원하는 거점으로 삼자고 청했다. 김류의 대책이란 결국 '강화도 방어론'과 다름이 없었다. 위기를 맞아 평안도와 황해도 지역을 지킬 대책을 마련하는 것이 절실했지만 궁핍한 재정 때문에 발목이 잡혔던 것이다.

조선이 이렇게 자기를 추스르기에도 여유가 없는 상황에서 가도의 명군 장수들은 여전히 수시로 들락거리며 양곡을 지급해 달라고 떼를 썼다. 직접 서울로 올라와 양식을 내놓으라고 요구하는가 하면, 아예 배에다 중국산 물자들을 싣고 황해도 연안 등지로 몰려와 양곡 무역을 요구하는 자들도 많았다. 그들이 몇 개월씩 머물며 돌아가지 않자 연안 주민들은 그들의 등쌀에 몸살을 앓았다.

1631년 10월 26일, 가도의 도독 황룡黃龍은 군량을 독촉하는 자문을 다시 보내왔다. 그 내용이 가관이었다. '자신이 가도를 굳건히 지키고 있기 때문에 조선이 후금의 침략으로부터 안전하다'고 떠벌렸던

인조 시대 평안도의 방어 태세는 취약했다. 하지만 안주는 그나마
인력과 물력이 갖춰졌다고 평가받는 전략적 거점이었다. 사진은 일제 강점기 안주성 동문의 모습.
출처: 손경석·이상규 해설, 《사진으로 보는 근대한국 하》, 서문당, 1986, 55쪽.

것이다. 후금과 가도 사이에 낀 조선의 처지 또한 가관이었다.

원종 추숭을 둘러싼 논란이 지속되다

점증하는 후금의 협박과 '가도 문제' 때문에 고민하던 조선은 내부적으로도 정치적 갈등을 지속하고 있었다. 그 핵심은 인조의 생부 정원군을 왕으로 추숭追崇하는 문제를 둘러싼 논란이었다. 반정이라는 비정상적인 방식으로 즉위했던 인조는 자신을 낳아준 부친을 국왕으로 추숭함으로써 자신의 왕권을 높이고 싶어 했다. 하지만 명분과 종통宗統의 의리를 강조하던 신료들은 인조의 그 같은 시도에 격렬히 반발했다.

인조는 숙부 광해군을 몰아내고 즉위했기 때문에 왕실의 법통상 조부인 선조를 계승한 것으로 치부되었다. 따라서 인조의 생부인 정원군(1580~1619)과 생모인 계운궁啓運宮 구씨具氏(1578~1626)를 사친私親으로 대접할 것인지, 아니면 인조의 왕통 속으로 끌어들여 '왕'과 '왕비'로 대접할 것인지가 쟁점이 되었다. 인조는 당연히 후자를 원했다. 하지만 대부분의 신료들은 정원군과 구씨를 사친으로 대접해야 한다고 맞섰다.

논란은 일찍부터 시작되었다. 1626년 1월, 인조의 생모 계운궁이 세상을 떠나자 인조가 몇 년 상을 치러야 하는지가 당장 문제가 되었다. 인조는 생모를 위해 3년 상을 치르겠다고 나섰다. 대신들과 예조판서는 '인조가 선조를 계승한 이상 멸사봉공滅私奉公의 입장에서 사

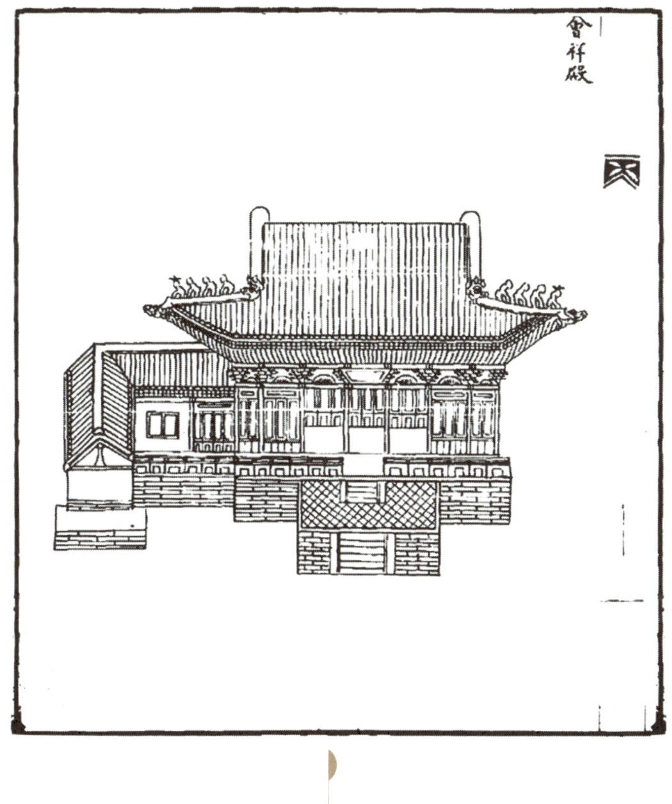

경덕궁敬德宮 회상전會祥殿

인조의 생모 계운궁 구씨가 승하한 장소인 경덕궁 회상전.
구씨의 죽음을 계기로 인조는 자신의 왕권을 다지기 위한 시도에 박차를 가하게 된다.
출처:《서궐영건도감의궤西闕營建都監儀軌》.

적인 예는 축소해야 한다'며 3년 상에 반대했다. 그들은 1년 상을 치르되 '상주가 지팡이를 짚지 않는[不杖期]' 상례를 적용하라고 요구했다. 이귀를 비롯한 일부 신료들은 '정원군이 선조의 대통을 계승할 위치에 있었다'는 것을 내세워 3년 상을 치러도 무방하다며 인조에게 영합했다.

대신들과 예조는 인조가 상주가 되는 것에도 반대했다. 그들은 '인조는 왕통으로 볼 때 이미 선조에게 출계[出系]했기 때문'에 생모를 위해 상주가 될 수는 없다고 했다. 하지만 인조는 자신이 상주가 되겠다며 신료들의 의견을 무시했다. 인조는 계운궁의 상례를 '왕비'의 예로써 치르고자 했다. 인조는 5일 만에 빈소를 차리고[成殯], 6일 만에 상복을 입고자[成服] 했는데 예조는 그것이 '왕비의 예'라며 반대했다. 신료들은 3일 만에 '성빈'하고 4일 만에 '성복'하라고 촉구했다. 인조는, 자신의 명을 듣지 않으면 처벌하겠다고 신료들을 위협하면서 시간을 끌었다. 시간을 끌면 어차피 자신의 의도대로 5일 '성빈', 6일 '성복'을 관철시킬 수 있었기 때문이다.

계운궁의 상례와 관련하여 논란이 된 문제는 더 있었다. 계운궁의 관을 궁궐 안에 두는 문제, 반혼[返魂] 의식을 궁궐에서 하는 문제, 인조가 산소까지 따라가는 문제 등도 쟁점이 되었다. 인조는 신료들의 반대를 무릅쓰고, 계운궁을 모신 김포의 산소 이름도 육경원[毓慶園]이라고 명명했다. '사친을 왕비의 예로 대접하면 안 된다'는 신료들의 반발과 공론을 무시하면서까지 '추대된 왕'으로서 자신이 지닌 정통성의 약점을 만회하려는 의도 때문이었다.

신료들은 '상주가 되려 하고 사친을 위해 국상[國喪]을 고집하는 것은 참월할 뿐 아니라 나라의 멸망을 초래할 수 있다'고 강력히 반발했다. 인조는 신료들의 반발에 밀려 상주 역할은 동생 능원군에게 넘겼다.

인조는 또한 작고한 생부 정원군을 '왕'으로 추숭하고자 했다. 신료들은 훨씬 더 격하게 반발했고, 논란은 길고 지루하게 이어졌다. 우선 정원군과 인조의 관계를 어떻게 설정할 것인지가 문제가 되었다. 예학禮學의 권위자였던 김장생은 '인조가 선조를 계승한 이상 왕통으로 볼 때 인조의 아버지[考]는 선조'라고 못 박았다. 왕통은 사적인 혈연보다 우선한다는 것을 내세워 정원군을 '아버지'로 대접하려는 인조의 의도를 차단하려는 것이었다. 반면 예조판서 이정구는 '선조와 인조를 부자 관계로 하면 정원군과 인조가 형제가 되는' 문제점이 있다고 김장생의 의견에 반대했다.

대다수 신료들이 '왕통은 사적 혈연보다 우선한다'는 김장생의 의견에 동조했던 것과는 달리 이귀와 박지계朴知誡 등은 다른 의견을 제시했다. 그들은 '인조는 선조의 손자이자 정원군의 아들'이라고 거리낌 없이 주장하여 정원군을 '왕'으로 추숭할 수 있는 여지를 열어 놓았다. 인조에게 철저히 영합했던 것이다.

정원군을 '왕'으로 추숭하는 논의는 1624년경에 제기되었다가 정묘호란 때문에 중단되었다. 그러다가 1630년(인조 8) 8월, 음성현감 정대붕鄭大鵬이 다시 제기했다. 그는 '계운궁의 상례를 국상으로 치르고도 정원군을 추숭하지 않는 것은 문제'라고 했다. 인조는 그의 의견이 반가웠지만 대다수 신료들은 반발했다. 정대붕의 상소를 계기로 이귀는 정원군을 추숭하고 그를 모시는 묘廟를 세우라고 노골적으로 주장했다. 이귀는 무리를 동원하여 정원군의 추숭을 요청하는 상소를 잇따라 올리게 하는 등 '여론 조작'까지 시도했다.

이원익, 김류, 오윤겸 등 대다수 대신들은 격렬히 반발했다. 대신들은 대소 신료들을 이끌고 인조를 압박했고, 성균관 유생들까지 나서 인조에게 '공론을 따르고 비례非禮에 집착하지 말라'고 외쳐댔다. 정치판은 바야흐로 인조, 이귀, 박지계, 최명길 등 소수의 추숭 찬성론자들과 대다수의 반대론자들로 나뉘었다.

정원군을 '왕'으로 추숭하려는 인조의 시도는 무리한 것이었다. 반정으로 집권했던 직후, 과거 광해군이 생모 공빈을 공성왕후恭聖王后로 추숭하고 무덤을 성릉成陵이라 했던 것을 비판하고 성릉의 석물 가운데 참월한 것을 없애라고 지시했던 것을 고려하면 앞뒤가 맞지 않는 것이기도 했다. 인조는 정원군의 추숭에 반대하는 신료들을 '시정잡배'로, 성균관 유생들을 '괴물'이라고 매도하면서까지 추숭을 강행하려 했다.

이귀는 그 과정에서 솔선해서 '총대를 멨다'. 그는 경연 자리에서 추숭을 주장하다가, 반대하는 신료가 있으면 소리를 지르고 주먹으로 바닥을 치면서 성토하고 모욕을 주었다. 인조가 바로 옆에 있었지만 아랑곳하지 않았다. 자연히 추숭 문제를 놓고 신료들 사이에 감정의 골이 깊어질 수밖에 없었다.

인조는 결국 1632년(인조 10) 2월, 추숭도감追崇都監이라는 임시 기구를 만들어 자신의 의도를 관철시켰다. 이어 5월에는 정원군을 '왕'으로 추숭하여 원종元宗이라는 묘호廟號를 올렸다. 원종과 계운궁을 모신 산소는 장릉章陵으로 승격되고, 1635년에는 그 위패를 종묘에 모시는 데도 성공한다. 조야의 반대와 공론을 모조리 무시하고 밀어붙

인조는 신료들과 벌인 수년의 논란 끝에 생부 정원군과 생모 계운궁을 왕과 왕비로 추숭하는 데 성공했다.
하지만 그 과정에서 커다란 정치적 파란을 겪어야 했다. 사진은 원종元宗을 모신 김포의 장릉.

여 얻어낸 '성과'였다.

'원종 추숭' 논란이 이어지던 무렵은 조선이 후금의 위협과 가도의 풍운 때문에 신음하던 시간이었다. 인조는 원종 추숭을 통해 자신의 권위를 어느 정도 높일 수 있었지만 10년 가까이 지속된 '추숭 논란'은 군신 사이에, 또 신료들 사이에 불신의 벽을 높이고 국력을 갉아먹었다. 그 와중에 민생을 추스르고 국방력을 제고해야 하는 긴급한 과제는 아무래도 소홀해질 수밖에 없었다.

후금의 엄포에도 가도에 대한 미련을 버리지 못하다

1631년 윤11월 22일, 후금 사신 영아이대英俄爾岱 일행이 도착했다. 보통 용골대龍骨大라고 불렸던 그는 홍타이지가 보낸 국서를 내밀었다. 홍타이지는 먼저 조선 백성들이 국경을 넘어 후금 지역으로 들어와 산삼을 캐가고 있음에도 조선 조정이 방관하고 있다고 비난했다. 이어 '가도 사람들을 계속 상륙시키고 형제국이 빌려달라고 요청한 배도 내어 주지 않는 조선은 이웃을 사귀는 데 정성이 없는 나라'라고 매도했다. 그러면서 '조선은 가도의 명 장수들이나 조대수가 후금을 이길 수 있다고 믿어 교묘한 행동을 일삼고 있다. 앞으로 언행을 일치시키지 않으면 양국의 맹약이 유지될 수 없을 것'이라며 뼈 있는 말을 남겼다.

이튿날 인조는 대릉하 전투를 직접 목도하고 돌아온 추신사秋信使 일행을 접견했다. 추신사 박로는 대릉하 싸움의 전황을 설명한 뒤, 홍타이지가 자신들에게 후금군의 병세兵勢를 과시했다고 보고했다. 후금군의 병력이 7만 정도 되고, 명군 사령관 장춘 등이 후금군에게 포로로 잡혔다는 사실도 덧붙였다.

이윽고 윤11월 24일, 조정의 고관들은 형조 앞마당에 모였다. 국경을 넘어가 산삼을 캔 혐의로 잡혀온 안덕간安德幹과 김태수金太水를 처형하기 위해서였다. 조정은 용골대 등이 보는 앞에서 두 사람의 목을 베었다. '채삼인採蔘人의 월경을 금지해 달라'는 후금 측의 요구에 대한 성의 표시였다. 비변사는 이어 인조에게 후금 측이 요구하는 물자를 넉넉히 보내주자고 건의했다.

대릉하 원정이 시작되기 직전 급격히 고양되었던 후금에 대한 적대적인 자세는 어느새 가라앉고 있었다. 적개심에 맞물려 위기의식은 높아졌지만 그것을 돌파할 '현실'이 따라주지 않는 상황에서 방법이 없었다. 사실 조선 신료들은 1627년 정묘호란을 당한 이후부터 모두 융복을 입었다. 조복朝服 대신 융복을 입은 것은 정묘호란에서 겪었던 고난과 치욕을 잊지 말고 상기하자는 의지의 표시였다. 신료들은 1631년 12월까지도 계속 융복을 입고 있었다. 하지만 융복을 착용하고 정신을 가다듬는 것만으로는 후금의 침략을 막아낼 수 없었다. 막막한 현실을 돌파할 특단의 조처가 절실한 시점이었다.

조선이 후금과의 관계를 안정시키는 방법은 간단했다. 그들의 요구를 들어주면 되는 것이었다. 정묘호란이 끝난 뒤부터 병자호란이 일어날 때까지 후금이 요구했던 핵심은 크게 두 가지였다. 하나는 자신들과의 교역에 성의를 보이라는 것이고, 다른 하나는 가도의 한인들을 받아들이지 말고 그들에게 물자를 공급하지도 말라는 것이었다.

특히 후자는 후금이 조선을 '평가'하는 핵심 관건으로 사실상 명과의 관계를 끊으라는 요구나 마찬가지였다. 인조 정권은 곤혹스러웠다. 정묘호란 당시 조야의 반발을 무릅쓰고 이루어졌던 화친은 '명과 조선의 부자관계만 유지할 수 있다면 후금과의 형제관계는 받아들일 수 있다'는 전제 위에서 출발했다. 하지만 북경으로 가는 육로가 끊긴 상황에서 조선과 명의 관계는 가도와의 왕래를 통해 유지되고 있었다. 바로 거기에 조선의 고민이 자리 잡고 있었다. 가도는 모문룡 이래 줄곧 조선을 들볶았지만 조선은 '부자관계의 상징'인 가도에 대한 미련을 버리지 못했다.

후금도 한동안은 조선과 가도의 관계를 묵인하는 듯이 보였다. 조선을 거쳐 가도에서 들어오는 중국산 물자가 필요했던 데다, 수군이 없는 상황에서는 가도를 어떻게 해 볼 도리가 없었기 때문이다. 하지만 후금이 1629년 '황성 기습', 1631년 대릉하 전투 등을 통해 명을 더욱 궁지로 몰아넣으면서 상황은 크게 변했다. 본토를 방어하기에도 급급했던 명은 가도에 대한 지원을 포기하다시피 했고, 그 때문에 가도의 고립과 곤궁은 점점 더 심해졌다. 그럴수록 가도의 한인들은 조선에 더욱 필사적으로 매달렸다.

가도를 이미 '손안에 들어온 물건[掌中之物]'으로 여겼던 후금이 조선에 대해 압박의 강도를 높이는 것은 당연한 수순이었다. 조선의 지원만 없다면 가도의 한인들은 후금으로 대거 투항할 것이고, 가도가 무너지는 것은 '시간 문제'가 되기 때문이었다. 가도가 무너진다면 후금은 얼마나 홀가분할 것인가. '뒤를 돌아보아야 할 걱정[後顧之憂]' 없이 모든 역량을 동원해서 산해관으로 진격하여 명과 결전을 벌일 수 있었다.

후금이 조선을 공격하는 경우에도 마찬가지였다. 조선에 대한 공격을 구상하면서 후금은 명이 자신들의 배후를 역습하는 상황을 우려했다. 하지만 산해관 바깥이 후금군에 의해 봉쇄된 상황에서 명의 육군이 움직이는 것은 쉽지 않았다. 명이 조선을 지원하려 할 경우, 천진이나 등래에서 수군을 동원할 것이고 명 수군은 분명 가도를 거점으로 삼아 조선을 지원하거나 요동을 공격하리라는 것이 후금의 판단이었다.

'가도를 내버려 두라'는 후금의 압박 속에서도 조선은 가도에 대한 은밀한 지원을 끝내 멈추지 못했다. 명과의 '부자관계'를 차마 끊을 수 없었던 데다 유사시 명의 지원을 끌어들일 수 있는 '거점'이라는 실낱같은 기대를 포기할 수 없었기 때문이다.

기세등등한 후금, 명을 흉내 내다

대릉하성을 함락시키고 명장 조대수의 항복까지 받아내자 후금의 기세는 하늘을 찔렀다. 그 여파는 곧바로 조선으로 밀려왔다. 명을 능멸할 정도로 힘이 커진 후금은, 조선이 자신들을 여전히 명보다 못한 수준으로 대접하는 것이 불만일 수밖에 없었다.

명나라가 우리에게 쩔쩔매고 있는데 조선은 왜 명나라는 '임금'으로 섬기고 명나라보다 강한 우리는 기껏 '형'으로 대접하는가?

후금이 조선에 대해 품었던 불만의 핵심은 바로 이런 것이었다. 실제로 후금은 1632년 무렵부터 조선에 대해 이런저런 무리한 요구를 부쩍 많이 제기하기 시작했다.

1632년 9월, 역관 권인록權仁祿을 통해 보내온 국서에서 홍타이지는 불만을 늘어놓았다. 그는 먼저 조선이 자신들과의 교역에 소극적인 태도를 보인다고 비판했다. 그러면서 '자신들은 조선과 교역하지 않아도 충분히 자립할 수 있지만 서로의 우호를 위해 그렇게 하는 것'이라고 강조했다. 또 당시 조선이 성을 새로 쌓거나 수선하고 있다는 사실을 알고 있다고 지적한 뒤, "덕을 닦아 이웃과 화목하게 지내지 않으면 진시황의 만리장성도 소용이 없는 것"이라며 은근히 협박했다.

같은 달, 심양에서 돌아온 추신사 박난영은 후금 측의 '불만' 내용을 좀 더 구체적으로 보고했다. 후금 측은 박난영에게 '조선은 명의 사신이 오면 모든 관원이 말에서 내려 영접하면서 왜 후금 사신에게는 말 위에서 읍揖만 하느냐?'고 힐문했다. 그러면서 이후에는 후금 사신이 조선에 들어오면 평안감사, 평안병사, 황해병사, 개성유수 등 사대관四大官이 모두 나와 영접해야 한다고 강조했다. 후금 사신을 명 사신과 똑같은 수준으로 영접하라는 요구였다.

1632년 10월, 후금 사신 만월개는 한 술 더 떴다. 그는 평양에 이르러, 조선이 후금에 보내는 예단의 수량이 해마다 줄어들고 있다고 불평을 늘어놓은 뒤 다시 명을 거론했다. '명에는 봄가을의 사신 말고도 성절사까지 보내면서 우리에게는 왜 그렇게 하지 않느냐?'고 따졌다. 그는 더 나아가 '명 사신들을 접대할 때는 금은으로 된 그릇을 쓰면서 후금 사신들에게는 사기그릇을 쓴다'며 목소리를 높였다. 곧이어 서울로 향하던 후금 사신 소도리所道里 일행은 봉황성에 이르러 '명사 수준으로 영접해주지 않으면 조선 국경에 발을 들여놓지 않겠다'고 으름장을 놓았다. 실제 그는 안주에 도착했을 때 평안병사가 맞이하러 나오지 않았다고 성을 냈다.

조선의 비변사는 후금 사신들에게 '부자관계와 형제관계는 그 예가 같을 수 없다'고 설득하는 한편, 만월개 일행에게 푸짐한 선물을 안겼다. 또 후금 측에 보내는 예물의 수량을 늘렸다. 비변사 신료들은 "강한 적을 상대할 때 줄곧 꼿꼿한 자세만 취할 수는 없는 법"이라며 유연한 자세로 후금 사신들을 상대했다. 어떻게든 명과 후금 사이에서 현상을 유지하려는 고육지책이었다.

1632년 무렵까지 조선이 취한 대외정책은 일견 절묘했다. 명과 후금 모두를 자극하지 않으려고 세심하게 배려하고 있었다. 하지만 불행히도 조선은 삼국관계에서 '독립변수'가 아니었다. 명과 후금 두 강국 사이에 끼여 있는 약소국이자 '종속변수'였다. 따라서 조선이 두 나라 모두와의 관계를 원만히 유지하기 위해 아무리 노력하더라도 근본적인 한계가 있었다. 두 나라가 서로 계속 싸우거나, 어느 한쪽에서 커다란 문제가 불거지면 그 여파는 곧바로 조선으로 밀려왔다. 명과 후금이 계속 싸우면 조선은 결국 '선택의 기로'로 내몰릴 수밖에 없었다. 더욱이 그것은 '아버지'와 '형'의 싸움이므로 중간에 끼여 있는 '자식'이자 '아우'의 입장은 곤혹스럽기 그지없었다. 급기야 1633년, 조선은 '아버지'와 '형'의 싸움에서 선택의 기로로 내몰리는 최악의 위기를 맞게 된다.

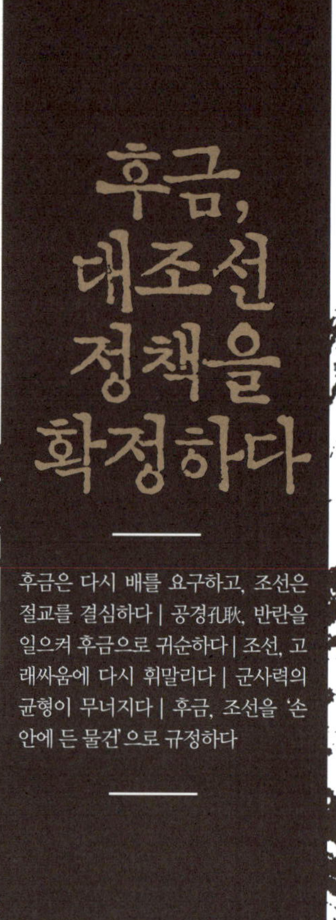

후금, 대조선 정책을 확정하다

후금은 다시 배를 요구하고, 조선은 절교를 결심하다 | 공경孔耿, 반란을 일으켜 후금으로 귀순하다 | 조선, 고래싸움에 다시 휘말리다 | 군사력의 균형이 무너지다 | 후금, 조선을 '손 안에 든 물건'으로 규정하다

어차피 명을 정복하고 나면 조선은
후금의 소유가 될 것이므로
그들과 미리 다툴 필요가 없다. 일단 조선을 관대하게 포용하면서
명을 공략하는 데 전력을 기울이되 명과의 승부가 결정된 뒤
다시 의논하자.

후금은 다시 배를 요구하고, 조선은 절교를 결심하다

정묘호란 이후 명과 후금의 군사적 대결이 지속되자 조선과 후금 관계 또한 끊임없이 고비를 맞게 되었다. 1631년, 홍타이지가 가도 공격을 위해 배를 빌리딜라고 요구하여 조신과 후금 괸계가 위기에 치혔던 시 실온 이미 언급한 바 있다. 그런데 1633년(인조 11) 조선과 후금 관계에 다시 파탄 위기가 닥쳤다.

이번에는 1631년보다 훨씬 엄중한 상황이었다. 홍타이지는 1633년 1월, 조선의 회답사 신득연申得淵 일행을 모욕적으로 응대했다. 인조가 보낸 예물은 받지도 않고 자신의 국서를 들려 돌려보냈다. 국서의 내용은 조선에 대한 원망과 비난, 그리고 협박으로 가득 차 있었다. 홍타이지는 우선 조선이 자신들이 요구한 세폐의 수량을 제대로 채워 주지 않은 것을 맹렬히 비난했다. 그는 조선이 후금에 세폐를 보내는 것은 과거 조선이 명을 도와 후금을 공격하는 데 동참했던 '과오'에서 비롯된 '당연한 대가'라고 규정했다. 그러면서 조선이

명에 많은 공물을 바치고, 명사들이 왕래할 때 저지르는 폐단은 잘도 참으면서 유독 자신들에게는 사소한 물건을 주는 것도 인색하다며 불만을 터뜨렸다.

세폐 문제를 거론한 뒤 홍타이지는 명을 치는 데 동참하라고 노골적으로 요구했다. "전에 남조南朝를 도와 우리를 공격했으니 이제는 우리를 도와 남조를 공격해야 한다"는 것이었다. 이 무렵 후금은 명을 아예 '남조'라고 부르고 있었다. 홍타이지는 이어 가도를 정벌하겠다는 구상을 다시 피력한 뒤 조선이 큰 배 3백 척을 마련하여 의주의 포구로 가져오라고 요구했다. 그러면서 조선이 세폐 증액과 전함 전공을 거부한다면 이후로는 양국 사이의 사신 왕래를 끊어버리겠다고 선언했다.

주목되는 점은 홍타이지가 전함과 수군을 빌려달라고 요구하면서 조선에 대해 회유와 협박을 동시에 늘어놓았던 사실이다.

우리 군대는 아직 배를 다루는 데 익숙하지 않소. 당신 나라 사람들이 배를 조종하는 솜씨는 명나라보다도 훨씬 뛰어나다오. 형제 사이의 우호를 염두에 둔다면 마땅히 견고하고 큰 전선들을 제공해 주고 각 전선마다 배를 잘 조종하는 사람들을 선발해 주시오. 이렇게만 한다면 과거의 허물은 풀어버릴 수 있소. 만약 망가진 배들과 시원찮은 뱃사람들로 구차하게 숫자만 채움으로써 만에 하나 우리 군대에게 손실이라도 생긴다면 맺게 될 원한이 어찌 적다고 하겠소?

홍타이지는 조선 수군의 능력을 높이 평가했다. 명나라 수군보다도 낫다고 칭찬했다. 그러면서 형제 사이의 '우호'를 들먹이며 전함과 수군만 빌려준다면 정묘호란 이후 세폐, 무역, 접대 등의 문제들 때문에 품게 되었던 섭섭함을 일거에 날려버릴 수 있다고 강조했다. 그러면서 조선이 과연 제대로 된 전함과 수군을 빌려줄 것인지에 대해서는 의구심을 드러내고 있었다.

홍타이지의 국서 내용에 조선은 격앙되었다. 홍타이지의 요구는 결국 자신들을 명과 똑같이 대접해주고, 자신들과 함께 명을 치는 데 앞장서라는 것이었다. 조선 군신들은 무엇보다 명을 공격하자는 요구에 경악할 수밖에 없었다. 1월 28일, 인조는 비변사 신료들을 불러 모아 대책을 물었다. 윤방은 당시 후금 지역의 기근이 심각하다는 사실을 거론한 뒤, 그들의 협박은 사실상 조선에서 물자를 더 많이 받아내려는 공갈이라고 분석했다. 인조의 입장은 달랐다. 그는 후금에 사자를 파견하되 "너희들이 도저히 따르기 어려운 요구로 정묘년의 맹약을 먼저 깨뜨리려 하니 우리는 일전一戰을 불사하겠다"는 내용으로 답서를 보내야 한다고 했다. 비변사의 의견도 강경했다. "후금의 요구는 명사처럼 대접해주고 군사와 병선을 빌려달라는 것이니, 대의에 관계되어 신자로서 차마 들을 수 없는 일"이라며 사신을 보내 절교를 통교해야 할 사안이라고 주장했다.

인조와 비변사 신료들이 '후금과의 절교와 전쟁도 불사한다'는 강경론을 제기하면서 긴장감이 높아졌다. 후금군의 침략에 대비하여 안주를 비롯한 청천강 이북의 산성에 군량을 비축하는 방안, 화약을 서북 지방으로 수송하는 방안도 거론되었다. 또 군량미로 쓸 양곡 마련을 위해 사대부에서 서민들에 이르기까지 쌀을 거두는 방안도 제기되었다. 그뿐만이 아니었다. 삼남의 감사와 수사들에게 전함과 수군을 이끌고 강화도로 집결하라고 지시했다. 유사시 조정이 들어갈 강화도의 방어를 강화하기 위한 조처였다.

인조는 답서를 갖고 후금으로 들어갈 회답사로 김대건金大乾을 지명했다. 그런데 김대건의 출발을 하루 앞둔 2월 1일, 비변사가 인조에게 아뢰었다. 내용의 핵심은 이러했다. "우리가 믿는 것도 없이 경솔하게 호랑이나 이리의 노여움을 촉발시키려 하니 위태롭습니다. 김대건이 지닌 것은 절교하자는 문서 한 장뿐인데, 속으로는 관계를 맺으려 하면서 오로지 쌀쌀한 기색을 보여 화를 재촉하는 것은 좋은 계책이 아닙니다." 비변사는 그러면서 김대건 대신 후금과 오랫동안 접촉해 왔던 박난영을 회답사로 보내 후금을 설득하자고 주장했다.

겉으로는 '절교'까지 운운하면서 강경한 자세를 보였지만 실제로는 후금과 현상을 유지하고픈 것이 비변사의 본심이었다. 2월 6일, 최명길이 인조에게 상소하여 '절교 방침을 재고하고 후금과의 현상을 유지하라'고 촉구했다. 인조는 답하지 않았다. 절교 문제를 논의할 때 비변사 신료들 대부분은 속마음과는 달리 인조의 강경한 태도를 거스르지 못하고 영합하는 자세를 보였다. 유독 최명길이 '총대를 메고' 인조에게 강경책을 거두라고 상소했던 것이다.

그런데 회답사 김대건은 압록강을 바로 건너지 못했다. 당시 평안도 방어를 맡고 있던 도원수 김시양과 부원수 정충신이 김대건을 억류한 채, 절교 방침을 재고하라는 내용으로 상소를 올렸기 때문이다. 두 사람은 배를 빌려달라는 홍타이지의 요구가 사실은 세폐를 더 많이 받아내려는 술책이라고 지적했다. 그러면서 과거 송이 요遼의 요

김시양 신도비金時讓神道碑

1633년 후금이 배를 빌려 달라고 다시 요구하자 조선은 후금과 절교를 결심했다.
당시 도원수였던 김시양은 부원수 정충신과 함께 후금과의 절교를 재고하라고 요청하여 파란을 일으켰다.
자료제공처: 충청북도 괴산군 문화관광과.

구를 받아들여 세폐를 증액했던 고사를 인용했다. 즉 '군사를 동원하
여 전쟁을 벌이는 것보다는 수년간 세폐를 보내는 비용이 더 싸게 먹
힌다'는 것이 그들의 주장이었다. 정충신은 김대건이 가져가는 국서
의 내용을 일부 부드럽게 고치고, 황금이나 토산물이 아닌 물자를 빼
고는 후금의 증액 요구를 수용하라고 촉구했다. 또 진정으로 후금과
절교하려 한다면 회답사의 파견을 서두를 필요가 없고, 후금 측이 다
시 보내올 답서를 검토한 뒤에 해도 늦지 않다고 강조했다.

　정충신은 일찍이 1621년(광해군 13), 만포첨사滿浦僉使로 있을 때 후
금의 수도인 허투알라에 들어가 누르하치 진영을 정탐한 경험이 있었
다. 또 평안도 지역에 무관으로 오래 근무하여 누구보다도 후금의 동
향에 정통한 인물이었다. 아무튼 김시양과 정충신의 돌발 행동을 계
기로 김대건의 파견에는 제동이 걸렸다.

　비변사는 반색했다. "김시양 등이 평소 우리의 방어 태세가 형편없
다는 것을 목도했기 때문에 그들의 건의가 간절하다"며 국서의 내용을
약간 고치자고 촉구했다. 인조는 격분했다. 그는 사리로써 따지지 않
으면 중국 사신처럼 접대하는 과정에서 대의가 훼손되고 세폐를 늘리
는 과정에서 백성들의 힘이 고갈되고 말 것이라고 경고했다. 그러면서
"무관은 춥지도 않은데 떨고 문관은 천장만 바라보고 슬퍼하면서 임금
에게만 모든 허물을 전가한다"고 통탄했다. 인조는 김시양 등의 목을
치는 문제를 논의하라고 지시했다. 이어 "치욕을 참고 구차히 사느니
정의를 위해 대장부의 뜻을 이뤄야 한다"며 오랑캐가 침략해 오면 자
신이 전방으로 나아가 장사들을 독려하겠다고 다짐했다.

　김대건이 후금에 도착한 것은 2월 22일이었다. 그가 가져간 국서에

서 조선은 명을 배신할 수 없다고 강조한 뒤 "우리는 명에 대한 사대와 귀국에 대한 교린을 병행하려 하는데 귀국이 무리한 요구를 함으로써 변심했다"는 내용을 담고 있었다. 그런데 조선의 국서를 접한 홍타이지의 태도는 의외였다. 그는 먼저 '변심'한 것은 조선이라고 반박했다. 후금 사신을 명사처럼 접대하기로 했던 약속을 어긴 것, 가도 한인들의 상륙을 허용한 것, 정묘호란 당시 인조가 원창군을 자신의 친아우인 것처럼 가장해서 보냈던 것 등을 조선의 '변심' 사례로 열거한 뒤 "왕께서 마음을 고치고 생각을 바꾸겠다면 어찌 들어주지 않겠느냐?"며 한발 물러서는 자세를 보였다. 그러면서 "조선이 지금 교역을 끊으려 한다면 그것은 먼저 전쟁의 단서를 여는 것"이라고 경고했다.

결국 홍타이지가 원한 것은 교역이었다. '절교'를 운운할 정도로 조선의 강한 반발을 불러왔던 강공強攻의 배후에는 교역 문제가 자리 잡고 있었다. 실제로 당시 조선과 후금의 교역은 거의 이루어지지 않고 있었다. 홍타이지는 조선을 협박해서라도 교역을 제대로 유지하고 물자를 확보하고 싶어 했던 것이다. 아무튼 '교역은 계속하자'며 홍타이지가 손을 내밀면서 양국 관계 파탄의 위기는 다시 아슬아슬하게 봉합된다.

공경孔耿, 반란을 일으켜 후금으로 귀순하다

1633년 정초의 위기는 어렵사리 넘어갔지만 그것으로 끝난 것이 아니었다. 조선과 후금, 명과 후금의 관계를 뿌리째 흔드는 사건이 잇따라 일어났다. 당시 반란을 일으켜 등주登州 지역에 머물던 명나라 장수 공유덕과 경중명 등이 후금으로 귀순해버린 것이다. 공유덕 등은 후금으로 가면서 185척의 선박과 수만의 병력을 대동했다. 뿐만 아니라 배 위에는 홍이포까지 싣고 있었다. 후금은 두 사람의 귀순을 통해 그토록 열망했던 전함과 수군을 보유하게 되었다. 바다까지 장악할 기회를 잡은 것이다.

공유덕과 경중명 등이 반란을 일으켜 후금으로 귀순하게 된 사연은 모문룡의 가도 시절까지 거슬러 올라간다. 반란을 주도했던 공유덕, 경중명, 이구성李九成 등은 모문룡의 부하들이었다. 이들은 모두 요동 출신으로, 누르하치가 요동을 장악하자 가도로 들어가 모문룡에게 몸을 맡겼다.

모문룡은 이들을 자신의 양자로 삼았다. 이들은 모두 성을 모씨毛氏로 바꾸고 이름도 고쳤다. 공유덕은 모영시毛永詩, 경중명은 모유걸毛有傑, 이구성은 모유공毛有功이 되었다. 공유덕과 이구성은 무예는 뛰어났지만 일자무식의 인물들이었다. 경중명은 이름을 겨우 쓸 수 있는 정도였다. 모문룡은 공유덕과 이구성에게는 군사들을 관리하게 하고, 경중명에게는 재물과 군기軍器를 관리하도록 했다.

모문룡 휘하에서 그런대로 안온한 시절을 보내던 이들의 처지는 모문룡이 죽은 뒤 크게 바뀌었다. 원숭환은 모문룡을 제거한 뒤, 자신의 측근들을 가도로 보내 동강진에 대한 대대적인 정비 작업을 벌였다. 그 과정에서 모문룡 측근들에 대한 숙청은 불가피했다. 모문룡의 양자인 데다 안팎의 살림을 책임지고 있었던 공유덕과 경중명 등의 입지는 당장 흔들릴 수밖에 없었다.

졸지에 오갈 데 없는 처지가 된 이들을 받아들인 사람은 등래순무 손원화였다. 평소 요동 출신 장졸들의 능력을 높이 샀던 손원화는 공유덕과 경중명을 유격으로 임명했다. 1631년 8월, 후금군이 대릉하성을 포위하자 조대수는 손원화에게 구원을 요청했다. 등래의 수군으로써 후금군의 배후를 견제해달라는 주문도 곁들였다. 손원화는 공유덕 등에게 병력 1천여 명을 주어 해로를 이용하여 대릉하 쪽으로 달려가게 했다.

하지만 공유덕 등은 손원화를 기만했다. 그들은 역풍이 분다는 핑계로 배를 띄우지 않고 육로로 영원까지 이동할 계획을 세웠다. 1631년 11월, 공유덕 일행은 오랜 행군 끝에 직예直隸의 오교현吳橋縣이라는 곳에 이르렀다. 피로와 굶주림에 지친 병사들은 먹을 것을 찾았지만 오교현의 시장은 이미 철시한 상태라 먹을 것을 구할 수 없었다. 자연히 병사들 가운데서 민폐를 끼치는 자들이 나타났다. 공유덕은 민원民怨을 야기한 병사들을 처벌했지만 병사들의 불만도 덩달아 높아졌다. 급기야 지역의 식량 창고를 약탈하고 현지의 관원을 살해하는 지경까지 이르렀다. 이구성은 병사들의 불만과 원성이 높아졌음을 핑계로 반란을 꾀하기로 결심한다. 그러면서 공유덕에게도 자신과 행동을 함께하라고 협박했다.

공유덕이 동참하면서 영원을 향해 가던 '구원군'은 '반란군'으로 돌변했다. 공유덕과 이구성, 진계공陳繼功 등은 병력을 돌려 산동 주변의 여러 고을을 공격하기 시작했다. 그 과정에서 공유덕 등을 따르는 병력은 수천 명으로 불어났고, 산동의 임읍臨邑·능상陵商·하청河青 등 여러 고을이 반란군의 수중에 떨어졌다. 후금군이 대릉하를 공격했던 여파가 엉뚱한 방향으로 미쳤던 것이다. 1632년 1월 승승장구하던 공유덕의 반란군은 등주성 공략에 나섰다. 당시 경중명은 이미 성안으로 들어가 있었다. 그는 성안에서 요동 출신의 두승공杜承功 등과 함께 사람들을 불러 모아 공유덕에게 내응했다. 안팎이 호응하는 상황에서 성의 함락은 '시간 문제'였다. 이윽고 1월 13일 등주성이 함락되었다. 성안에 있던 요동 출신 병사 3천여 명은 고스란히 공유덕 등의 수중에 떨어졌다.

등주성이 반란군에게 떨어진 여파는 심각했다. 등주는 전략 요충이었다. 육로로 북경, 산해관 등지와 연결되고 수로를 통해 천진, 요동, 가도 등지로 연결되었다. 산해관 동쪽이 후금군의 영향력 아래 들어가 있는 상황에서 등주는 수군을 이용하여 후금의 배후를 칠 수 있는 거점이기도 했다. 공유덕이 등주를 장악했다는 소식이 전해지자 당장 여순구旅順口 참장 진유시陳有時와 광록도廣鹿島 부장 모승록毛承祿 등이 병력을 이끌고 등주로 와서 반란군에 합류했다. 모승록 또한 원래 가도에 있다가 모문룡이 죽은 뒤 광록도로 탈출했던 인물이다.

등주 함락은 다른 측면에서도 명에게 커다란 타격을 주었다. 등주성 관할의 육군과 수군이 공유덕에게 넘어간 것은 물론, 명이 자랑하는 다양한 화기도 반란군의 차지가 되었다. 당시 등주성의 무기고에는 홍이포를 비롯한 엄청난 수량의 화기들이 쌓여 있었다. 일찍이 등래 순무를 지냈던 도낭선陶朗先, 손원화 등이 애써 비축해 놓은 것이었다.

등주가 함락된 직후 인근의 내주萊州도 떨어졌다. 산동의 거진巨鎭 두 곳이 모두 반란군에게 넘어갔다는 소식에 놀란 명 조정은 토벌군을 동원하는 한편, 공유덕 등에게 면사패免死牌를 보내 투항을 종용했다. 하지만 공유덕 등은 '이미 내주를 함락시킨 이상 북경까지 진군하겠다'고 하면서 기세를 올렸다. 후금군의 공격을 막아내야 할 입장에서 내란까지 진압해야 했던 명 조정은 대규모의 진압군을 바로 동원하는 것이 여의치 않았다. 이 같은 배경에서 공유덕 등의 등주 장악은 8개월 이상 이어졌다.

반란군의 세력이 커지자 등주성의 여러 장수들은 공유덕을 왕으로 추대하려 했다. 공유덕은 고사하다가 스스로를 도원수로 칭했다. 이구성이 부원수가 되었다. 한편 명 조정은 고기잠高起潛, 조대필祖大弼 등에게 대군을 주어 진압에 나섰다. 진압군은 7만에 이르는 대병력이었다. 공유덕 등은 진압군에 맞서 힘써 싸웠으나 중과부적이었다. 성 전체가 포위된 상황에서 공유덕과 이구성은 포위망을 뚫기 위해 여러 차례 돌격전을 감행했지만 번번이 실패했다. 이구성은 그 과정에서 죽고 말았다.

1632년 9월, 공유덕 등은 진압군의 포위를 뚫고 바다로 나가는 데 성공했다. 하지만 어느 곳으로 가야 할지 막막했다. 퇴로가 막힌 상황에서 공유덕 등은 여순 쪽으로 방향을 잡았지만 여의치 않았다. 여순구를 총병 황룡이 차단하고 있는 데다 영원 등지에서도 진압군이 추격해 왔다. 공유덕 등은 이들을 피해 광록도, 장산도長山島 등 요동반도의 연해 도서들을 전전했다.

조선, 고래싸움에 다시 휘말리다

후금은 공유덕 등이 일으킨 반란의 경과를 예의 주시하고 있었다. 홍타이지는 공유덕 등이 해상에서 방황하고 있다는 보고를 받은 뒤 책사 범문정을 그에게 보냈다. 범문정은 홍타이지가 조대수에게 투항을 종용할 당시에도 활약했던 인물이었다. 공유덕 등은 범문정을 만난 뒤 후금으로 귀순하기로 결심을 굳혔다.

명 조정에는 비상이 걸렸다. '오랑캐'에게 수군과 전함, 홍이포가 통째로 넘어갈 판이었기 때문이다. 명 조정은 주문욱에게 수군을 이끌고 공경 일당을 요격하라고 지시했다. 주문욱은 1633년 1월, 수군을 이끌고 반란군을 추격했다. 그는 몇 차례 싸움에서 소소한 승리를 거두었지만 공유덕 일당을 완전히 저지하기에는 역부족이었다. 우선 가도 등지에 있는 다른 명군 부대와의 협력 작전이 제대로 이루어지지 않았다. 또 요동반도 연안에 흩어진 섬 지역에, 명에 반기를 들고 있는 세력들이 똬리를 틀고 있었던 것도 걸림돌이었다. 상가희尚嘉喜 같은 인물이 대표적이었다. 상가희도 원래 모문룡의 부하였다가 모문룡이 죽은 뒤 요동반도 연해의 도서 지역을 전전하고 있던 인물이었다. 그는 주문욱으로부터 공경 일당을 요격하라는 명령을 받았음에도 사태를 관망하며 움직이지 않았다. 상가희는 오히려 공경 일당이 후금으로 귀순하는 쪽으로 방향을 잡자 동참하기로 결심한다.

3월 30일, 주문욱의 선단은 공경 일당을 추격하여 장자도獐子島까지 이르렀다. 장자도는 동쪽으로 가도를 거쳐 조선의 평안도와 압록강으로 연결되고, 서남쪽으로는 녹도鹿島, 석성도石城島, 장산도를 거쳐 여

〈용천부지도龍川府地圖〉(부분)

명나라는 공유덕 등이 일으킨 반란으로 인해 수군과 전함, 홍이포가 후금으로 넘어갈 것을 우려했다.
그래서 주문욱에게 수군을 이끌고 공유덕 일당을 공격하라고 지시했다.
주문욱은 장자도獐子島에서 공유덕이 여순으로 가는 길목을 차단한다.
《해동지도海東地圖》의 〈용천부〉(서울대학교 규장각 소장)
하단부에 보이는 신도薪島가 바로 장자도다.

순으로 통하는 길목이었다. 공유덕은 장자도에서 여순으로 가는 길이 차단되자, 압록강을 통해 후금으로 들어가기로 결심을 굳힌다.

주문욱은 조선에 자문을 보내 병력을 동원하여 공경 일당을 요격하라고 촉구하는 한편, 평안도의 지방관들이 공유덕 일당에게 양곡을 판매하지 못하도록 하라고 당부했다. 주문욱은 장자도 부근에서 공경 일당을 차단하려고 분전했지만, 4월 4일 공경의 반란군은 주문욱의 저지를 뚫고 압록강으로 들어가는 데 성공했다. 공경 일당이 명군의 추격권에서 벗어난 4월 5일에야 오안방吳安邦과 도증령陶曾齡이 수군을 이끌고 각각 등주와 천진으로부터 와서 합류했다. 전형적인 '뒷북치기'이자 당시 명군이 처해 있던 총체적인 난맥상을 여실히 보여주는 대목이었다.

명이, 공경 일당이 후금으로 도주하고 있다는 정보를 조선에 알려준 것은 1633년 3월이었다. 3월 13일, 가도의 심세괴가 '공유덕 등이 등주의 반군을 이끌고 여순 쪽으로 도주하고 있으니 조선 해안으로 숨어들지 않도록 조심하라'는 내용으로 표문票文을 보내왔다. 이후 4월 6일, 공경 일당이 장자도에 도착했다는 보고가 들어오자 비변사는 토벌하겠다는 계획을 제시했다. 즉 "공경 일당이 오랑캐와 합류하기 전에 섬멸하여 근심거리를 제거하고 대의를 선양해야 한다"며 평안감사 등에게 요격을 준비하도록 하라고 건의했다. 조선은 명의 협공 요청이 있기 이전부터 이미 그들을 요격할 계획을 세웠던 것이다.

공경 일당이 압록강으로 진입하자 주문욱 등은 조선을 들볶아대기 시작했다. 주문욱은 조선에 보낸 자문에서 "수군과 전함이 후금의 수중에 들어가면 조선도 위험해진다"며 협공할 것을 강요했다. 4월 9일, 후금 기마병 50명이 중강에 나타났다. 공유덕 등을 맞이하려고 준비하는 한편, 조선의 동향을 탐지하려는 목적이었다. 주문욱의 협공 요청을 계기로 후금에 대한 조선의 적개심이 다시 고조되었다. 조선은 임경업 등이 이끄는 화기수를 압록강 연안으로 보냈다.

당시 후금군은 압록강에 닿아 있는 구련성九連城(진강鎭江) 일대에 병력을 배치하고 공유덕 일행을 맞을 준비를 하고 있었다. 4월 10일, 압록강 부근의 탁산卓山이라는 곳에서 주문욱 휘하의 명군과 공유덕의 반군 사이에 전투가 벌어졌다. 주문욱군이 밀어붙이자 공유덕 등은 천가장千家庄을 거쳐 마타자 쪽으로 물러났다. 천가장은 압록강에서 후금 본토로 들어가는 관문이었다. 후금군은 두 곳에 홍이포를 비롯한 중화기를 배치하여 주문욱군의 공격에 대비했다.

4월 13일 주문욱군이 마타자를 공격할 때 조선군도 동참했다. 3백여 명의 조선군 화기수들은 공유덕의 반군을 향해 진격하면서 조총을 쏘았다. 후금군 진영으로부터 홍이포의 포탄이 날아 왔다. 조선군은 어느 순간 명과 후금의 전쟁에 스스로 뛰어든 것이다. 김대건의 도강까지 멈추면서 '절교'를 유보시킨 지 불과 두 달 남짓 만이었다.

하지만 조명연합군은 공유덕과 경중명의 후금행을 저지하는 데 실패하고 말았다. 공경 휘하의 병력이 후금군의 엄호를 받았기 때문이었다. 진강 부근에서 벌어진 전투에서 조명연합군의 저지를 뿌리치는 데 성공한 뒤부터 후금은 공경이 끌고온 전함들을 간수하기 위한 작전에 돌입했다. 그들은 압록강 연안을 파서 물길을 낸 다음 전함들을 진강 근처의 마이산馬耳山 부근으로 예인했다. 전함 주변에는 병력을

구련성九連城의 표지석

구련성은 오늘날의 단동을 가리킨다.
조선 사신들이 압록강을 건너면 가장 먼저 도착하는 곳이었다.

배치하여 경계를 강화했다. 혹시라도 명군이 몰래 들어와 배들을 태워버리는 것을 막기 위한 조처였다.

4월 28일, 후금 사신 용골대와 녹지象只 등이 서울로 들어왔다. 용골대 일행은 공경이 귀순한 전말을 설명한 뒤, 그들 휘하들에게 먹일 식량을 달라고 요구했다. 용골대가 내민 국서에서 홍타이지는 '공유덕 등이 명군 신분으로 가도에 머물 때는 식량을 주다가 후금으로 귀순했다는 이유로 주지 않는다면 사리에 맞지 않는다'며 급량을 강하게 요구했다. 공경 일당이 상륙한 지역이 심양에서 멀리 떨어져 있어 자신들이 식량을 운반하기에는 시간이 너무 많이 걸린다는 것을 조선에 손을 내미는 명분으로 제시했다.

참으로 난감한 상황이었다. 조선은, 공경을 추격해온 주문욱 일행으로부터 급량을 요구받은 상황에서 후금까지 식량을 요구할 줄은 상상도 못했다. 후금 사신 접대를 맡고 있던 구관소의 신료들은 용골대에게 '공경은 중국의 반장叛將이자 유흥치 등과 함께 조선을 도모하려 했던 원수'임을 내세워 식량을 내줄 수 없다고 반박했다.

조선이 요구를 받아들일 기미를 보이지 않자 용골대 등은 다시 '형제의 도리'를 들고 나왔다. 그들은 '명에 붙으면 식량을 주고, 후금에 붙으면 주지 않는 것은 형제의 도리가 아니다'라고 조선을 압박했다. 조선은 주문욱 일행에게는 이미 3천 석의 양곡을 공급하기로 결정한 상태였다. 뿐만 아니라 임경업 등을 보내, 공경 일행과 합세한 후금군과 전투까지 치른 상황이었다.

조선이 이미 확실하게 명 측으로 기우는 태도를 보인 터라 후금의 식량 요구까지 거부할 경우, 어떤 사태가 벌어질지 예측할 수 없는 상

황이었다. 용골대 일행의 급량 요구를 거절하여 내심 찜찜해하고 있
던 5월 6일, 명 황제의 칙서가 도착했다. 인조의 아버지 정원군을 원
종으로, 어머니 구씨를 왕비로 각각 추봉追封하는 것을 승인한다는 내
용이었다. 신료들의 격렬한 반대를 무릅쓰고 오매불망 추진해 온 인
조의 '숙원 사업'이 이루어지는 순간이었다. 절묘한 '타이밍'이었다.
인조는 고무되었고, '명의 은혜를 배신할 수 없다'는 분위기가 고조되
면서 후금에 대한 찜찜한 마음은 여지없이 사라졌다.

군사력의 균형이 무너지다

공유덕과 경중명이 전함과 수군을 이끌고 귀순해 오자 홍타이지는
고무되었다. 홍타이지는 공경이 이끌고 온 전함을 '하늘이 내린 선물'
이라며 환호했다. 1633년 5월 6일, 홍타이지는 공유덕 등에게 줄 좋
은 말들을 마련하기 위해 고위 관리들에게서 말 1백 마리를 차출했
다. 그 가운데는 자신이 아끼는 내구마內廐馬도 포함되어 있었다. 홍
타이지는 공유덕 등을 각별히 대우했다. 그들을 바로 심양으로 부르
지 않고, 일단 휘하 무리들을 거느리고 요양 근처에 머물도록 배려했
다. 공경이 자신의 부하들을 자율적으로 통제할 수 있는 재량권도 주
었다.

　이윽고 6월 3일, 공경이 귀순한 무리들을 이끌고 심양으로 들어왔
다. 홍타이지는 백관을 이끌고 궁궐 밖 10리까지 나아가 공경을 맞았
다. 홍타이지는 조대수를 맞이할 때 그랬던 것처럼 공경과 포견례를

행했다. 서로 얼싸안는 것이었다. 만주의 신료들은 누구든지 칸에게 삼배구고두례를 행하는 것이 원칙이었다. 세 번 큰절을 올리고 한 번 절할 때마다 세 번씩 머리를 조아리는 방식이었다.

신료들은 '투항자와 포견례를 행하는 것은 참월하다'며 홍타이지를 만류했다. 홍타이지는 '공경은 등주를 장악했던 세력가로서 수많은 무리와 전함을 이끌고 귀순했으니 우대하지 않을 수 없다'며 신료들의 반대를 일축했다. 공경은 홍타이지의 형 다이샨과도 포견례를 행했다. 6월 5일에도 홍타이지는 공경을 다시 불러 옆자리에 앉히고 성대한 잔치를 베풀었다. 과거 조대수가 투항했을 때보다 더 극진한 대접이었다.

홍타이지는 공유덕을 도원수, 경중명을 총병관에 임명하고 칙인勅印을 하사했다. 공유덕 휘하의 병력을 천우병天佑兵, 경중명 휘하의 병력을 천조병天助兵이라 불렀다. 또 두 사람을 위해 심양에 거대한 저택도 새로 지어주었다. 홍타이지는 두 사람에게 내린 유시문에서, 병력과 무기, 전함을 갖추고 귀순한 것을 '위적풍공偉績豊功'이라고 찬양했다. 두 사람에게 '부귀를 영원히 보장하고 죄를 지어도 전부 사면해주겠다'고 약속했다.

'천우병', '천조병'이라는 이름에서 드러나듯이 홍타이지는 공유덕과 경중명을 '하늘이 자신을 돕기 위해 보내준 장수들'이라고 믿었다. 이 같은 환대가 뒷날 이른바 삼번三藩의 난亂이 일어나는 '씨앗'이 되기도 했지만, 동시에 함선과 수군을 얻게 된 홍타이지의 기쁨이 얼마나 컸는지를 웅변하는 대목이기도 하다.

공경이 후금으로 귀순한 효과는 곧바로 나타났다. 1633년 6월, 홍타이지는 악탁岳託 등에게 병력 1만을 주어 명의 여순구를 공략하도록 했다. 공유덕과 경중명도 휘하 병력을 이끌고 이 원정에 동행했다. 공경의 안내를 받은 후금군에 의해 여순은 맥없이 함락되었고, 후금군은 5302명의 포로와 2만 냥 이상의 은을 노획하는 전과를 올렸다.

여순이 함락되자 그 파장은 당장 가도와 조선으로 밀려왔다. 가도를 지키던 부총병 심세괴 등은 후금군의 공격을 우려하여 가도를 포기하고 본토 쪽으로 도망갈 궁리를 했다. 8월 16일, 홍타이지가 보낸 국서가 서울에 도착했다. 그는 먼저 자신들도 전함을 보유하게 되었다는 사실을 은근히 과시했다. 이어 '우리가 배를 띄우면 가도를 차지하는 것은 쉬운 일이지만 조선이 놀랄까 삼가고 있다'며 '향후 가도를 돕지 말라'고 경고했다.

가도를 비롯하여 명 본토가 후금 수군의 위협 앞에 노출되자 명 조정의 조바심은 더욱 커졌다. 그들은 혹시라도 조선이 후금에 굴복하여 양자가 연합하지는 않을까 우려했다. 그들은 수시로 사람을 보내 조선을 견제하려 했다. 10월에는 가도의 부총병 정룡程龍이 조선에 들어왔다. 그는 '여순이 함락되었다고 두 마음을 품어서는 안 된다'고 조선을 다잡으려 했다. 그러면서 '조선의 안전을 지키기 위해서도 가도의 명군에게 군량을 공급하라'고 채근했다.

공경의 귀순으로 후금은 '호랑이가 날개를 단' 형국이 되었다. 1618년 이후 육전에서 연전연승했지만 북경으로 들어가는 관문인 산해관은 넘을 수 없었다. 산해관은 여전히 철옹성이었기 때문이다. 그런데 이제 상황이 근본적으로 달라졌다. 전함과 수군을 동원하면 압록강에

각산장성角山長城

산해관은 넘기 어려운 철옹성이었지만,
후금은 수군과 전함을 확보하면서 산해관을 우회하여 명을 공격할 수 있는 역량을 갖게 되었다.
사진은 산해관과 연결된 각산장성.

서 출발하여 발해만을 따라 천진을 공격할 수도 있고, 요동반도나 산동반도에도 상륙할 수 있었다. 이론적으로는 강남을 공략하는 것도 가능했다. 당장 공경의 귀순 직후, 여순구가 함락되지 않았던가? 이제 군사적 균형추는 완전히 후금 쪽으로 기울어졌다. 불안하게 유지되어 왔던 균형이 깨지고 말았다. 철기가 지닌 막강한 위력에 더해 수군까지 확보함으로써 후금의 군사력은 배가되었다. 수군까지 갖춘 후금을 바라보는 명의 심정은 공포감 그 자체였다.

조선이 받는 타격도 심각했다. 실제 공경의 귀순 이후 조선은 명과 후금 사이에서 절박한 상황으로 내몰렸다. 후금의 '협박'과 명의 '호소' 사이에서 갈피를 잡지 못할 지경이었다. 하지만 결과적으로 조선은 사태의 심각성을 제대로 파악하지 못했다. 전함과 수군을 보유하게 된 후금의 '변신'에 제대로 대처하지 못했다. 뒤에 언급하겠지만, 1637년 1월 조선의 왕실 가족들과 중신들이 피란해 있던 강화도는 공유덕이 이끄는 청 수군의 상륙작전에 맥없이 무너졌다. 강화도 수비를 책임졌던 조선군 지휘부는 '후금이 수군을 갖고 있다'는 사실 자체를 망각하고 있었던 셈이다. 요컨대 공경의 귀순은 '명의 비극'이자 '조선의 비극'으로 이어졌던 것이다.

후금, 조선을 '손 안에 든 물건'으로 규정하다

공유덕과 경중명 등의 귀순은 다른 측면에서도 조선에 악영향을 남겼다. 우선 조선이, 공경을 추격하던 명군에게 군량과 군수 물자를 제공하고 병력을 압록강 부근으로 파견하면서 떠안아야 했던 사회경제적 부담이 만만치 않았다. 특히 공경 일당과 그를 저지하려는 조·명연합군, 그리고 후금군이 맞닥뜨렸던 지역에서 가까운 의주, 용천, 철산 등지의 피해는 극심했다. 이 지역 주민들은 전란의 와중에 농작을 전폐하다시피 했고 '상황'이 종료된 뒤에는 굶어 죽기 직전까지 몰리고 있었다.

눈에 보이지 않는 피해는 더 심각했다. 후금이 전함을 확보하게 된 것도 문제였지만, 조선군이 공경 요격에 가담하여 후금군과 교전을 벌였다는 사실 때문이었다. '공경 사건'이 일어나기 전까지 조선은 후금과 그야말로 아슬아슬하게 '관계'를 유지해 왔다. 그런데 조선은 한편으로는 자발적 판단에 따라, 다른 한편으로는 명의 요청을 받아들여 병력을 보내 공경 일당과 전투를 벌였다. '공경 일당에게 식량을 공급해달라'는 후금의 요구도 물론 거부했다. 그것은 '결정적인 순간에는 결국 명 쪽으로 기울 수밖에 없다'는 조선의 '본심'을 노출시키는 계기가 되었다. 후금 내부에서는 당연히 '조선을 손봐주어야 한다'는 논의가 대두되었다. 이런 조건에서 양국 관계의 파탄은 예정된 수순일 수밖에 없었다.

공유덕 등의 귀순이 성공한 직후인 1633년 6월, 홍타이지는 여러 버일러들과 신하들을 불러 모아 전략회의를 열었다. 참석사는 모두 16명으로 당시 후금을 통치하는 팔기의 수뇌부와 고위 신료들이 대부분 망라되었다. 홍타이지는 이들에게 후금이 향후 조선, 명, 몽골 가운데 어느 나라부터 공략할 것인지를 물었다. 버일러 지르가랑은 '조선이 정묘년에 맺은 화약을 지키지 않으면 공물을 퇴짜 놓되 당분간

은 교역을 유지하면서 정벌할 필요는 없다'고 했다. 버일러 도도多鐸
는 '어차피 명을 정복하고 나면 조선은 후금의 소유가 될 것이므로 그
들과 미리 다툴 필요가 없다'고 했다. 버일러 사하렴薩哈廉과 호게豪格
는 '일단 조선을 관대하게 포용하면서 명을 공략하는 데 전력을 기울
이되 명과의 승부가 결정된 뒤 다시 의논하자'고 주장했다. 고산액진
高山額眞 양고리楊古利는 '조선과 차하르 몽골은 일단 제쳐두고 명의 내
지 깊숙이 쳐들어가 공략하면 조선은 후금의 수족이 될 것이고 차하
르 또한 귀순할 것'이라고 낙관적인 전망을 제시했다.

　대다수 참석자들은 이렇게 조선을 언젠가는 공략해야 할 대상으로
인식했다. 하지만 명을 정복하고 나면 조선은 저절로 자신들의 '수족'
이 될 것이라고 만만하게 보고 있었다. 사실상 조선을 '손안에 든 물
건[掌中之物]'으로 여겼던 것이다. 따라서 조선은 당장 공략할 대상이
아니었다. 가장 약한 조선은 일단 제쳐두고 강적 명과 차하르 몽골을
공략하는 데 집중하되 조선과의 무역은 중시하는 입장을 보였다. 당
분간은 조선을 명 공략을 위한 교두보이자 경제적 기반으로 활용하겠
다는 심산이었다. 공경이 귀순했을 당시 조선에게 식량을 달라고 요
청했던 것에서 드러나듯이 조선은 경제적 측면에서 활용 가치가 높았
던 것이다.

　1633년, 후금은 이렇게 향후 조선에 대한 정책 방향을 확정했다. 당
분간은 조선을 포용하여 현상을 유지하되 결정적인 상황의 변화가 생
길 때까지 기다리는 것이었다. 그렇다고 홍타이지가, 공경의 귀순을
저지하려 했던 조선에 대한 '원한'을 접은 것은 결코 아니었다. 홍타
이지는 1636년 12월, '공경의 귀순을 저지하려고 후금과 적대했던 것'

을 병자호란을 도발하는 주요한 명분의 하나로 분명히 제시했다. 후금이 이제 조선에 대한 입장을 결정했던 상황에서 후금의 공세가 계속 이어지고 그에 맞물려 명의 수세가 변하지 않을 경우, 후금의 칼끝이 조선으로 다가오는 것은 시간 문제일 뿐이었다.

또 다른 '중원의 대도'가 입국하다 |
강학년, 인조에게 직격탄을 날리다 |
이어지는 충돌, 훈수하는 후금

당초 전하께서 반정한 거사는 변화에 적절히 대응한
세상의 드문 조처라 하겠습니다. 그러나 백이伯夷가 있었다면 반드시
'포악한 자가 포악한 자를 갈아치웠다'고 비난했을 것입니다.

또 다른 '중원의 대도'가 입국하다

결과론적인 이야기지만 조선은 '공경 사건'의 파장을 정확히 읽어냈어야 했
다. 일찍이 1619년 명을 도와 후금을 공격했던 것[심하 전투 참전] 때문에 후금에
성묘호란을 일으키는 명분을 제공했던 점을 교훈으로 삼았어야 했다. 하지만
조선은 그러지 못했다. 조선은, 후금이 '공경 사건'에 조선군이 개입한 것을 심
각하게 여기고 있다는 사실을 소홀히 넘겼다. 뿐만 아니라 후금의 수군 보유
가 갖는 의미 또한 제대로 인식하지 못했다. 후금은 이미 1631년(인조 9) 보내
왔던 국서에서 "만약 우리가 쳐들어가면 너희는 보나마나 섬으로 도망칠 것"
이라는 내용으로 조선을 조롱한 바 있었다. 실제 조선은 후금이 침략해 올 경
우, 강화도로 들어가는 것을 금과옥조처럼 여기고 있었다. 하지만 이제 공경
의 귀순을 계기로 후금이 전함과 수군까지 갖게 되면서 강화도는 더 이상 안
전한 곳일 수 없었다.

당연히 대책이 필요했다. 병력과 무기를 확보하고 청북 일대의 성지를 정비하고 강화도의 해방海防을 확고히 하는 일이 시급했다. 문제는 재정이었다. 하지만 '늑대를 피하고 나니 호랑이가 나타난다'고 했던가. 후금의 침략에 대비한 방어 대책 마련에 몰두해야 할 1634년(인조 12) 3월, 명으로부터 '호랑이'가 오고 있다는 소식이 날아들었다. 숭정제가 환관 노유녕盧維寧을 조선에 보낸 것이다. 그가 서울로 오는 것은 왕세자 책봉례 때문이었다. 즉 명 조정이 소현세자를 왕세자로 승인하는 공식 절차를 주관하는 것이었다. 노유녕도 조선으로 가겠다고 자원한 인물이었다. 조선에 파견될 칙사로 낙점받기 위해 이곳저곳에 뇌물을 뿌렸다는 소문이 파다했다. 1625년 인조 책봉을 위해 조선에 왔던 환관 왕민정, 호양보의 경우와 똑같았다.

인조는 바짝 긴장했다. 왕세자 책봉은 인조의 왕통을 확고히 하기 위해 더없이 절실했지만 시기가 문제였다. 특히 인조를 당혹스럽게 했던 것은 '노유녕이 청렴하지 않다'는 소문이었다. 인조는 비변사 신료들을 불러 모았다. '한 밑천 잡겠다'며 조선까지 오는 그를 어떻게 접대할 것인지 대책을 논의하기 위해서였다.

인조와 비변사 신료들의 우려와 푸념은 한결같았다. '왜 하필 국고가 바닥난 지금 오느냐?'는 것이었다. 과거 왕민정과 호양보가 16만 냥 가까이 뜯어갔던 전례를 고려하면 노유녕도 최소한 10만 냥 이상을 요구할 것이 분명했다. 비변사는 은을 조달하기 위한 방책을 제시했다. 백성들에게 토지 3결마다 포 1필씩을 거두고, 왕실에 바치는 방물 값을 모두 은으로 바꾸자고 했다. 하지만 그것만으로는 은 5만 냥도 마련할 수 없었다. 노유녕이 내놓으라고 할 것이 뻔한 인삼과 잡물까지 마련하려면 특단의 조처가 필요했다. 비변사는 지방의 관원들에게 은과 포를 할당하고 호남의 수군들에게 군역을 면제해주고 그 대가로 포를 받아들이자고 했다. 각 아문이 보유하고 있는 은과 포목을 모두 동원하고 유배되어 있던 죄인들을 사면해주고 속죄금을 받고 서얼들을 허통해주고 그 대가를 받아 은을 마련해야 한다고 했다. 후유증이 따르는 일이었지만 달리 방도가 없었다.

예상했던 대로 노유녕은 입국 직후부터 만만치 않은 행보를 보였다. '그의 목표는 왕민정과 호양보가 받은 액수를 채우는 것'이라는 보고가 날아들었다. 우여곡절 끝에 벽제까지 도착했지만 은과 인삼을 적게 준다는 이유로 이틀 동안 움직이지 않았다. 경기감사 이성구李聖求가, 책봉례를 행할 때 애초 주기로 했던 은 1만 냥과 인삼 3백 근 이외에 은 2천 냥과 인삼 20근을 더 주겠다고 약속하자 비로소 서울로 들어왔다. 1634년 6월 20일의 일이었다. 노유녕은 결국 왕세자 책봉례를 마칠 때까지 10만 냥 이상의 은을 뜯어냈다.

노유녕을 접대하는 과정에서 불거진 피해는 고스란히 하층민들에게 전가되었다. 특히 시전 상인들의 피해가 극심했다. 노유녕이 데려온 수행원 가운데는 상인들이 많았다. 그들은 조선 측에 교역을 요구했는데, 문제는 공정한 거래를 하려 들지 않았다는 점이다. 그들은 조선 상인들이 선호하는 비단과 명주를 팔기도 했지만, 쓸데없는 잡물들을 내놓고 그 결제 대금으로 은과 인삼을 요구했다. 돌로 만든 불상을 옥으로 만든 것이라고 우기면서 은을 뜯어내기도 했다. 시전 상인들은 터무니없는 늑매勒賣에 몸서리를 쳤지만, 조정의 강요로 이 정치적인 거래의 희생양이 될 수밖에 없었다. 그나마 은을 보유하고 있는

〈경기감영도京畿監營圖〉 중 모화관慕華館과 영은문迎恩門

명 조정이 소현세자를 왕세자로 승인하는 공식 절차를 주관하기 위해 조선에 파견한
칙사 노유녕은 왕세자 책봉을 마칠 때까지 10만 냥 이상의 은을 뜯어냈다.
그림은 18세기 후반의 작품으로 추정되는 〈경기감영도京畿監營圖〉(호암미술관 소장) 중
모화관과 영은문의 모습. 모화관은 조선이 명나라 사신을 맞이하던 곳이고,
영은문은 모화관 앞에 세웠던 문이다.

집단이 그들이었기 때문이다.

1634년 7월, 노유녕 일행이 숙소로 돌아가는 장면을 목격했던 시전 상인들은 일제히 통곡했다. 파산 위기에 처한 그들의 억울하고 답답한 심정에서 비롯된 저항의 몸짓이었다. 그러자 이 '중원의 대도'는 통곡 소리에 짜증이 났는지 조선 측 역관과 수행원들에게 역정을 냈다. 보고를 접한 인조는 시전 상인들 가운데 주동자를 색출하여 하옥시키고 그들을 제대로 관리하지 못한 평시서平市署 관원들을 처벌하라고 지시했다. 칙사의 심기를 어지럽혔다는 것이 '죄목'이었다. 참으로 절대적인 충성과 숭명崇明의 몸짓이었다.

한편 노유녕이 서울에서 은 징색에 광분하고 있던 6월 26일, 평안 병사의 장계가 날아들었다. '후금 사신 마부대馬夫大 일행이 인삼 값을 받기 위해 상경하려 한다'는 내용이었다. 노유녕과의 조우를 우려한 조정은 그들을 만류하라고 지시했지만 마부대 일행은 안주까지 남하했다.

엎친 데 덮친 격이었다. 마부대 일행이 안주로 오자 이번에는 가도의 총병 심지상沈志祥이라는 자가 조선의 입장을 곤란하게 만들었다. 심지상은 노유녕에게 자신의 존재를 과시할 목적으로 마부대 일행을 습격하려 했던 것이다. 마부대 일행 또한 심지상과 일전을 불사할 태세였다. 심지상을 만류하자니 '오랑캐를 편들어 중국을 배신하려 한다'는 힐책이, 마부대 일행을 설득하자니 '한인들을 끌어들여 후금 사신을 제거하려 한다'는 비난이 뒤따를 판이었다. 조정은 급히 마부대 일행에게, 요구한 인삼 값을 다 주겠다고 약속했다. 그들을 빨리 귀환시켜 심지상과의 충돌을 막기 위한 고육지책이었다.

강학년, 인조에게 직격탄을 날리다

탐욕스런 노유녕을 접대하는 것은 몹시 짜증나는 일이었지만 인조에게는 참으로 중요했다. 실제 인조는 노유녕이 다녀간 뒤 몹시 고무되었다. 명 조정이 세자까지 책봉해 준 이상, 자신의 왕통은 이제 확고해졌다고 여겼다. 그러니 원종으로 추숭된 자신의 생부의 신주를 종묘에 모시는 것 또한 당연하다고 생각했다. 1634년 7월 22일, 인조는 신료들에게 원종의 신주를 속히 종묘에 모시라고 지시했다.

부묘祔廟(종묘에 신주를 모시는 것) 업무를 주관하는 예조의 관원들은 곤혹스러웠다. 그들은 '별도의 사당을 세워 신주를 모셔도 전하의 효성을 충분히 드러낼 수 있다'며 난색을 표했다. 이어 막중한 전례典禮 문제를 함부로 처리할 수 없다며 대신들과 상의하라고 권유했다.

삼사의 관원들도 들고일어났다. 대사헌 강석기姜碩期 등은, 왕으로 즉위한 적도 없는 원종의 신주를 종묘에 들이는 것은 불경한 일이라고 비판했다. 또 원종의 신주를 종묘에 들이면, 대신 다른 임금의 신주를 옮겨야 하는 문제가 생긴다고 목소리를 높였다.

인조는 격노했다. 명 조정에서 이미 승인한 이상, 원종은 '선조의 아들'이 되었다며 종묘에 들이는 것은 문제될 것이 없다고 반박했다. 신료들이 동의하지 않자 인조는 강석기 등의 관직을 삭탈하고 도성 밖으로 내쫓으라고 지시했다. 인조는 승지들이, 강석기 등을 쫓아내라는 자신의 명을 즉각 거행하지 않자 '승지 또한 죽음을 면하기 어렵다'며 격한 비난을 쏟아냈다. 인조는 원종의 부묘를 관철시키기 위해 '오버'하고 있었다.

인조로서는 그럴 만도 했다. 자신의 생부를 추숭하고 그의 신주를 종묘에 모시는 것은 인조반정 이래 11년 동안의 숙원 사업이었다. '반정'이라는 비정상적인 방식으로 즉위했던 그로서는 왕권의 확립을 위해 포기할 수 없는 절실한 과업이었다.

보다 못한 영의정 윤방이 한마디 거들었다. '삼사의 논의는 곧 온 나라의 여론인데, 삼사 관원들을 쫓아내면 조정이 붕괴될 수도 있다'며 반대하는 신료들에게 관용을 베풀라고 요청했다. 윤방의 완곡한 간언에 대한 인조의 대답은 한껏 날이 서 있었다. "옛말에 꼬리가 커지면 움직이기 어렵다고 했는데, 서인들이 오랫동안 정권을 잡다보니 움직이기가 어렵게 되었다"며 쏘아붙였다.

인조가 이렇게 서인들을 대놓고 비난한 것은 전례가 없는 일이었다. 그들은 한낱 왕손에 불과했던 자신을 지존의 자리로 추대한 은인이 아니었던가? 하지만 이제 분위기가 달라졌다. 인조는 자신이 왕이 되는 데 서인들이 결정적인 역할을 했지만, 왕권을 행사하는 과정에서 걸림돌이 된 것도 서인이라고 여겼다. 윤방에게 쏘아붙인 말은 '추대된 임금'으로서 인조가 지녔던 불편한 심기를 그대로 표현한 것이었다.

인조의 '강공'은 멈추지 않았다. 원종을 부묘하는 것에 반대하는 신료들을 변방으로 유배하라고 계속 지시했다. 인조반정의 원훈인 김류마저 부묘에 부정적인 태도를 보인다는 이유로 호위대장護衛大將 직에서 해임했다. 또 김류가 거느리고 있던 군관들도 전부 빼앗아 다른 장수들의 휘하로 편제했다.

인조는 또한 서인들을 견제하겠다는 의향을 노골적으로 드러냈다. 정온을 도승지로, 이성구를 대사헌으로 삼았다. 정온은 광해군 시절

북인 출신으로 서인 반정공신들의 행태를 노골적으로 비난해 온 인물이었다. 이성구는 부묘에 찬성하는 인물이었다.

부묘에 대한 인조의 집착은 정치판에 파란을 몰고 왔다. 1634년 8월에는 성균관 유생들까지 들고 일어나 인조를 비난했다. 전 군수 홍무적洪茂績은 상소를 통해 '전하의 독단 때문에 멸망의 조짐과 광해군 시절의 혼란이 닥쳐오고 있다'고 성토했다. 인조도 물러서지 않았다. 그는 '서인들이 자신의 당파를 감싸고 모든 잘못을 임금에게만 전가하여 백성들의 삶이 갈수록 어려워지고 있다'고 반박했다.

1634년 11월, 강학년姜鶴年은 인조에게 직격탄을 날렸다. 그는 인조가 자신을 장령掌令으로 임명하자 서울로 올라오는 대신 상소를 올렸다. 그는 상소에서 인조의 실정을 조목조목 거론했다. 광해군의 아들을 죽인 것, 숙부 인성군을 죽인 것, 생부 정원군을 부묘하려는 것 등을 통렬하게 비난했다. 특히 문제가 된 것은 중국의 고사를 인용하여 인조반정 이후의 현실을 신랄하게 비판했던 다음의 내용이다.

《서경書經》에 '정치는 어지러워지기 전에 제어하고 나라는 위태로워지기 전에 보전하라'고 했는데 전하의 국사國事는 이미 위태롭고 어지러운 지경에 들어섰습니다. 여러 차례 대란을 겪었음에도 조금도 허물을 반성하지 않고 고식책만을 써서 패망의 지경에 이르게 되었으니 …… 옛날 난정 때문에 나라를 전복시킨 자들과 똑같은 전철을 밟게 될 것인데, 신은 그 종말이 어떻게 될지 모르겠습니다. 당초 전하께서 반정한 거사는 변화에 적절히 대응한 세상의 드문 조처라 하겠습니다. 그러나 백이伯夷가 있었다면 반드시 '포악한 자가 포악한 자를 갈아치웠다'고 비난했을 것이고, 엄연년

嚴延年이 있었다면 반드시 곽광霍光을 탄핵하는 조처가 있었을 것입니다.

'포악한 자가 포악한 자를 갈아치웠다!' 백이는 자신의 아우 숙제叔齊와 함께, 주나라 무왕武王이 은나라 주왕紂王을 멸하고 왕조를 바꾼 것에 항의하다가 굶어 죽었다는 인물이다. 곽광은 한漢의 소제昭帝가 죽은 뒤 창읍왕昌邑王을 옹립했다가 다시 그를 폐위시키고 선제宣帝를 세웠던 공신이다. 엄연년은, 황제를 함부로 폐위했다고 곽광을 탄핵하여 유명해진 인물이다.

강학년이 백이와 엄연년의 고사를 인용한 의도는 명확했다. '반정을 일으킨 것은 어쩔 수 없는 것이었지만, 집권 이후 인조와 반정공신들이 보여주었던 행태는 광해군대보다 나아진 것이 없다'는 이야기를 하고 싶었던 것이다. 이어 '난정 때문에 나라를 전복시킨 자들과 똑같은 전철을 밟게 될 것'이라고 인조 정권의 '미래'를 예언한 대목은 특히 섬뜩하다.

인조를 향한 강학년의 거침없는 비판은 처음이 아니었다. 그는 사어司禦 벼슬에 있던 1626년(인조 4) 12월에도 인조를 향해 직격탄을 날린 적이 있었다. 그는 인조가 즉위 이래 덕정德政이 아닌 형정刑政으로 백성들을 다스렸다는 것, 과중한 부역 때문에 백성들의 믿음을 잃었다는 것 등을 비판한 뒤 '이괄이 반란을 일으켰을 때 백성늘 가운데 서울을 떠나는 인조의 가마를 뒤따르는 사람이 아무도 없었다'는 사실을 내세워 민심이 이미 떠났다고 통박했다. 그러면서 덕을 베풀어 민심을 수습해야만 안팎의 위기를 극복할 수 있다고 강조한 바 있었다.

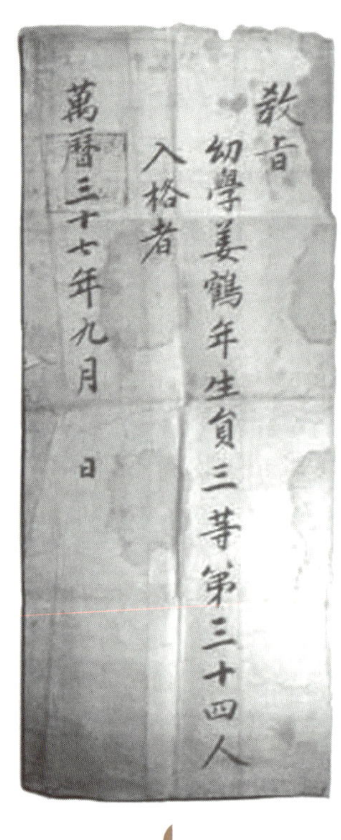

강학년姜鶴年 교지敎旨

강학년(1585~1647)은 1634년 11월,
인조에게 상소를 올리며 인조의 실정을 조목조목 신랄하게 비판했다.
특히 백이와 곽광의 고사를 들어 인조반정의 정당성은 물론 인조 정권의 정당성까지
근본적으로 부정함으로써 조정에 엄청난 파장을 불러왔다.
사진은 1609년 생원시에 합격한 강학년에게 발급된
생원시 교지(서울대학교 규장각 소장).

강학년의 거침없는 비판은 엄청난 파장을 몰고올 수밖에 없었다. 특히 '포악한 자가 포악한 자를 갈아치웠다[以暴易暴]'는 표현은 충격적이었다. 인조반정의 정당성, 나아가 인조 정권의 정당성을 근본적으로 부정하는 내용이었기 때문이다. 상소 내용이 알려진 직후, 조정은 그야말로 뒤집어졌다. 강학년을 죽이고 강화도에 있는 광해군까지 죽여야 한다는 주장마저 나타났다.

이어지는 충돌, 훈수하는 후금

1634년 말부터 이듬해 봄까지 조정은 강학년 발언의 파장 때문에 뒤숭숭했다. 인조와 반정공신들의 실정失政을 문제 삼았던 신료들조차 강학년의 발언에 격분했다. 1635년 1월 홍문관 신료들은 '강학년의 죄는 목을 베어야 할 사안'이라며 목소리를 높였다. 언관 자리에 있던 신료들이 동료의 발언을 문제 삼아 '목을 베어야 한다'고 운운하는 것은 좀처럼 보기 드문 일이었다.

강학년의 발언을 계기로 신료들은 자신들이 인조와 같은 배를 타고 있다는 사실을 새삼 확인한 것처럼 보였다. 그들이 조정에 나아가 벼슬을 하고 권세를 누리게 된 출발점은 인조반정이었다. 그들이 반정을 성공시킨 순간부터 광해군은 '극악무도한 패륜아'이자 '걸桀이나 주紂 임금보다도 더한 폭군'으로 치부되었고, 광해군을 쫓아낸 '반정'이야말로 '천명天命과 인심의 호응 속에 무너진 윤리와 기강을 바로잡은 거사'라고 굳게 믿었다.

그런데 강학년이 홀연 백이 숙제처럼 '이폭역폭以暴易暴'을 운운하면서 인조반정의 정당성을 한 방에 날려버린 것이다. 신료들은 강학년을 엄벌하지 않으면 신인神人의 분노를 풀 수 없다고 목소리를 높였다. 이조판서로 있으면서 강학년을 조정에 추천했던 최명길은 자신이 책임을 지겠다며 관직에서 물러났다.

인조반정과 인조의 권위를 허무는 사건은 여기서 멈추지 않았다. 1635년 2월 전라감사 원두표元斗杓가 보내온 보고는 조정을 다시 소용돌이 속으로 몰아넣었다. 보고의 핵심은 삼례三禮에 사는 생원 이기안이라는 자가 인조에 대해 무도한 말을 퍼뜨렸다는 내용이었다. 이기안이 사근찰방沙近察訪 김경金埛과 이야기를 하면서 '능양군은 믿을 수 없다. 그가 오래갈 수 있을까?'라고 불경한 말을 했다는 것이다.

이기안은 서울로 끌려왔고, 그를 심문하기 위해 추국청이 설치되었다. 추국 과정에서 '일본인들을 끌어들여 난을 일으키려 했다'고 말했는가 하면, 남인과 과거 대북파의 잔당들과 연결하여 역모를 꾀하려 했다는 진술이 나왔다. 이기안은 처형되었지만 '역모 사건'의 파장은 쉽게 멈추지 않았다. 능양군은 인조가 왕으로 추대되기 이전의 군호君號였다. 이미 강학년의 발언 때문에 뒤숭숭했던 상황에서 이기안이 '능양군' 운운한 것은 충격을 배가시켰다.

강학년의 충격적인 발언과 이기안의 모역 사건을 계기로 인조에 대한 신료들의 비판은 수그러드는 조짐을 보였다. 특히 강학년이 인조가 저지른 3대 실책 가운데 하나로 꼽은 '부묘 기도'에 대한 비판도 잠잠해지는 것 같았다.

인조는 '강학년을 죽여야 한다'는 신료들의 주장에도 불구하고 그를 엄벌하는 데 적극적인 자세를 보이지 않았다. 오히려 '나는 말 때문에 죄를 얻은 자를 죽이는 군주가 아니다'라며 '강학년 문제'로 빚어진 신료들의 격앙된 모습을 은근히 즐기는 태도를 보였다. 인조는 '서인들의 집권이 오래 되고, 그들이 사사건건 왕의 발목을 붙잡고 늘어졌기 때문'에 궁극에는 강학년의 발언이 나왔다는 인식을 갖고 있었다.

하지만 인조와 신료들은 다시 충돌하고 말았다. 1635년 3월 14일, 선조의 능[穆陵]에서 능침陵寢과 석물石物이 무너지는 사고가 일어났다. 간밤에 번개와 천둥이 요란한 상태로 비바람이 몰아치더니 이튿날 선조와 왕비의 능침 일부가 무너져내린 것이다. 보고를 받은 예조는 서둘러 위안제慰安祭를 지내고 대신을 보내 봉심奉審(능침을 살피는 것)한 다음 개수한다는 대책을 내놓았다. 그런데 목릉이 무너진 원인에 대한 진단을 놓고 긴장이 다시 촉발되었다.

사헌부 신료들은 인조에게 목릉이 무너지는 변고가 부묘를 시행하려는 즈음에 일어났다는 사실을 중시하라고 강조했다. 그러면서 선대先代의 혼령을 위로하기 위해 부묘를 연기하라고 건의했다. 인조는 부묘를 연기하라는 건의는 순순히 받아들였다. 하지만 대신들이 목릉이 무너진 것을 '하늘이 내린 변고[天變]'라고 규정하자 발끈하는 모습을 보였다. 인조는 '봉분을 만든 지 얼마 안 된 상태에서 비가 미친 듯이 퍼부어 스며든 물 때문에 무너진 것'이라며 대신들의 '천변' 수상을 일축했다. 또 원인을 정확하게 구명하지도 않은 채 '천변'으로 몰아가려는 대신들의 저의가 불순하다고 질타했다.

부묘 논란, 강학년의 '폭탄 발언', 이기안의 모역 사건 등이 중첩되면서 인조와 신료들은 치열한 책임 공방을 벌였다. 인조는 특히 목릉

선조宣祖의 능. 경기도 구리시 동구릉에 있다.
목릉의 석물이 붕괴된 원인을 놓고 인조와 신료들은 치열한 신경전을 벌였다.

붕괴의 원인에 대해 극도로 예민한 반응을 보였다. '천변' 운운하는 신료들을 잇따라 파직했는가 하면, 능에서 무너져 내린 사토莎土를 다른 곳으로 실어 옮긴 선공감繕工監 제조提調 신경진을 잡아들이라고 지시했다. '무너진 흙에 벼락이 내리친 흔적이 분명히 남아 있었는데 그것을 없애기 위해 고의로 흙을 옮겼다'는 이유에서였다. 인조는 목릉 붕괴를 국왕의 실정에 대한 하늘의 경고 때문에 빚어진 '천재'로 몰아가면서 자신을 압박하려던 신료들의 움직임을 차단하려 했던 것이다.

목릉 붕괴의 원인을 둘러싼 공방이 수그러들 무렵인 1635년 8월, 후금 사신 동덕귀董德貴가 평양에 도착하여 국서를 올려 보냈다. 홍타이지는 먼저 조선 백성들이 국경을 넘어 후금 영내로 진입하다가 체포되는 사례가 많다고 항의했다. 그는 법을 어기고 월경하는 백성들이 많은 것은 '조선 신료들이 탐욕스럽고 부패하여 임금의 총명을 가리기 때문'이라고 진단했다. 그러면서 그는 '예로부터 신하가 국권을 쥐고, 사실私室을 강하게 하고 군주를 업신여기면 나라의 정사가 망가지게 된다'고 훈수했다. 이어 '후금은 형제국이므로 직언으로써 충고하는 것'이라고 덧붙였다.

과거의 국서와는 사뭇 다른 내용이었다. '권세가 강한 신료들을 조심하라'며 조선의 내정을 걱정하는 듯한 내용을 담고 있었다. '서인들의 권세가 너무 커졌다'고 했던 인조의 푸념이 어느새 홍타이지의 귀에까지 들어갔을지도 모를 일이었다. 후금은 이제 조선 내정에 '충고'까지 하려고 덤비고 있었다.

도판 목록

• 도판 자료 사용에 협조해주신 여러 박물관, 지방자치단체, 문중 등에 감사드립니다.
• 도판 소장자와 연락이 닿지 못한 경우가 있습니다.
  별도로 감사의 말을 전할 기회를 얻고자 합니다.

찾아보기

역사평설 병자호란 1

⊙ 2013년 10월 29일 초판　1쇄 발행
⊙ 2016년　9월　8일 초판 15쇄 발행
⊙ 글쓴이　　　　　한명기
⊙ 펴낸이　　　　　박혜숙
⊙ 책임편집　　　　정호영
⊙ 디자인　　　　　이보용
⊙ 영업·제작　　　변재원
⊙ 종이　　　　　　화인페이퍼
⊙ 펴낸곳　　　　　도서출판 푸른역사
　우) 03044 서울시 종로구 자하문로8길 13
　전화: 02) 720-8921(편집부) 02) 720-8920(영업부)
　팩스: 02) 720-9887
　전자우편: 2013history@naver.com
　등록: 1997년 2월 14일 제13-483호

ⓒ 푸른역사, 2016

ISBN　979-11-5612-001-8　94900
ISBN　979-11-5612-000-1　94900 (SET)